HANS CHRISTIAN RÖHL (Hrsg.)

Wissen – Zur kognitiven Dimension des Rechts

DIE VERWALTUNG

Zeitschrift für Verwaltungsrecht
und Verwaltungswissenschaften

Beiheft 9

Wissen – Zur kognitiven Dimension des Rechts

Herausgegeben von

Hans Christian Röhl

Duncker & Humblot · Berlin

Bibliografische Information der Deutschen Nationalbibliothek

Die Deutsche Nationalbibliothek verzeichnet diese Publikation in der Deutschen Nationalbibliografie; detaillierte bibliografische Daten sind im Internet über http://dnb.d-nb.de abrufbar.

Fremddatenübernahme und Druck:
Berliner Buchdruckerei Union GmbH, Berlin
Printed in Germany

ISSN 0946-1892
ISBN 978-3-428-13330-7

Gedruckt auf alterungsbeständigem (säurefreiem) Papier
entsprechend ISO 9706 ♾

Internet: http://www.duncker-humblot.de

Vorwort

Das vorliegende Beiheft fasst in etwas veränderter Reihenfolge und erweiterter Form die Vorträge eines Symposiums zusammen, zu dem Eberhard Schmidt-Aßmann die Herausgeber und Autoren des Werkes „Allgemeines Verwaltungsrecht – zur Tragfähigkeit eines Konzepts“[1] eingeladen hatte. Am 13. und 14. Juni 2008 ging es im Internationalen Wissenschaftsforum in Heidelberg über das Verwaltungsrecht hinausgreifend[2], aber Erkenntnisse der verwaltungsrechtlichen Reformdiskussion nutzend, um das Verhältnis des Rechts zum Wissen allgemein: Es ging um die Angewiesenheit des Rechts und der Rechtsanwendung auf möglichst gesicherte Wissensgrundlagen einerseits und andererseits um Ordnungsfunktionen, die das Recht gegenüber Wissen und seinen Ambivalenzen wahrnehmen kann, um den richtigen Umgang einer Gesellschaft mit Wissen und Wissensdefiziten, um Regeln für die Generierung von und den Zugang zu notwendigem Wissen.

Der Herausgeber dankt den Autoren dieses Beihefts für die Ausarbeitung ihrer Vorträge in der jetzt vorliegenden Form, und er dankt den Herausgebern der Zeitschrift „Die Verwaltung“ für ihre Bereitschaft, die Publikation in die Folge der Beihefte aufzunehmen.

Hans Christian Röhl

Appel, DV 11, 606

---

1 Hrsg. von *H.-H. Trute / Th. Gross / H. C. Röhl / Chr. Möllers*, Tübingen 2008.

2 Diese Weiterung des Erkenntniszieles war auch Grund für die Einbeziehung des erst später verfassten Beitrages zur Wissensdistribution im Zivilrecht von *Roland Broemel*, Mitarbeiter am Lehrstuhl für Öffentliches Recht, Medien- und Telekommunikationsrecht an der Universität Hamburg, in die vorliegende Veröffentlichung.

Inhaltsverzeichnis

Erster Abschnitt

Einleitung und erste Konkretisierung

Wissen – Einleitende Bemerkungen

Hans-Heinrich Trute

I. Einleitung

Wissen hat ersichtlich Konjunktur, nicht nur in der Wissenschaft. Die Vielzahl medialer Angebote, von Fernsehformaten bis zu Wissensmagazinen der Printmedien, von PISA über lifelong learning bis hin zu Hochschulforschung und Wissenschaftsförderung, all dies zeigt die Bedeutung von Wissen im gesellschaftlichen wie im wissenschaftlichen Diskurs. Die Beschreibungsformel von der Wissensgesellschaft[1] scheint dies als Verabschiedung von der Industriegesellschaft auf den Begriff zu bringen. Sie ist freilich, wie jede übergreifende Beschreibungsformel in einer funktional differenzierten Gesellschaft, eher selektiv und changiert zwischen „großvolumiger Verständigungsformel" und anspruchvolleren Beschreibungen eines tiefgreifenden gesellschaftlichen Wandels[2]. Ungeachtet der Frage, ob diese Rekonstruktionsversuche eines tiefgreifenden Wandels auch eingelöst werden können, bringt der Begriff als Verständigungsformel jedenfalls eine gesteigerte Sensibilität für Wissen als Ressource, Handlungsvoraussetzung oder Struktur zum Ausdruck.

Wissen ist also zu einem zentralen Begriff im wissenschaftlichen Diskurs geworden, um den sich neue wissenschaftliche Erklärungsversuche gruppieren[3], auch in der Rechtswissenschaft[4]. Auffällig ist dabei freilich, dass in

---

1 Zur begrenzten Erklärungskraft vgl. *Hans-Dieter Kübler*, Mythos Wissensgesellschaft, 2005; m. a. Orientierung *Nico Stehr*, Wissen und Wirtschaften, 2001; *Helmut Willke*, Systematisches Wissensmanagement, 1998.

2 Dazu *Wieland Jäger*, Wissensgesellschaft, in: Rainer Schützeichel (Hrsg.), Handbuch der Wissenssoziologie und Wissensforschung, 2007, S. 662 ff.

3 Vgl. dazu aus der Vielzahl der Literatur etwa *Raimund Bleischwitz*, Gemeinschaftsgüter durch Wissen generierende Institutionen, 2005; *Olaf Breidbach*, Neue Wissensordnungen. Wie aus Informationen und Nachrichten kulturelles Wissen entsteht, 2008; *Peter Collin / Thomas Horstmann* (Hrsg.), Das Wissen das Staates, 2004; *Nina Degele*, Informiertes Wissen, 2000; *Hubert Knoblauch*, Wissenssoziologie, 2005; *Hans-Dieter Kübler*, Mythos Wissensgesellschaft, 2005; *Robert B. Laughlin*, Das Verbrechen der Vernunft. Betrug an der Wissensgesellschaft, 2008; *Sabine Maasen* Wissenssoziologie, 2009; *Rainer Schützeichel* (Hrsg.), Handbuch Wissenssoziologie und Wissensforschung, 2007; *Helmuth F. Spinner*, Die Wissensordnung, 1994; *Nino Stehr*, Knowledge Societies, 1994; *ders.*, Wissen (FN 1); *ders.*, Wissenspolitik, 2003; *Dirk Tänzler / Hubert Knoblauch / Hans-Georg Soeffner* (Hrsg.), Neue Perspektiven der Wissenssoziologie, 2006; *Peter Weingart / Justus Lentsch*, Wissen-Beraten-Entscheiden, 2008; *Helmut Willke*, Systemisches Wissensmanagement, 1998.

der Rechtswissenschaft kaum Anschluss an die aufgefächerten Diskurse der Wissenssoziologie mit ihrer langen Tradition genommen und an die jüngste Weiterentwicklung zur interdisziplinären Wissensforschung gesucht wird, eine Entwicklung, die sich ihrerseits als Pluralisierung der Perspektiven und damit reflexiver Veränderung des Umgangs mit Wissen verstehen lässt. Rechtswissenschaftlich wird eher fortgeschrieben, was bereits mit dem Datenschutzrecht begonnen hat, sich mit Systematisierungsansätzen zum Informationsrecht und den Informationsfreiheitsgesetzen fortsetzt[5] und eher auf die Ausbildung einer gegenstandsbezogenen Querschnittsmaterie des Rechts gerichtet ist. Dabei wird man im Grundsatz zwei Entwicklungslinien ausmachen können, die bei begrifflicher Identität doch ganz unterschiedliche Strategien entwickeln[6]. Zum einen wird insbesondere der Begriff der Information als Grundkategorie verstanden, mit deren Hilfe man ein neues, querschnittsorientiertes Rechtsgebiet ausdifferenzieren kann. Exemplarisch hierfür stehen Versuche, zu einer Kodifikation eines umfassenden Informationsgesetzbuches zu kommen[7]. Dem stehen Versuche gegenüber, mit Hilfe der Begriffe Information, Wissen und Kommunikation eher eine neue Schicht der Verwaltungsrechtswissenschaft zu erschließen, die die kognitiven Voraussetzungen für die Organisations- und Entscheidungsprobleme der Verwaltung (oder anderer Organisationen und Akteure) erfassen[8]. Beides muss sich nicht unbedingt ausschließen. Ein An-

---

4 Vgl. dazu *Marion Albers,* Umgang mit personenbezogenen Informationen und Daten, in: Wolfgang Hoffmann-Riem / Eberhard Schmidt-Aßmann / Andreas Voßkuhle (Hrsg.), Grundlagen des Verwaltungsrechts (GVwR), Bd. II, 2008, § 22, S. 107 ff.; *dies.*, Die Komplexität verfassungsrechtlicher Vorgaben für das Wissen der Verwaltung. Zugleich ein Beitrag zur Systembildung im Verwaltungsrecht, in: Indra Spieker genannt Döhmann / Peter Collin (Hrsg.), Generierung und Transfer staatlichen Wissens im System des Verwaltungsrechts, 2008, S. 50 ff.; *Steffen Augsberg,* Der Staat als Informationsmittler – Robin Hood oder Parasit der Wissensgesellschaft, DVBl. 2007, S. 733 ff.; *Bardo Fassbender,* Wissen als Grundlage staatlichen Handels, in: Josef Isensee / Paul Kirchhof, HStR IV, 2006, S. 243 ff.; *Christoph Engel / Jost Halfmann / Martin Schulte* (Hrsg.), Wissen – Nicht-Wissen – Unsicheres Wissen, 2002; *Karl-Heinz Ladeur,* Das Umweltrecht der Wissensgesellschaft, 1995; *ders.*, Die Kommunikationsinfrastruktur der Verwaltung, in: GVwR II § 21, S. 37 ff.; *Gunnar Folke Schuppert / Andreas Voßkuhle,* Governance von und durch Wissen, 2008; *Indra Spieker genannt Döhmann / Peter Collin,* Generierung und Transfer staatlichen Wissens im System des Verwaltungsrechts, 2008; *Thomas Vesting,* Die Bedeutung von Information und Kommunikation für die verwaltungsrechtliche Systembildung, in: GVwR II, § 20, S. 1 ff.; *Andreas Voßkuhle,* Sachverständige Beratung des Staates, in: Josef Isensee / Paul Kirchhof (Hrsg.), HStR III, S. 425 ff.; *ders.*, Expertise und Verwaltung, in: Hans-Heinrich Trute / Thomas Groß / Hans Christian Röhl / Christoph Möllers (Hrsg.), Allgemeines Verwaltungsrecht – zur Tragfähigkeit eines Konzepts, 2008, S. 637 ff.; *Burkard Wollenschläger,* Wissensgenerierung im Verfahren, 2009.

5 Zur Entwicklung *Friedrich Schoch,* Informationsfreiheitsgesetz, 2009, Einl. Rn. 1 ff.

6 Dazu auch *Albers,* Komplexität (FN 4), S. 52 ff.

7 Vgl. etwa *Matthias Rossi,* Informationszugangsfreiheit und Verfassungsrecht, 2004; *Friedrich Schoch / Michael Kloepfer,* Informationsfreiheitsgesetz (IFG-Prof-E), 2002; *Schoch,* IFG (FN 5), Einl. Rn. 1 ff. m. ausführlichen Nachweisen zur Diskussion.

schluss an die Wissensforschung wird indes nur erreicht werden, wenn es gelingt, den keineswegs trivialen Begriff des Wissens zu profilieren und darüber neue rechtswissenschaftlich oder rechtsdogmatisch fruchtbare Problemstellungen zu entwickeln. Dies dürfte am ehesten der Fall sein, wenn über den Wissensbegriff die kognitive Dimension des Rechts als Thema wissenschaftlicher Fragestellungen entwickelt wird. Dieses lässt sich durchaus als querschnittsorientierte Dimension verstehen, aber nicht im Sinne eines gegenstandsbezogenen Rechtsgebiets. Denn dies setzte voraus, dass Recht Wissen als Gegenstand seiner Regelungen verwendet. Wie noch zu zeigen sein wird, ist dies zumindest insofern zweifelhaft, als dass ein Begriff von Wissen verwendet wird, der nicht mit Informationen oder Daten gleichgesetzt wird. Daran wird zugleich deutlich, dass die bisherige Dogmatik von Handlungsformen, Organisation, Verfahren und Entscheidungen nicht etwa überflüssig wird, sondern dem Ganzen eine weitere Analysedimension hinzugefügt wird, die eher auf deren Voraussetzungen zielt und damit als eine Grundlagendimension verstanden werden kann.

II. Zum Verhältnis von Recht und Wissen, Information und Daten

Insoweit mag am Beginn der Versuch einer Annäherung an den Begriff des Wissens gesucht werden. Dabei kann ein Blick in die Wissensforschung verdeutlichen, dass die Begriffsbildung durchaus heterogen ist[9]. Es gilt: „Wissen ist ein eigentümliches Ding. Unverzichtbar für das Leben jedes Einzelnen, allgegenwärtig in dem, was Menschen sagen und tun, wird es rätselhaft, sobald man es selbst zum Gegenstand erhebt."[10] Hier soll dem nicht eine weitere Definition hinzugefügt werden, sondern einige Unterscheidungen expliziert werden, die in der rechtswissenschaftlichen Diskussion von Bedeutung sind. Dies gilt zunächst für die Unterscheidung von Daten, Informationen und Wissen.

1. Daten, Informationen und Wissen

Die Begriffe werden allerdings nicht nur im juristischen Diskurs oftmals mehr oder weniger gleichgesetzt[11]. Damit aber wäre zugleich entschieden,

---

8 *Vesting* (FN 4), GVwR II, § 20 Rn. 47 ff.

9 Einen Überblick über Wissensbegriffe und die Defizite der bisherigen Diskussion gibt *Stehr* (FN 1), S. 53 ff.; vgl. auch *Knoblauch* (FN 3), S. 255 ff.

10 *Johannes Fried / Johannes Süßmann,* Revolutionen des Wissens – eine Einführung, in: dies. (Hrsg.), Revolutionen des Wissens, 2001, S. 8.

11 Ohne Anspruch auf Vollständigkeit *Spinner* (FN 3), S. 24 ff.; *Peter Collin / Thomas Horstmann,* Das Wissen des Staates – Zugänge zu einem Forschungsthema, in: dies. (Hrsg.), Das Wissen des Staates, Geschichte, Theorie und Praxis, 2004, S. 9 (11 f.); *Indra Spieker genannt Döhmann,* Staatliche Informationsgewinnung im

dass der Wissensthematik keine systematische Eigenständigkeit zukommt. Auch der Sprachgebrauch der Gesetze reflektiert mögliche Unterscheidungen nicht notwendig, wie etwa an dem IFG oder dem UIG deutlich wird[12]. Das muss freilich rechtswissenschaftliche Anstrengungen zur weiteren Differenzierung nicht hindern, die dann auch dogmatisch folgenreich werden können[13]. Allerdings findet sich in der wissenschaftlichen Literatur eine Pluralität von Konzeptionen. Sie stellen etwa darauf ab, dass Wissen verarbeitete Information ist[14], oder verstehen Wissen als Informationen, die in organisierter und systematisierter Form vorliegen[15]. Damit wird freilich ein Bild erzeugt, dass der reflexiven Verbindung von Information und Wissen[16] nicht zureichend Rechnung trägt und das Wissen im Grunde invisibilisiert – zugunsten des Umgangs mit Daten und Informationen.

Demgegenüber soll hier differenziert werden[17]. Daten sind Zeichen, die auf einen Sachverhalt referieren. Sie werden üblicherweise codiert, um als ein Datum gelten zu können. Im Verhältnis zu Informationen sind sie deren Grundlagen[18].

Informationen sind demgegenüber Sinnelemente, die in einem bestimmten sozialen Kontext erzeugt und genutzt werden und die aus Beobachtungen, Mitteilungen oder Daten erzeugt werden[19]. Wichtig daran ist freilich, dass sie, worauf immer sie gegründet sein mögen, eine eigensinnige Interpretation voraussetzen oder beinhalten[20]. Sie werden Sinnelemente in einem spezifischen Interpretationskontext, der sehr unterschiedliche Aspekte aufweisen kann. Insoweit sind sie Informationen für einen Beobachter in einer spezifischen Situation. Die Sinnzuschreibung, wiewohl von allgemeineren Strukturen abhängig, die ein Mindestmaß an Gleichsinnigkeit garantiert, ist daher immer subjekt- oder systemrelativ. Freilich muss der solcher-

---

Mehrebenensystem, in: Janbernd Oebbecke (Hrsg.), Nicht-normative Steuerung in dezentralen Systemen, 2005, S. 253 (254).

12 Vgl. *Schoch* (FN 5), § 2 Rn. 9.

13 *Schoch* (FN 5), § 2 Rn. 13 ff.

14 *Arno Scherzberg*, Die öffentliche Verwaltung als informationelle Organisation, in: Wolfgang Hoffmann-Riem / Eberhard Schmidt-Aßmann (Hrsg.), Verwaltungsrecht in der Informationsgesellschaft, 2000, S. 195 (200).

15 *Wollenschläger* (FN 4), S. 30; ähnlich auch *Andreas Voßkuhle*, Der Wandel von Verwaltungsrecht und Verwaltungsaufgaben in der Informationsgesellschaft, in: Hoffmann-Riem / Schmidt-Aßmann (FN), S. 349 (353); eher umgekehrt formuliert *Schoch* (FN 5), § 2 Rn. 17 für das IFG: Information ist eine geordnete Datenmenge, die Grundlage für Wissen, Wertungen oder Verhalten ist.

16 Entfaltet bei *Albers*, Umgang (FN 4), Rn. 14 ff.

17 Vgl. dazu bereits *Willke* (FN 3), S. 7 ff.; *Albers*, Umgang (FN 4), Rn. 9.

18 *Albers*, Umgang (FN 4), Rn. 11.

19 *Albers*, Umgang (FN 4), Rn. 12.

20 *Hans-Heinrich Trute*, Der Schutz personenbezogener Informationen in der Informationsgesellschaft, JZ 1998, S. 822 (825); *Albers*, Umgang (FN 4), Rn. 12; *Schoch* (FN 5), § 2 Rn. 15 f.

maßen verwendete Begriff der Information, der letztlich kommunikationstheoretisch bestimmt ist, nicht auch der gesetzliche Sprachgebrauch sein, der abweichen kann. Wohl aber bildet er eine Hintergrundfolie der Analyse[21].

Wissen entsteht durch die Einbindung von Informationen in einen weiteren Kontext von Relevanzen[22]. Wissen ist eine spezifische, nämlich kognitive Erwartungshaltung. Es bildet einen der möglichen Kontexte, der einen fortlaufenden Horizont für Interpretationsleistungen abgibt. Der Zusammenhang zu den Informationen bestände dann darin, dass diese gleichsam durch Verstehen bearbeitet und zu dem Kanon des Bekannten in Beziehung gesetzt werden[23].

Wissen lässt sich als eine Struktur verstehen, die aus einer Vielzahl von Beobachtungen kondensiert[24]. Aber es ist kein thesaurierter Bestand, an den angeknüpft werden kann, sondern setzt eine Aktualisierung voraus. Es ist immer nur in je aktuellen Operationen (Kommunikationen) verfügbar. In diesem Sinne ist Wissen ebenfalls immer in soziale Kontexte eingebunden[25]. Zu diesen trägt es bei, wird aber zugleich in diesen Kontexten aktualisiert, verändert und konfirmiert. Wir haben es also auch beim Wissen mit dem Problem des Verhältnisses von Struktur zu Handlung / Operation / Kommunikation zu tun, welches wir in anderem Zusammenhang auch hinsichtlich der Normen herausgestellt haben[26].

Beide, Struktur und Handlung, sind zirkulär aufeinander bezogen. Das ist normativ insoweit bedeutsam, als Wissen nicht allein dem Handeln vorausgeht, gleichsam das Handlungsvermögen konstituiert[27], sondern auch umgekehrt Handlungsmuster das Wissen prägen. Für normativ strukturierte Handlungskontexte hat dies insofern Bedeutung, als dass sie das Wissen ihrerseits prägen, jedenfalls aber das, was als Wissen jeweils aktualisiert wird. Es ist das in einem Kontext relevante Wissen, das seinerseits durch eben diesen Kontext affirmiert oder verändert wird. Diese These liegt den Auffassungen zugrunde, dass Wissen als stets Kontextualisiertes von

21 Vgl. auch *Schoch* (FN 5) § 2 Rn. 17.

22 *Willke* (FN 3), S. 11 ff.

23 Nachweise bei *Vesting* (FN 4), GVwR II , § 20 Rn. 26, der dann freilich den Unterschied zwischen Information und Wissen entlang der Unterscheidung von Bekannt und Überraschung bestimmen möchte, Rn. 27.

24 *Niklas Luhmann*, Die Wissenschaft der Gesellschaft, 1990, S. 122.

25 *Marion Albers* (FN 16), Rn. 18; *Stehr* (FN 1), S. 56 mit der Betonung der Aufnahme von Wissen in den eigenen Orientierungs- und Erfahrungsbereich.

26 Vgl. dazu *Hans-Heinrich Trute / Doris Kühlers / Arne Pilniok*, Governance als verwaltungswissenschaftliches Analysekonzept, in: Gunnar Folke Schuppert / Michael Zürn (Hrsg.), Governance in einer sich wandelnden Welt, Politische Vierteljahresschrift: Sonderheft, 41, 2008, S. 600 ff.

27 Darauf stellt ab *Stehr* (FN 1), S. 62 ff.

eben diesem Kontext und damit auch den diesen Kontext beeinflussenden Normen geprägt wird[28].

Wissensgrundlagen, also Texte, Akten, Archive, Register, Datenbanken, Symbole, Programme können zwar die Anknüpfung von Erkenntnisoperationen und Kommunikationen bilden. Sie setzen freilich die je eigene Interpretation und vor allem vorgängige Selektion anhand wiederum eigener Relevanzkriterien voraus. Die Gleichsinnigkeit der Aktualisierung von Wissen ist damit nicht vollständig über die Grundlagen garantiert. Für Informationen gilt das gleiche. Ebensowenig wird Wissen transferiert, sondern bestenfalls die Gleichsinnigkeit der Anknüpfungspunkte. Dass es gleichwohl zu einer Gleichsinnigkeit der Interpretationen kommen kann, ist von weiteren Voraussetzungen abhängig, wie etwa Kulturprogrammen, Sozialisationsprozessen, professionellen Selbstverständnissen etc.[29]. Freilich ist dies erst in der Kommunikation feststellbar, und nur in ihrem Medium sind Differenzen auflösbar.

Insoweit lässt sich also eine Differenz zwischen Daten, Informationen und Wissen treffen. Letzteres wird als eine stabilisierte Erwartungsstruktur beschreibbar, als kognitiv stilisierter Sinn, der in je aktuellen Kommunikationen verfügbar gemacht wird und die Interpretation von Informationen beeinflusst, aber zugleich durch die Interpretationsleistungen wiederum stabilisiert oder verändert werden kann. Das ist der oben herausgestellte reflexive Zusammenhang von Wissen und Information, der es nicht ausschließt, Wissen über systematisierte Informationen zu beschreiben, sich aber eben darin nicht erschöpft. Daten sind nichts anderes als Zeichen, die Grundlagen der Information und des Wissens sind. Mit der Möglichkeit ihrer Speicherung erzeugen sie den Anschein der Verdinglichung, der zu den Vorstellungen einer Speicherung, des Vorrats und des Bestandes führt. Dieses aber müsste das Eigentliche, nämlich die Aktualisierung in einem spezifischen Kontext in einem Prozess der Kommunikation und die Leistungen der jeweils an dem Prozess Beteiligten, tilgen und stattdessen eigentumsanaloge Vorstellungen befördern.

2. Wissensformen

Die Wissensforschung verwendet eine Vielzahl von Unterscheidungen und Typisierungen von Wissen, wie die von Allgemein- und Sonderwissen,

---

28 *Hans-Heinrich Trute,* Comment from a Legal Perspective in: Helga Nowotny (Hrsg.), The public nature of science under assault. Politics, markets, science and the law, 2005, S. 53 (58 f.); *Helmuth Schulze-Fielitz,* Responses of the Legal Order to the Loss of Trust in Science, in: Helga Nowotny (Hrsg.), The Public Nature of Science under Assault. Politics, markets, science and the law, 2005, S. 63 (65 f.).

29 Zur Begrifflichkeit etwa *Siegfried J. Schmidt,* Geschichten & Diskurse, 2003, S. 34 ff.

öffentlichem und nichtöffentlichem Wissen, Experten- und Laienwissen, Erfahrungs- und Regel- oder Rezeptwissen, explizitem, formalisiertem und informellem Wissen, und schließlich Wissen und Nichtwissen[30], um aus der Vielzahl der Begriffe nur einige zu nennen. Ihnen liegt nicht stets eine theoretische Konzeptualisierung zugrunde. Sie bilden oftmals im Kontext der jeweiligen Fragestellung Heuristiken, um auf Zugänglichkeit, Verteilung, Trägerschaft, soziale Funktion, Eigenschaften, Generierungszusammenhang oder – hier relevanter – rechtliche Bedeutsamkeit aufmerksam zu machen. Zudem können sie in bestimmtem Umfang miteinander kombiniert werden, freilich ohne dass außerhalb bestimmter Verwendungszusammenhänge eine Matrix entstehen würde, an die man für rechtliche Erkenntnisinteressen ohne weiteres anknüpfen könnte.

a) Allgemein- und Sonderwissen

Allgemeinwissen oder auch kollektives Wissen prägt gleichsam als Hintergrundvoraussetzung im Prinzip alle Handlungen und Kommunikationen mit, wie Sprache, kulturelle Codes etc.[31], wird aber natürlich auch durch die Praxis des Handlungsvollzugs selbst konfirmiert oder verändert. Es lässt sich bestimmen als das aus Handlungen hervorgegangene und durch Handlungserfahrungen systematisierte Wissen der Gesellschaftsmitglieder über „ihre" Welt[32]. Es wird etwa durch Sozialisationsprozesse angeeignet und weitergegeben. Seine Wirksamkeit wird auch hier nicht über einen gleichsam thesaurierten Bestand vermittelt, sondern über die operative Fiktion der Unterstellung, jeder andere verfüge im Prinzip über das gleiche Wissen. Etwaige Enttäuschungen können dann in der Kommunikation aufgelöst werden. Es mag sich niederschlagen in Konventionen, die dann eine selbstverständliche Hintergrundfolie für Handlungen ergeben, auch für Rechtshandlungen[33]. Davon abzusetzen ist das Sonderwissen, das eben nur bestimmten Systemen zur Verfügung steht, also etwa wissenschaftliches Wissen, Expertenwissen oder das Wissen bestimmter Verkehrskreise oder

---

30 *Alfred Schutz / Thomas Luckmann*, Strukturen der Lebenswelt, 2003, S. 140 ff.; *Knoblauch* (FN 3), S. 146 ff.; *Ulf Matthiesen*, Wissensmilieus und Knowledge Scapes, in: Schützeichel (Hrsg.) (FN 2), S. 679 (682 ff.): Die nachfolgende Differenzierung enthält keinen Anspruch auf Vollständigkeit. Sie ist allein als eine Heuristik im Zusammenhang des Themas zu verstehen. Darüber hinaus finden sich natürlich andere Charakterisierungen wie Orientierungswissen, wissenschaftliches Wissen, Expertenwissen, professionelles Wissen, Alltagswissen, institutionelles Wissen, Regelwissen, Erfahrungswissen und viele andere mehr. All dieses bezeichnet mögliche Eigenschaften oder soziale Funktionen, vielleicht auch Weisen seiner Generierung oder auch Art und Güte des Wissens. Ob sie normativ bedeutsam sind, ist dann von Fall zu Fall zu entscheiden.

31 Zu dem Zusammenhang von Wirklichkeitsmodellen und Kultur *Schmidt*, Diskurse (FN 29), S. 34 ff.

32 *Schmidt*, Diskurse (FN 29), S. 34.

33 Vgl. dazu unten S. 28 ff.

Milieus. Schon aufgrund der Ausdifferenzierung der Gesellschaft kommt dem Sonderwissen eine erhebliche Bedeutung zu, die Pluralisierung der Kontexte der Wissensgenerierung dürfte den Raum für die Unterstellung, etwas sei im Prinzip von allen geteiltes Wissen, eher verringern. Auf den ersten Blick scheint diese Unterscheidung für das Recht schon aufgrund des hohen Generalisierungsgrades zunächst wenig bedeutsam. Indes verwendet das Recht zumindest implizit in einer Vielzahl von Differenzierungen diese Unterscheidung, etwa bei der Parallelwertung in der Laiensphäre[34], der Bestimmung des Fahrlässigkeitsmaßstabs[35] oder in der Vielzahl der Verweise auf Konventionen bestimmter Verkehrskreise[36] oder professionellen Standards, ohne dass dies freilich aus der Perspektive des Wissens übergreifend thematisiert würde.

b) Öffentliches und nicht-öffentliches Wissen

Normativ bedeutsamer scheint demgegenüber die auf die Zugänglichkeit abstellende Unterscheidung von öffentlichem und nicht-öffentlichem Wissen. Öffentliches Wissen ist dadurch gekennzeichnet, dass die Wissensgrundlagen im Prinzip jedermann zugänglich sind und daher beliebige Handlungen zu beliebigen Zeitpunkten im Prinzip darauf zugreifen können[37]. Die Zugänglichkeit kann faktisch gehindert sein, wie bei bestimmten Formen des Sonderwissens, das im Prinzip gleichwohl öffentlich zugänglich ist. Der Zugang kann aber auch durch Konventionen und vor allem auch durch rechtliche Regelungen begrenzt sein. Eine Vielzahl von rechtlichen Regelungen bezieht sich auf diese Unterscheidung und differenziert diese wiederum im Hinblick auf die Öffentlichkeit aus, etwa indem partielle Öffentlichkeiten, Voraussetzungen des Zugangs, Verwendungsmöglichkeiten und Distributionsregeln mit Zugangsregeln verknüpft werden. Mit einem hinreichend weiten Begriff des Wissens wird man zumal bezüglich der Wissensgrundlagen nicht nur die naheliegenden Formen der Vergegenständlichung mit einbeziehen können, sondern ebenfalls das in bestimmten

---

34 Vgl. BGH NJW 1952, 113 (113); *Thomas Fischer,* StGB, 2009, § 16, Rn. 11 m. w. N.; *Johannes Wessels / Werner Beulke,* Strafrecht Allgemeiner Teil, 2008, Rn. 243.

35 Vgl. *Gunnar Duttge,* in: Wolfgang Joecks / Klaus Miebach (Hrsg.), Münchner Kommentar zum StGB, 2003, § 15 Rn. 200.

36 Vgl. *Stefan Grundmann,* in: Kurt Rebmann / Franz Jürgen Säcker / Roland Rixecker (Hrsg.) Münchner Kommentar zum BGB, 2007, § 276 Rn 54.

37 Auch das kollektive Wissen ist im Prinzip öffentliches Wissen. Es wird hier gleichwohl insofern unterschieden, als es (oder zumindest ein Teil davon) nicht in Grundlagen gespeichert und damit gleichsam archiviert wird, sondern über Sozialisation angeeignet und kommuniziert wird und damit überwiegend nicht formalisiert ist. Das verdeutlicht die Schwierigkeit des Rechts, das zwar Sozialisationsprozesse rahmen, den Zugang etwa über Bildungschancen konditionieren, nicht aber den Umgang mit ihm selbst regeln kann.

Technologien gleichsam repräsentierte Wissen, in Standards eingeschriebenes Wissen etc. Das wird je nach Handlungszusammenhang unterschiedlich sein können[38].

Man wird die Frage der Zugänglichkeit weiter differenzieren können, wenn etwa bestimmte Wissens„bestände" nur bestimmten Personen, bei Vorliegen bestimmter Interessen oder in bestimmten Situationen zugänglich gemacht werden. Auch insoweit enthält die Rechtsordnung ein vielfach differenziertes Arsenal an Regeln über die Zugänglichkeit oder Öffentlichkeit bestimmter Wissensressourcen. Dies gilt gleichermaßen für das Gegenteil, das nicht-öffentliche Wissen, oder den Schutz von Geheimnissen. Darüber hinaus gibt es jenseits rechtlicher Regelungen von vornherein Wissen, das nicht in gleichsam öffentliche Archive aufgenommen, sondern nur informell kommuniziert wird. Ein Beispiel dafür wären Materialien in der Forschung, Manuskripte vor ihrer Veröffentlichung, graue Literatur, methodisches Know-how.

c) Explizites und implizites Wissen

Eine schon klassische Unterscheidung der Wissensforschung ist diejenige zwischen explizitem und implizitem Wissen. Explizites Wissen ist ein ausgesprochenes, formuliertes und dokumentiertes Wissen[39]. Das implizite Wissen unterscheidet sich in seiner Zugänglichkeit von anderen Formen dadurch, dass es nicht kommuniziert werden kann[40]. Es ist gebunden in eine Handlungspraxis und nur in ihrer Beobachtung und Nachahmung letztlich zugänglich. In der berühmten Formel von Polanyi ist es dadurch gekennzeichnet, dass wir mehr wissen, als wir zu sagen wissen[41]. Es existiert fast notwendig nur lokal und kann nur personal vermittelt transferiert werden. Insofern scheint seine Bedeutung zunächst in rechtswissenschaftlichen Kontexten gering. Indessen ist nicht zu übersehen, dass jede Handlungspraxis einer Organisation und damit auch die der Verwaltung auf implizitem Wissen aufbaut und diese in erheblichem Maße beeinflusst. Insoweit mag diese Form des Wissens zugleich zur Revision von bestimmten Rationalitätsunterstellungen des Verwaltungshandelns Anlass geben[42].

---

38 Vgl. etwa für den Prozess der Wissensgenerierung im Forschungsprozess *Jochen Gläser*, Wissenschaftliche Produktionsgemeinschaften, 2006, S. 110 f.

39 *Willke* (FN 3), S. 13 f.

40 Vgl. *David Kluth,* Die Strukturierung von Wissensgenerierung durch das Verwaltungsorganisationsrecht, in: Spieker gen. Döhmann / Collin (FN 4) S. 77; ausführlich *Arno Scherzberg,* Zum Umgang mit implizitem Wissen, in: Gunnar Folke Schuppert / Andreas Voßkuhle (Hrsg.), Governance von und durch Wissen, 2008, S. 240 ff.

41 *Michael Polanyi,* Implizites Wissen, 1985, S. 14

42 Ausführlich *Scherzberg,* Implizites Wissen (FN 40), S. 242 f.

d) Wissen und Nichtwissen

Die Beobachtung von Nichtwissen ist zwar kein neues Phänomen[43], wohl aber hat eine intensive wissenschaftliche Beobachtung in dem Zusammenhang mit ökologischen und technologischen Risiken die Akzentuierung verschoben. Stand zunächst eher die Funktionalität des Nichtwissens im Vordergrund, ist im Gefolge der Risikodebatte[44] Nichtwissen weiter ausdifferenziert worden. Es ist nicht länger das nicht bestimmbare Gegenüber des Wissens, seine abgedunkelte Seite, sondern vielfältigen Differenzierungen zugänglich, die freilich nicht Eigenschaften des Nichtwissens darstellen, sondern eine soziale Konstruktion des Systems, das sie benutzt[45].

Schon die Unterscheidung von spezifiziertem und unspezifiziertem Nichtwissen zeigt dies an. Ersteres lässt sich im Hinblick auf Wissen näher spezifizieren, letzteres nicht. Das ist insofern bedeutsam, als spezifiziertem Nichtwissen eine wichtige Funktion im Prozess der Wissensgenerierung zukommt. Darüber werden wichtige, aber zu bestimmende, wenn auch nicht unbedingt schon zu lösende Problemstellungen beschrieben. Demgegenüber hat das unspezifizierte Nichtwissen andere Konsequenzen oder kann sie zumindest haben. Da weder die Problemstellungen genauer beschreibbar sind, noch andere Lösungen vorliegen, wird dies im Risikodiskurs in der Konsequenz mit absoluten Vermeidungsanstrengungen belegt[46]. Darüber hinaus finden sich weitere Vorschläge zur Differenzierung, etwa der Vorschlag von Wehling, entlang der Dimensionen des Nichtwissens, der Intentionalität sowie der zeitlichen Stabilität und Dauerhaftigkeit des Nichtwissens zu unterscheiden[47], die jeweils unterschiedliche Konsequenzen anzeigen können.

---

43 Vgl. etwa *Georg Simmel,* Das Geheimnis und die geheime Gesellschaft, in: Soziologie. Untersuchungen über die Formen der Vergesellschaftung, 1992 (1908); *Robert K. Merton,* The Unanticipated Consequences of Purposive Social Action, in: ASR 1 (1936), S. 894 ff.; *ders.,* Three Fragments from a Sociologist's Notebook: Establishing the Phenomenon. Specified Ignorance, and Strategic Research Materials, Annual Review of Sociology 14 (1987), S. 787 ff.; *Heinrich Popitz,* Über die Präventivwirkung des Nichtwissens, 1968.

44 Allgemein dazu *Karl-Heinz Ladeur,* Risikobewältigung durch Flexibilisierung und Prozeduralisierung des Rechts – Rechtliche Bindung von Ungewissheit oder Selbstverunsicherung des Rechts?, in: Alfons Bora (Hrsg.), Rechtliches Risikomanagement, 1999, S. 41 ff.; *Hans-Heinrich Trute;* From Past to Future Risk – From Public to Private Law, European Review of Public Law 15 (2003), S. 73 ff.; *Arno Scherzberg,* Wissen, Nichtwissen und Ungewissheit im Recht, in: Christoph Engel/Jost Halfmann/Martin Schulte (Hrsg.), Wissen – Nichtwissen – Unsicheres Wissen, 2002, S. 133 ff.; *ders.* Risikosteuerung durch Verwaltungsrecht: Ermöglichung oder Begrenzung von Innovationen?, in: VVDStRL 63 (2004), S. 214 (238 ff.); *Ivo Appel,* Methodik des Umgangs mit Ungewissheit, in: Eberhard Schmidt-Aßmann/Wolfgang Hoffmann-Riem (Hrsg.), Methoden der Verwaltungsrechtswissenschaft, 2004, S. 327 ff.

45 *Niklas Luhmann,* Organisation und Entscheidung, 2000, S. 184.

46 *Klaus Peter Japp,* Soziologische Risikotheorie. Funktionale Differenzierung, Politisierung und Reflexion, 1996, S. 61 ff.

Andere Aspekte werden deutlich, wenn es um das Recht auf Nichtwissen geht. Dieses ist im Grunde ein individuelles Recht auf Verschonung von Informationen, damit diese wegen möglicher Konsequenzen nicht in eine individuelle Selbstbeschreibung eingefügt werden müssen. Das Gendiagnostikgesetz spricht insoweit davon, dass die Einwilligung auch die Entscheidung des Betroffenen umfassen müsse, ob und inwieweit das Untersuchungsergebnis zur Kenntnis zu geben oder zu vernichten ist (§ 8 Abs. 2 GenDG). Es liegt eher auf der Ebene eines Informationsverschonungsrechts, wiewohl nicht zu übersehen ist, dass es natürlich auf die Verhinderung der Einfügung von Informationen in einen Wissensbestand gerichtet ist. Insoweit lässt es sich als ein Fall intentionalen Nichtwissens verstehen[48].

3. Wissensordnung und Wissensregime

In der Wissensforschung bezeichnet der meist im Plural gebrauchte Begriff der Wissensordnung Hierarchien im Bereich des Wissens und Verfahrens, wie Gesellschaften in sachlicher, sozialer und zeitlicher Hinsicht ihr Wissen bestimmen[49]. Wissensordnungen sind in diesem Sinne ein umfassender institutioneller Rahmen für die Definition und Bewertung von Wissen[50]. Wissensordnungen, Informationsordnungen, zumal wenn sie im Zusammenhang mit ihrer rechtlichen Verfassung stehen, zielen auf die Leitlinien, Prinzipien, normativen Regelungen von Wissensaktivitäten, Informationsbeständen und Kommunikationsvorgängen[51]. Sie sind motiviert von einem systematisierenden Ansatz, der die Eigenheiten des Wissens, seine Dynamik und seine Ambivalenzen in einer Ordnungsidee des rechtlichen Umgangs mit Wissen sicht- und bearbeitbar machen möchte.

Freilich ist Bestandteil der Schwierigkeit einer Ordnungsbildung in diesem Sinne schon der Begriff des Wissens. Nimmt man von einem Speichermodell des Wissens Abstand[52], wonach Wissen als kognitiv und kommunikativ im Gedächtnis oder in Archiven gespeicherter Vorrat an Kenntnissen

---

47 *Peter Wehling,* Im Schatten des Wissens? Perspektiven einer Soziologie des Nichtwissens, 2006, S. 116 ff.; kurze Darstellung *ders.*, Wissen und Nichtwissen, in: Schützeichel (Hrsg.) (FN 3), S. 485 (488 ff.).

48 So *Peter Wehling,* Wissen und Nichtwissen, in: Schützeichel (Hrsg.) (FN 3), S. 485 (488).

49 *Martin Huber,* Wissensordnung, in: Schützeichel (Hrsg.) (FN 3), S. 797; *Peter Wehling,* Im Schatten des Wissens? Perspektiven einer Soziologie des Nichtwissens, 2006, S. 331 f.

50 Vgl. auch *Helmut F. Spinner* (FN 3), S. 24 ff.

51 Dazu *Eberhard Schmidt-Aßmann,* in diesem Bd., S. 39 ff.

52 Vgl. dazu oben S. 13 f.; *Peter M. Hejl,* Wie Gesellschaften Erfahrungen machen oder Was Gesellschaftstheorie zum Verständnis des Gedächtnisproblems beitragen kann, in: Siegfried J. Schmidt (Hrsg.), Gedächtnis, 1991, S. 293 ff.; *Siegfried J. Schmidt,* Kalte Faszination, 2000, S. 364 f.

verstanden wird, und stellt man darauf ab, dass Wissen nur in je aktuellen Operationen verfügbar wird, die auf der Grundlage von Texten, Daten, Informationen und vorangegangenen Operationen stattfinden und an diese anknüpfen[53], dann wird man sich einen rechtlichen Zugriff auf Wissen nur schlecht vorstellen können, weil es einen Zugriff auf die je aktuelle Kognition weder geben kann noch geben darf[54].

Das schließt freilich einen rechtswissenschaftlich systematisierenden Zugang zu dieser Problematik nicht aus, und in diesem Sinne auch nicht die Entwicklung einer rechtlichen Wissensordnung, sofern die Besonderheiten des Wissens berücksichtigt werden. Daraus folgt die Notwendigkeit einer Klärung des rechtlichen Zugriffs, insbesondere des Bezugspunktes rechtlicher Zugriffe. Zugleich ist nicht zu übersehen, dass damit ein sehr hohes Generalisierungsniveau beschritten wird.

Konkreter erscheint dagegen der in der Wissensforschung relativ neue Begriff der *Wissensregime,* der einen strukturierten, mehr oder weniger stabilisierten Zusammenhang von Praktiken, Regeln, Prinzipien und Normen des Umgangs mit Wissen und unterschiedlichen Wissensformen in bestimmten Handlungszusammenhängen beschreibt[55]. Dies erlaubt die Analyse spezifischer Zusammenhänge auch unter normativen Gesichtspunkten. So lassen sich etwa veränderte Formen der Wissensproduktion im Wissenschaftssystem und der darauf bezogene normative Rahmen und seine Veränderung und die damit verbundenen Rückwirkungen auf grundlegende Dogmen analysieren. Dies erlaubt auf einer eher mittleren Generalisierungsebene die Analyse bestimmter Gegenstandsbereiche, ohne sogleich auf eine umfassende Wissensordnung Bezug nehmen zu müssen.

III. Recht und Wissen – Eine erste Annäherung

Recht und Wissen kann in sehr unterschiedlichen Dimensionen thematisiert werden. Verabschiedet man sich von einem Speichermodell des Wissens, dann liegt allerdings die Vermutung nahe, dass das Recht eher indirekt auf Wissen Bezug nimmt, Kontexte regelt und damit auf Relevanzen Einfluss nimmt, Informationspflichten festlegt, den Geheimnisschutz von Informationen regelt, nicht aber einen direkten Zugriff auf Wissen nimmt. Die Aufmerksamkeit für diese Thematik ist freilich schon entlang der Unterscheidung von öffentlichem und privatem Recht unterschiedlich ausgeprägt, was mit grundlegenden Wertungen beider Rechtsgebiete zu tun hat.

---

53 Vgl. ähnlich *Schmidt,* Faszination (FN 52), S. 364.

54 Insoweit dürfte es nicht zufällig sein, dass *Spinner* (FN 3), S. 24 ff. Wissen mit einem beliebig abrufbaren Informationsgehalt identifiziert.

55 *Peter Wehling,* Wissensregime, in: Schützeichel (FN 3), S. 704.

1. Öffentliches und privates Recht

Wissensunterschiede zwischen den Vertragsparteien gehören im Ausgangspunkt zu einer zivilrechtlichen, insbesondere einer marktlichen Ordnung. Im Grundsatz muss daher im Zivilrecht diese Frage nicht thematisiert werden. Privatautonomie geht mit der Verantwortung für die eigene Wissens- und Informationsbasis einher. Von daher finden sich im klassischen Zivilrecht kaum informationsbezogene Regelungen. Daher finden sich informationsbezogene Regeln, wenn die Wissensasymmetrie zu einer Bedrohung der Privatautonomie führt (vgl. nur §§ 119, 123 BGB), oder aber wenn aus anderen Gründen (Verbraucherschutz, Schutz bestimmter Bevölkerungsgruppen, Funktionsfähigkeit von Institutionen, wie etwa dem Wertpapierhandel, bei erheblichen Ungerechtigkeiten) eine gesetzlich angeordnete Informationspflicht eine zumindest partielle Nivellierung der Informationsasymmetrien anordnet[56]. Aber auch insoweit bleibt es im Grunde auf der Ebene des Informationsrechts.

Demgegenüber baut das öffentliche Recht nicht auf dieser produktiven Fiktion einer Wissensverteilung auf, sondern rechnet von vornherein mit einem Informationsproblem. Staatliche Handlungsmöglichkeiten setzen Informationen und Wissen über das zu regelnde Sachproblem, den zu regulierenden Sachbereich und den Adressaten der Regelung voraus. Dabei wird freilich nicht mit der Unterstellung staatlichen Wissens gearbeitet, sondern geregelt, welcher Informationen und Daten der Staat bedarf, um bestimmte Handlungen vorzunehmen. Für das staatliche Genehmigungsrecht ist dies offensichtlich. Von daher wird an sich von vornherein eine Informationsasymmetrie unterstellt. Sonst bedürfte es dieser Regelungen nicht. Dies hindert nicht eine Wissensakkumulation, die wiederum eine rechtliche Ordnung etwa zum Schutz von Freiheitssphären erforderlich machen kann. Aber dies ändert nichts an der Wissens- und Informationsasymmetrie zwischen dem politisch-administrativen und anderen Systemen, etwa dem Wirtschafts- und Wissenschaftssystem. Es verwundert daher nicht, dass das öffentliche Recht beinahe in jeder gesetzlichen Materie so etwas wie eine Informations„ordnung" etabliert.

2. Der Zugriff des Öffentlichen Rechts

Mustert man vor diesem Hintergrund beliebige Materien durch, dann fällt auf, dass sich Gesetze zwar mit Daten und Informationen zu beschäftigen scheinen, sich aber selten oder gar nicht dem Wissen als Gegenstand recht-

---

[56] Ausführlich dazu *Holger Fleischer*, Informationsasymmetrie im Vertragsrecht, 2001; *Roland Broemel*, Wissensdistribution im Zivilrecht: Vorvertragliche Aufklärungs- und Informationspflichten in diesem Bd., S. 89 ff.

licher Regelung *direkt* zuwenden oder es zum Gegenstand der Regelung machen. Das bestätigt die obige Vermutung.

a) Informationsgrundlagen

Der Gesetzgeber regelt, neben Daten und Informationen, in der Regel die Informationsgrundlagen (oder auch die Wissensgrundlagen). Insoweit werden etwa die Genehmigungsvoraussetzungen in Form der Antragsunterlagen aufgestellt[57], die zur Prüfung der Genehmigungsfähigkeit erforderlich sind, und die Inhalte spezifiziert, je nach Art des zu genehmigenden Vorhabens unterschiedlich, aber in der Typik doch vergleichbar. Es werden Verwendungsregelungen für die Unterlagen, Maßstäbe der Bewertung von Unterlagen, Stellungnahmerechte von Behörden und Privaten, Anhörungsrechte, Mitteilungspflichten, Aufzeichnungspflichten, Auskunftspflichten, Beweiserhebungsrechte, die Vertraulichkeit von Angaben, Betriebs- und Geschäftsgeheimnisse und ähnliches geregelt[58]. Selbst der Begriff der Information wird selten verwendet, sieht man einmal vom Datenschutzrecht und dem Informationsfreiheitsgesetz ab, und dann erfolgt die Verwendung doch eher unsystematisch zur Bezeichnung, dass die Behörde zu informieren habe, der Bürger bestimmte Informationen zur Verfügung zu stellen habe oder die Behörden bestimmte Daten verarbeiten können, ggf. auch in elektronischen Abrufverfahren[59].

b) Der Zusammenhang von Aufgabe, Informationen und Handlungen

Und noch eins fällt auf: Die Gesetzgebung bezieht sich auf Rechte und Pflichten oder Obliegenheiten von Personen, Stellen, Organisationen, Behörden. Geregelt werden Informationsgrundlagen als Voraussetzung von Handlungsoptionen oder der Umgang mit Informationen, etwa Verwendungsrechte von Unterlagen. Primärer Gegenstand von Regelungen sind also zunächst einmal rechtliche Handlungsmöglichkeiten, zu deren Wahrnehmung Informationsgrundlagen aufgabenspezifisch und bezogen auf die Handlungen geregelt werden. Dies ist der primäre Zugriff gesetzlicher Regelungen. Damit ist nicht behauptet, es würde insoweit keine aufgabenbezogene rechtliche Informations„ordnung“ festgelegt. Aber es ist nicht das primäre Ziel rechtlicher Regelungen und von der Struktur her setzen die Rechtmäßigkeitsbedingungen denn auch wesentlich an denjenigen der Handlungen an, nicht denen der Informationen. Diese stellt gleichsam eine

---

57 Vgl. etwa § 10 GenTG.

58 Exemplarisch können die Regelungen des GenTG herangezogen werden, etwa §§ 10, 12, 15, 16a, 16c, 17, 17a, 18, 21, 28 – 29 GenTG.

59 Vgl. § 29a GenTG.

in den Aufgabenkontext eingebundene und von diesem zugleich begrenzte Informationsordnung dar.

Hinsichtlich des Zugriffs des Rechts wird damit – erstens – deutlich, dass das Recht vor allem Informationsbeziehungen regelt: Wer hat wen worüber zu informieren und mit welchen Folgen, wenn es geschieht oder eben nicht geschieht. Diese Regelung bleibt – zweitens – fragmentarisch. Zweck- und aufgabenbezogen werden Handlungs- und Kommunikationspflichten und Rechte etabliert, auf die bezogen zugleich eine Regelung der Informationsgrundlagen erfolgt. Jenseits dessen oder innerhalb dieses Rahmens erfolgt die Kommunikation über den Verfahrensgegenstand, in dem dann selbstverständlich die Daten und Informationen eine Rolle spielen, typischerweise dadurch, dass bestimmte aufgabenbezogene Verfahrenssysteme strukturiert werden. Diese stellen insoweit – in der Dichte unterschiedlich – einen Rahmen dar, innerhalb dessen die Interaktion der Akteure stattfindet. Das Recht schafft also nur eine Rahmenordnung[60]. Auch wenn primär Informationsbeziehungen geregelt werden, schließt dies nicht aus, dass durch rechtliche Regelungen indirekt der Kontext mitbestimmt wird, etwa durch Regeln zur Wissensgenerierung oder aber zur Bewertung von Informationen.

Deutlich wird dies an den Regeln zur Ermittlung, Explikation und Offenlegung eigener Wissensgrundlagen, etwa im GenTG. Wenn etwa der Gesetzgeber verlangt, Beschreibungen von Anlagen, Vorgängen oder Risiken vorzulegen und diese in Bezug auf den Stand der Wissenschaft (und/oder Technik) zu bewerten, dann handelt es sich nicht um Daten und/oder Informationen allein, sondern um die Inbezugsetzung der Beschreibung zu einem übergreifenden Wissenszusammenhang, der zu explizieren ist. Wenn also eine Beschreibung der sicherheitsrelevanten Eigenschaften eines Organismus vorzunehmen ist, dann wird der Relevanzkontext ausdrücklich benannt. Zum Teil finden sich auch weitere strukturierende Anforderungen der Unterscheidung von Tatsachen, Informationen Dritter und eigenen oder fremden Bewertungen und die Explikation von deren Grundlagen und Maßstäben, wie etwa im Finanzdienstleistungsrecht[61]. Darüber hinaus finden sich nicht nur im Umweltrecht, sondern auch in anderen Materien wie dem Wirtschaftsverwaltungsrecht eine Vielzahl von Regelungen, die sich als Verpflichtung zur Wissensgenerierung lesen lassen. Auch wenn sie zunächst als Handlungspflichten formuliert sind, etwa Beobachtungspflichten[62], als Planungs- oder Konzeptpflichten, als Pflichten zum Aufbau von Registern oder Verzeichnissen[63], so beinhalten sie nicht nur die Sammlung von Daten, son-

60 Zur Angemessenheit dieses Verständnisses und den Konsequenzen etwa *Christoph Gusy*, Die Informationsbeziehungen zwischen Staat und Bürger, in: GVwR II (FN 4) § 23 Rn. 62.

61 Vgl. etwa § 3 FinAnV.

62 Vgl. etwa § 16 c GenTG; § 12 BNatSchG.

dern deren Einpassung in einen bestimmten Relevanzrahmen, der ihnen allererst die Aussagekraft für etwas verleiht. Dies kann bis hin zu Forschungspflichten gehen[64], die sich als Pflichten zur Wissensgenerierung verstehen lassen. Aufgebaut wird dann einmalig oder iterativ ein Wissens„bestand", der dann die jeweiligen Referenzrahmen für weitere Maßnahmen abgibt oder aber mehr oder weniger öffentlich gemacht wird.

Kann man zwar in diesem Sinne von einer Verpflichtung (nicht nur privater Akteure) zu einer wie auch immer weiter strukturierten Wissensgenerierung sprechen, so sollte man gleichwohl sich hüten, dies gleichsam als einen Wissens„bestand" zu verstehen, der dann in einen anderen Kontext transferiert wird. Vielmehr handelt es sich um die Herstellung von Wissens„grundlagen", die dann in dem jeweiligen Kontext wiederum einer Bewertung, Änderung oder Re-Kontextualisierung unterliegen. Es ist zunächst einmal eine in Texten sedimentierte Wissensgrundlage, gewonnen im Kontext einer Organisation mit eigenen Relevanzen, die in einem anderem Kontext, dem der staatlichen Entscheidungsverfahren, mit eigenen, gesetzlich vorstrukturierten Relevanzen (etwa gesetzlichen Aufgabenumschreibungen, Maßstäben und Zuständigkeiten) nach Maßgabe eigener Kriterien genutzt wird. Was also rechtlich strukturiert wird, ist die Etablierung einer Pflicht zur Wissensgenerierung und der Kontext der Wissensgenerierung, nicht aber das Wissen selbst. Wohl aber hat die Kontextgestaltung Einfluss auf die Wissensgenerierung und damit natürlich auch auf die Inhalte[65].

c) Die Rolle von Verfahren

Von hier aus lässt sich dann auch die Rolle von Verfahren näher im Hinblick auf das Thema beschreiben. Verfahren ermöglichen nicht nur unterschiedliche Daten und Informationen einzuspielen, sondern – vielleicht wichtiger – sie ermöglichen, die entsprechenden Relevanzkontexte selbst zu thematisieren und damit zu beeinflussen, gerade auch im Hinblick auf ihren übergreifenden Charakter. Dies verdeutlicht zugleich, wie der Aufbau von Wissensbeständen durch Verfahren erfolgt: iterativ! Gerade dann, wenn man Wissen und Information als eine prozessorientierte Dimension konzipiert, wird die Bedeutung von Verfahren nicht nur als Medien der Wissensgenerierung, sondern auch der Beeinflussung des Relevanzkontextes von Informationen deutlich.

---

63 § 16a GenTG.

64 Vgl. etwa§ 15 I Nr. 4a, § 16 c GenTG.

65 Zur Kontextualisierung auch *Schulze-Fielitz,* Responses of the Legal Order (FN 28), S. 68.

3. Exemplarisch: Das Wissen der Verwaltung

Ist die Informations„ordnung" auf diese Weise immer schon in das Verwaltungsrecht eingeschrieben, um eine Informationsasymmetrie auf Seiten der Verwaltung zu beheben, bleibt die Wissensdimension lange Zeit unthematisiert und gewinnt erst neuerdings eine deutlich verstärkte Aufmerksamkeit. Die Gründe dafür dürften insbesondere darin liegen, dass stabile Ordnungsmuster ihrerseits fragmentiert werden und das Verwaltungshandeln in bestimmten Bereichen nicht mehr auf selbstverständlich unterstellte allgemeine Wissensbestände über das Handeln der Rechtsunterworfenen zurückgreifen kann, sondern im Grunde Ordnungsmuster und damit Wissen eigenständig generieren muss.

a) Das klassische Modell

Am klassischen Polizeirecht ist der Zusammenhang von stabilen Ordnungsmustern und Entscheidungen, wenn auch meist in anderen Kontexten, vielfach beschrieben worden. Es folgt im Ausgangspunkt, wie viele andere Bereiche des Verwaltungsrechts auch, dem Modell entscheidungsbezogener Wissensgenerierung[66]. Einfache polizeirechtliche Konstellationen im Bereich der Gefahrenabwehr lassen sich im Grunde dadurch beschreiben, dass die Behörde ein Sachverhalts- und Faktenwissen einerseits, ein Norm- und Verfahrenswissen andererseits haben muss. Um freilich eine der Befugnisnorm Rechnung tragende Wissensgrundlage zu haben, bedarf es wegen der Referenz auf eine Wahrscheinlichkeitsprognose des Erfahrungs- und Regelwissens, das zur Verknüpfung von Sachverhalt und Normen erforderlich ist[67]. Im typisierten Modell wird das Sachverhaltswissen durch die Möglichkeit der Amtsermittlung normativ unterfüttert, das Erfahrungs- und Regelwissen ist gemeinsamer Bestand, der als Alltagserfahrung kommuniziert wird und das Regelwissen wird über die Vielzahl der Fälle, deren Dokumentation in Akten[68], den Verwaltungsvorschriften und insoweit über die Erfahrung der Verwaltung vermittelt. Insoweit erscheint die Amtsermittlung der Fakten (des Sachverhalts) als Informationssammlung der Behörde; Informationen, die ihren Sinn indes nicht zuletzt aus den beiden anderen Typen des letztlich als unproblematisch unterstellten Horizonts von Entscheidungswissen bekommen und die keine eigenständigen Schritte der Wissensgenerierung erforderlich machen. Darüber hinaus ist der Wissensbestand natürlich auch, wie oben schon gesehen, in hohem Maße durch implizites Wissen geprägt.

---

66 Zur Begrifflichkeit etwa *Wollenschläger* (FN 4), S. 8 ff.

67 Zum Ganzen *Wollenschläger* (FN 4), S. 10 ff.

68 Zu den Akten als Medium der Generierung von Erfahrungswissen *Karl Heinz Ladeur*, Die Kommunikationsinfrastruktur der Verwaltung, in: GVwR II (FN 4), § 21 Rn. 5 ff.

b) Expertifizierung als Erweiterung des Modells

Gleichwohl wird deutlich, dass hinter diesem zugegeben vereinfachten Modell, das schon mit dem Aufkommen der modernen Technik im 19. Jahrhundert einigen Modifikationen unterlag, bestimmte Grundannahmen lagen, die erklärbar machen, warum das Wissen des Staates zunächst einmal als unproblematisch erscheinen musste und von daher als eine der selbstverständlichen Hintergrundvoraussetzungen unthematisiert bleiben konnte. Dieses Modell setzt auf einem bestimmten Typus von Wissen auf, das als gemeinsam geteiltes dem Gesetzgeber, der Verwaltung, den Gerichten und den Adressaten der Regelung zur Verfügung steht, also auf gemeinsame Konventionen, die für alle Beteiligten auch als solche unterstellt werden können. Dieses ist Grundlage für eine konditionale Formulierung der Gesetze, deren Anwendung im Lichte der spezifischen Situation erfolgt und ebenso eine gerichtliche Vollkontrolle klassischen Typs ermöglicht. Die Anwendung im besonderen Fall erscheint dann nur als eine Variation des allgemeinen Erfahrungswissens, mit anderen Worten: Es wird eine Linearität von Allgemeinem und Besonderem unterstellt.

Dieses relativ stabile Modell erfährt zwar mit der beginnenden Industrialisierung und der Notwendigkeit spezifischer Wissensbestände eine gewisse Modifikation, weil diese Wissensbestände nicht mehr als allgemein unterstellte zuhanden sein müssen, sondern nur unter Nutzung spezifischer Expertise generiert werden können, bei der freilich ebenfalls das stabile Verhältnis von Allgemeinem und Besonderem unterstellt werden konnte. Zwar erscheint der Experte nunmehr auf dem Bildschirm des Rechts, aber damit wird der das Verwaltungsrecht fundierende einfache Verweisungszusammenhang des Modells nicht aufgebrochen. Von daher kam das Modell nicht nur ohne wesentliche Verfahrenszwischenschritte aus[69], es konnte auch ungeachtet der (partiellen) Ablösung des Erfahrungswissens durch Expertise die Linearität von Allgemeinem und Besonderem unterstellen, und damit blieb das Wissen letztlich eine unthematisierte Hintergrundvoraussetzung. Entscheidende Perspektive war die Informationssammlung durch die Behörde im Hinblick auf die Besonderheiten des Sachverhalts. Die Einbindung in den Horizont des Allgemeinen konnte als selbstverständlich unterstellt werden.

c) Wissensgenerierung als Aufgabe

Mehrere Bedingungen machen dies hier vereinfacht dargestellte Modell für bestimmte Bereiche staatlichen Handelns prekär. Schon in der Planungsdiskussion ist dies deutlich geworden. Eine direkte Verhaltenssteue-

---

69 Dazu *Wollenschläger* (FN 4), S. 15 ff.

rung des Einzelnen ist schon deshalb unzureichend, eine gesamträumliche Ordnung zu erreichen, weil es an einem wissensbegründeten Ableitungszusammenhang zwischen dem einzelnen Verhalten und der angezielten räumlichen Ordnung fehlt, der es erlauben würde, hinreichend genau auf der Mikroebene gesetzliche Verhaltensnormen zu formulieren, die begründete Aussicht hätten, auf der Makroebene die Ziele der Planung zu erreichen[70]. Dies hat die vielfach diskutierten Veränderungen im staatlichen Steuerungszusammenhang zur Folge, die den im traditionellen System vorausgesetzten Ableitungszusammenhang zwischen Gesetz und Einzelakt und damit zwischen Allgemeinem und Besonderen aufbrechen[71]. Aus der Perspektive des Wissens formuliert: Das für die Steuerung notwendige Wissen muss über verschiedene Stufen hinweg unter Beteiligung einer Vielzahl von Akteuren jeweils generiert werden. Verfahren als Medium der Wissensgenerierung (ebenso wie der Abstimmung von Interessen) nehmen folglich einen breiten Raum ein. Dies wird noch gesteigert, wo Wissen als Erfahrungs- und Regelwissen nicht unterstellt werden kann. Die Gründe sind vielfältig. Sie liegen einmal darin, dass in einer funktional differenzierten Gesellschaft Wissen in den gesellschaftlichen Teilsystemen generiert wird und damit nicht als allgemeines Regel- und Erfahrungswissen unterstellt werden kann, auf das voraussetzungslos zugegriffen werden kann. Die zu beobachtende Expertifizierung löst das Problem nicht, da das im Wissenschaftssystem generierte Wissen weder zur Gänze das Problem abdeckt[72] noch ohne weitere Zwischenschritte auf Anwendungskontexte bezogen werden kann und schon gar nicht hinreichend stabil ist, wie die Risikodebatte und die Karriere des Begriffs des Nichtwissens zeigt. Soziale Konventionen, auf die gesetzliche Regelungen gestützt werden können, unterliegen ebenfalls einem Pluralisierungsprozess, der stabile Ordnungsmuster und ihnen eingeschriebene Wissensbestände prekär macht. Stabile Erfahrungsregeln können also in bestimmten Bereichen nicht mehr unterstellt werden. Erforderlich werden daher komplexe Verfahren, die auf die vom Einzelfall und der Entscheidung abgehobene Generierung von Wissensbeständen zielen, die ihrerseits als reversibel gedacht werden müssen. Von daher bestimmen zunehmend komplexe, rechtlich mehr oder weniger institutionalisierte Wissensinfrastrukturen das Bild, deren Ziel nichts anderes ist, als ein funktionales Äquivalent des Erfahrungswissens zu generieren und dies wissen-

---

70 Dazu *Rainer Wahl*, Rechtsfragen der Landesplanung und Landesentwicklung, Bd. 1, 1978, S. 53 ff.

71 *Wahl* (FN 70), S. 87.

72 In Verfahren komplexer Marktregulierung geht es etwa nicht einfach nur um ökonomische Wissensbestände, die gleichsam importiert werden können, sondern darum, das strategische Verhalten von Marktteilnehmern in dynamischen, durch rasche technologische Innovationen geprägten Märkten abzuschätzen, auf Regulierungsziele zu beziehen und damit einzubinden. Dabei geht es wesentlich um letztlich nur dezentral bei den Marktteilnehmern vorhandene Wissensbestände; allgemein dazu *Roland Broemel*, Strategisches Verhalten in der Regulierung, Diss. Hamburg (demn.).

schaftlich zu gründen. Dieses bleibt freilich prekär und ist nicht notwendig stabil. Anders gewendet: Der Verlust von Erfahrungs- und Regelwissen wird durch diese wissensgenerierenden Verfahren ersetzt, was gleichzeitig erhebliche Folgen für den im klassischen Modell vorausgesetzten Ableitungszusammenhang von Gesetz, Entscheidung und Kontrolle hat. Diese wird man freilich von den Verfahren der Informationssammlung abschichten müssen. Von daher bilden sich komplexe Verfahrensarrangements, die auf die dauernde Generierung von Wissen ausgerichtet sind, als eine eigene Zwischenschicht zwischen dem Gesetz und der einzelfallbezogenen Anwendung aus, die wiederum die auf den Einzelfall bezogene Informationssammlung auslöst[73]. Beide sind nicht unabhängig voneinander. Wichtiger aber ist es, die Funktion der dauerhaften Institutionalisierung von wissensgenerierenden Verfahren zu sehen und diese in einen auch normativ geprägten Kontext zu den einzelfallbezogenen Verfahren zu bringen.

IV. Funktionen und Themen

Wissen ist allgegenwärtig und wird für jede Handlung und Kommunikation in Anspruch genommen. Entsprechend breit ist mittlerweile die Thematik und Begrifflichkeit der Wissensforschung[74]. Diese kann hier und in den Beiträgen des Bandes nicht abgedeckt werden. Allerdings können für einen ersten Zugriff einige der thematischen Schwerpunkte eines rechtlichen Zugriffs genannt werden, die sich letztlich um die Generierung, die Zugänglichkeit und die Verteilung von Wissen zentrieren.

1. Wissensgenerierung

Wenn Wissen für jede Handlung in Anspruch genommen wird, aber auch durch Handlungen und Handlungspraxen generiert wird, dann wird es nicht in bestimmten gesellschaftlichen Teilsystemen allein oder vorzugsweise generiert, sondern gesellschaftsweit. Und dies im Wesentlichen unabhängig vom Recht. Von daher kann weder faktisch noch normativ dem Staat oder anderen gesellschaftlichen Teilsystemen eine Vorrangstellung bei der Generierung von Wissen zugeschrieben werden[75]. Vielmehr dürften die Grundrechte die dezentrale gesellschaftliche Wissensgenerierung in ihren Schutzbereich aufnehmen, wie es für bestimmte Grundrechte, etwa die Kommunikationsfreiheiten und die Wissenschaftsfreiheit, thematisch schon

73 Analysiert von *Wollenschläger* (FN 4).

74 Vgl. dazu die oben (FN 3) genannten Beiträge. Einen Überblick gibt insbesondere das Handbuch von *Schützeichel,* das wesentliche Themen, aber auch die Variationsbreite der Begrifflichkeit aufzeigt.

75 Dazu *Eberhard Schmidt-Aßmann,* in diesem Bd., S. 44 f.

evident ist. Dies hindert freilich, wie oben gesehen, weder Regelungsaufträge des Rechts zur Generierung von spezifischen Wissensbeständen, noch die Annahme einer staatlichen Gewährleistungsverantwortung zur Schaffung von Wissensinfrastrukturen oder spezifischen Wissensbeständen[76]. In diesen Kontext gehören daher auch Anreizsysteme oder die Schaffung wissensgenerierender Institutionen[77]. Für das erstere mögen Forschungsprogramme stehen, die durch die Koppelung von Programmen und Finanzen zu einer thematisch spezifizierten Form der Wissensgenerierung anreizen sollen. Allgemeinere Formen wären etwa das Patentrecht[78]. Ebenso dürften zum Thema der Wissensgenerierung Verbote zählen, die ein Unterfall der Grenzen von Wissensgenerierung darstellen. Hierzu würden Forschungsverbote ebenso rechnen wie normativ abgesicherte Geheimnissphären oder Schutzsphären, die vom Staat oder Privaten zu respektieren sind, wie die aus dem allgemeinen Persönlichkeitsrecht und der Menschenwürde entwickelten Grenzen, aber auch die anderen Formen von Geheimnisschutz. Ihre Wirkung mag je unterschiedlich sein, also relativ oder absolut, auf bestimmte Kontexte bezogen oder allgemein.

Allerdings darf man sich den Prozess der Generierung von Wissen nicht zu einfach und vor allem nicht zu individualistisch vorstellen. Zwar mag man den Individuen eine schon normativ ausgebaute wichtige Rolle zuweisen, indes ist der Prozess der Wissensgenerierung erheblich komplexer. Man kann dies an der Generierung von wissenschaftlichem Wissen nachvollziehen. Diese erfolgt in überlappenden Netzwerken von wissenschaftlichen Gemeinschaften, in denen bestimmte Wissens„bestände", Methoden, Fragestellungen, spezifiziertes Nichtwissen, für Anschlussfragen fruchtbar gemacht werden, deren Ergebnisse wiederum in Kommunikationen zunächst mit allgemeinen Beständen verglichen, geprüft, verworfen und modifiziert werden und so an den Korpus der bisherigen Texte angepasst und in diesen einpasst werden. So wird ein permanenter Prozess von Revision und Konfirmation, von Veränderung und Anpassung in Gang gehalten[79]. Die soziale Ordnung dieser Art von Wissensproduktion erfolgt im Wesentlichen ohne eine staatliche Regelsetzung, wiewohl nicht regellos. Aber der Sinn der Freiheitsgarantie des Art. 5 Abs. 3 GG liegt darin, dieses höchst unwahrscheinliche soziale Arrangement der Wissensproduktion vor staatlichen Zugriffen zu schützen. Man kann daran die Einbettung des Individuums auf einer Mikroebene ebenso erkennen wie die Abhängigkeit von der Makroebene. Beide sind durch vielfältige institutionelle Arrangements ab-

---

76 Dazu *Schmidt-Aßmann* und *Thomas Groß,* in diesem Bd., S. 57 ff. u. 135 ff.

77 Vgl. dazu *Raimund Bleischwitz,* Gemeinschaftsgüter durch Wissen generierende Institutionen, 2005.

78 Dazu *Schmidt-Aßmann,* in diesem Bd., S. 54 f.

79 Dazu ausführlich *Jochen Gläser,* Wissenschaftliche Produktionsgemeinschaften, 2006, S. 67 ff.

gestützt, ohne die Wissensgenerierung nicht erfolgreich sein könnte. Mögen diese auch im Falle der Wissenschaft wenig rechtlich abgestützt sein, so gibt es andere Bereiche, in denen dem Recht eine erhebliche Rolle in der Kontextualisierung der Wissensgenerierung zukommt.

Dieses am Beispiel der Wissenschaft beschriebene Arrangement dient zugleich der Qualitätssicherung des so generierten Wissens[80]. Gerade weil es mit einem hohen Geltungsanspruch verbunden ist, wird es diesem Prozess unterworfen, der zugleich sicherstellt, dass es sich nicht allzu weit von dem bisher Bekannten entfernt, also in den Korpus eingepasst werden kann. Man kann daran aber auch sehen, was es bedeutet, wenn das oben beschriebene Arrangement der Qualitätssicherung durch neue Formen medialer Vermittlung umgangen wird. Diese Form der Qualitätssicherung ist freilich nur exemplarisch und es wird andere Formen geben. Vor allem wird man vermuten können, dass Formen der Sicherung einer bestimmten Qualität zunehmen werden, schon um Wissensschäden zu minimieren.

Insoweit dürfte eine wesentliche Dimension rechtlicher Wissensordnung darin liegen, die unterschiedlichen Regime der Wissensproduktion zu analysieren und sie auf gemeinsame Leitideen, Prinzipien, Maßstäbe und Verfahren hin zu untersuchen.

2. Zugang und Verfügbarkeit

Wird Wissen in der Gesellschaft produziert, und setzt jede Aktivität im Grundsatz die Inanspruchnahme von je unterschiedlichem Wissen voraus, dann wird dem Zugang zu Wissen eine erhebliche Bedeutung zukommen, um Freiheit und Gleichheit zu gewährleisten. Nimmt man die beständige Veränderung des Wissens hinzu, kann man sehen, dass die Fragestellung nicht auf engere Fragen des Zugangs zu Wissensgrundlagen beschränkt sein kann, sondern eine ausgreifendere Fragestellung verlangt, die von den Bildungseinrichtungen, über Öffentlichkeit bestimmter staatlicher und privater Wissensbestände bis hin zu den Wissensinfrastrukturen reicht. Es handelt sich also nicht um eine Fragestellung, die sich auf den staatlichen Bereich beschränken lässt, sondern kann im Wirtschaftssystem ebenso auftreten wie im Wissenschaftssystem, um nur einige Beispiele zu nennen. Dabei ist – erstens – davon auszugehen, dass die Rechtsordnung hier schon aus verfassungsrechtlichen Gründen außerordentlich differenziert, darüber hinaus ist – zweitens – die Rolle des Staates in besonderer Weise ambivalent, der einerseits gewährleisten soll, dass die für die Ausübung von freiheitsgeschützten Aktivitäten notwendigen Wissensvoraussetzungen auch zur Verfügung stehen, aber andererseits selbst für deren Vorliegen kaum einstehen kann. Denn er wäre letztlich aus vielerlei Gründen gehindert, die-

80 Dazu *Peter Weingart,* Die Stunde der Wahrheit?, 2001, S. 68 ff.

ses Wissen selbst zu produzieren. An der Institutionalisierung der Ressortforschung, die niemals nur eine Wissensgenerierung für eigene Zwecke war[81], sondern immer auch dazu diente, bestimmte gesellschaftliche Bereiche mit Wissen zu versorgen, kann man die Ambivalenzen und Probleme genauer erkennen, die eine Funktionssicherung dieser Art mit sich bringen kann[82].

Ohnehin ist die Zugänglichkeit kein Wert an sich. Zwar scheint Wissen als solches positiv besetzt: Je mehr, desto besser! Vielfältige Regelungen zum Geheimnisschutz und Begrenzungen des Zugangs zeigen freilich an, dass dies in rechtlichen Zusammenhängen immer schon anders bewertet worden ist. Die rezente Entwicklung des Rechts auf Nichtwissen, wie es in Art. 10 Abs. 2 der Bioethikkonvention niedergelegt ist, lässt daran Zweifel aufkommen. Ersichtlich ist die Norm eine Reaktion auf mögliche Wissensschäden, die sich bei der Integration von Wissensbeständen in Selbstbilder von Personen und deren problematische ethische Dilemmata ergeben können[83]. Nichts anderes gilt für Wahrheitsschäden[84]. Denn es ist ja nicht ausgemacht, dass als Wahrheit codierte Wissensbestände in anderen sozialen Systemen nicht unerhebliche Probleme oder auch Schäden auslösen können. Normativ festgelegt ist indes, dass die Konstruktion des wissenschaftlichen Wissens frei ist, unabhängig davon, ob dieses als nützlich oder schädlich in anderen Kontexten wahrgenommen wird. Aber die Diskussion um Wissenschaftsethik und Forschungsverbote zeigt zumindest das Problem an, wenn auch gewiss nicht seine Lösung!

Wissen ist also bei näherem Zusehen ambivalent[85]. Und es dürfte einer der Ordnungsaufträge des Rechts sein, diese Ambivalenz auszugestalten.

3. Die Wissensverteilung

Man wird davon ausgehen können, dass es immer einen Überschuss von Wissen in dem Sinne gibt, dass mehr Sinn zur Verfügung steht, als in den konkreten Operationen eines Beobachters realisiert werden kann. Aber das bedeutet weder, dass das Wissen auch immer dort vorhanden ist, wo es

---

81 Dazu *Hans-Heinrich Trute,* Wissenschaft und Technik, in: Peter Axer/Josef Isensee/Paul Kirchhof (Hrsg.), HStR IV, § 88, Rn 43 f.

82 *Groß,* in diesem Bd., S. 139 ff.

83 *Hans-Heinrich Trute,* Wissenspolitik und rechtliche Regulierung – Überlegungen am Beispiel der Erzeugung und Verwendung genetischer Daten, in: Martin Eifert (Hrsg.), Innovation und rechtliche Regulierung. Schlüsselbegriffe und Anwendungsbeispiele rechtswissenschaftlicher Innovationsforschung, Baden-Baden, 2002, S. 290 (309 f.).

84 Begriff und Problem bei *Niklas Luhmann,* Die Wissenschaft der Gesellschaft, 1991, S. 663 f.

85 Vgl. dazu die Beiträge von *Schmidt-Aßmann* und *Christoph Möllers,* in diesem Bd., S. 39 ff. u. 114 f.

benötigt wird, noch dass der Zugang zum erforderlichen Wissen auch eröffnet ist. Schon gar nicht bedeutet es, dass nicht anderes und neues Wissen erforderlich sein kann. Dies ist vielmehr abhängig von einer Reihe weiterer Voraussetzungen. So ist nicht zu übersehen, dass die schnelle Wissensproduktion, die Veränderung vorhandener Wissensbestände, deren Entwertung als Orientierungswissen des Einzelnen, die Notwendigkeit der Appropriation immer neuer Wissensbestände, die gesteigerten Anforderungen an die Wissenskompetenzen, verstanden als Fähigkeit des Einzelnen, neue Wissensbestände aufzunehmen, Fragen an das Bildungssystem stellen. Die unterstellte Zunahme von Wissensbeständen, am Wissenschaftssystem vielfältig untersucht, wirft freilich darüber hinausgehende Fragen auf, wie die des richtigen Umgangs mit der erforderlichen Selektivität, aber auch die einer hinreichenden Wissensinfrastruktur, die sicherstellt, dass das Wissen an den Stellen, an denen es erforderlich ist, auch verfügbar ist. Nicht zuletzt aber sind damit Fragen aufgeworfen, ob angesichts der Ubiquität der Generierung von Wissen, für die das Internet als Forum der Speicherung und Veränderung gelten kann, hinreichende und dem Tempo angemessene Qualitätssicherungen zur Verfügung stehen. Dies taucht dann an versteckten Stellen auf, etwa bei der Frage, ob journalistische Sorgfaltspflichten auf bestimmte Formen der Kommunikation im Internet anwendbar sind. Insoweit verbergen sich hinter dem Verteilungsproblem nicht einfach Fragen von Verteilungsgerechtigkeit, einmal offen gelassen, ob mit diesem Begriff ein komplexes Problem dieser Art angemessen bearbeitet werden kann. Vielmehr geht es in diesem Kontext um die Etablierung von angemessenen Wissensinfrastrukturen, des Zugangs zu Wissen, der Transparenz und Offenlegung, der Selektivität, der Qualität und nicht zuletzt der Rolle des Staates im Hinblick auf diese Themen.

Eine besondere Rolle für die Wissensverteilung, aber auch schon im Hinblick auf die Wissensgenerierung nehmen die Kommunikationsinfrastrukturen ein, deren Rolle sich nicht auf ihre technische Funktion reduzieren lässt. Was wir über unsere Gesellschaft, ja über die Welt, in der wir leben wissen, wissen wir durch die Massenmedien, heißt es bei Luhmann[86]. Dabei ist diese Teilordnung und ihr Bezug zur individuellen und gesellschaftlichen Meinungsbildung in der Literatur weitgehend entfaltet. Jedenfalls erzeugen die Massenmedien eine Art Hintergrundwissen, das als selbstverständlich gegeben vorausgesetzt werden kann und von potentiell allen Beteiligten geteilt wird, die an Kommunikation teilnehmen, ohne dass damit der Wahrheitsgehalt oder die Richtigkeit unterstellt werden müsste[87]. Insoweit geht es allerdings nicht nur um eine durch die Eigenrationalität der Medien und ihre Form vermittelte Realitätskonstruktion, die für sich

86 *Niklas Luhmann,* Die Realität der Massenmedien, 2004, S. 9.

87 *Elena Esposito,* Soziales Vergessen. Formen und Medien des Gedächtnisses der Gesellschaft, 2002, S. 253 ff.; *Niklas Luhmann* (FN 86), S. 169 ff., 183 ff.

schon Einfluss auf das hat, was gewusst wird. Vielmehr geht es grundsätzlicher um die Form des Wissens und deren Folgen für die Gesellschaft. Man kann dies an der Einführung des Buchdrucks plausibilisieren, der für sich zu einer Veränderung der Realitätskonstruktion geführt hat, aber auch dazu, dass sich neuartige Formen der „Speicherung" des Wissens gebildet haben, wie Archive und Bibliotheken[88]. Das veränderte sich wiederum durch die Einführung des Fernsehens. Es liegt auf der Hand, dass mit dem Aufkommen des Internets sich die Form des sozialen Gedächtnisses noch einmal verändert und eine eher netzwerkartige Struktur entsteht, deren Folgen wiederum erst noch zu klären sind[89]. Jedenfalls aber sollten diese ersten Überlegungen deutlich machen, dass es von dem Blickwinkel des Wissens aus keineswegs gleichgültig ist, durch welche Medien Wissen generiert und welche Formen dann eine „Speicherung" annimmt.

Dann aber wird man den Begriff des Vergessens ebenfalls mit zum Thema rechnen müssen. Denn den Formen der Speicherung kommt eine soziale Entlastungsfunktion zu. Nur wenn das soziale Vergessen hinreichend sozial und ggf. rechtlich abgestützt wird, kann man sich überhaupt Kommunikation sinnvoll vorstellen, die auf die Generierung von neuem Wissen gerichtet ist. Alles andere wäre nur um den Preis der Überlastung zu haben.

V. Schluss

Die Einführung in die Wissensthematik zielt auf die kognitive Dimension des Rechts. Darin unterscheidet sie sich von den eher rechtsgebietsbezogenen Sichtweisen des Informations- und Datenschutzrechts, wiewohl die Entfaltung – wie gesehen – nicht unabhängig von den Kategorien erfolgt. Auch wenn die Einführung Anknüpfungspunkte für eine Weiterentwicklung liefert, steht die systematische Entwicklung der Perspektive eher noch am Beginn. Ob man damit schon in einem anspruchsvollen Sinne sich gleichsam einer rechtlichen Wissensordnung zuwenden kann, mag eine offene Frage sein. Das allerdings spricht nicht gegen eine Weiterentwicklung.

So wird man Wissen als Beobachtungsperspektive nutzen können, um Voraussetzungen institutioneller Grundaussagen der Verfassung sichtbar zu machen. Insoweit lässt sich unschwer erkennen, dass es bestimmte Wissensvoraussetzungen der Demokratie gibt. Böckenförde hat sie etwa geistig-bildungsmäßige Voraussetzungen genannt[90]: also ein Schulsystem, das die Teilhabe aller an der Bildung garantiert, eine offene Kommunikations-

---

88 Dazu *Elena Esposito* (FN 87).

89 Ansätze dazu bei *Elena Esposito* (FN 87), S. 287 ff.

90 *Ernst-Wolfgang Böckenförde,* Demokratie als Verfassungsprinzip, in: Peter Badura / Josef Isensee / Paul Kirchhof (Hrsg.), HStR II, § 22, Rn 67 f.

und Informationsordnung, Transparenz der Herrschaftsvorgänge, also in vielfältiger Weise Wissen als Voraussetzung der Inanspruchnahme politischer Teilhaberechte und Wissen als Voraussetzung von Entscheidungen. Die Informationsfreiheitsgesetze wie andere Informationsgesetze sind nur Beispiele dafür. Und es ist ebenso wenig zu übersehen, dass die Legitimation demokratischer Herrschaft in gleicher Weise davon abhängig ist. So konzipiert die wohl immer noch herrschende Auffassung Gesetzgebung und Gesetzesvollzug im Rahmen eines Steuerungsmodells, das den Gesetzgeber gleichsam als idealen Beobachter konzipiert und die Exekutive als dadurch determinierten Vollzugsagenten. Vermittelt über die parlamentarische Verantwortlichkeit der Regierung, die vermittels des Hierarchieprinzips den Vollzug der Gesetze „im Geiste der Volksvertretung" bis auf die untersten Verwaltungsebenen durchzusetzen verstehe. Offenkundig sind damit Voraussetzungen verbunden, die gerade mit Blick auf das Wissensthema anspruchsvoll, wenn nicht sogar unrealistisch sind. Nimmt man ernst, dass der Gesetzgeber ebenso wie die Verwaltungsspitze in immer mehr Bereichen der Gesetzgebung – zu nennen wäre hier das Umwelt- und Risikorecht, das Regulierungsrecht, das Gesundheitsrecht, alles Bereiche, die auf wissenschaftliche Expertise angewiesen sind – gerade nicht über das nötige Wissen verfügt, um eine stabile Steuerung über allgemeine Normen vorab in der Weise zu erreichen, wie in dem traditionellen Modell unterstellt wird, und dass vielmehr das Wissen erst – vereinfacht gesagt – im Vollzug erzeugt werden muss, dann werden schnell Probleme der Demokratie und der Legitimation sichtbar. So wird man eine Konzeption der Gesetzesbindung unter der Berücksichtigung der konstitutiven Rolle der Rechtsanwendung konzipieren müssen, deren Legitimationsbedarf dann anders gesichert werden muss. Gleiches gilt für den Gesetzesvorbehalt und die Wesentlichkeitslehre, die darauf eingestellt werden müssen, dass eben das nötige Vollzugswissen erst generiert werden muss, und dies nicht selten unter maßgeblicher Einbeziehung der Adressaten der Regelung. Nichts anderes gilt für das Dogma des Ministerialprinzips, dessen hierarchische Konzeption schon immer gerade im Hinblick auf die Dezentralisierung der Wissensbestände fraglich war. Diese Ausdifferenzierung der Verwaltung, zumal im Hinblick auf verselbständigte Verwaltungseinheiten oder die europäisch veranlasste Konzeption mehr oder weniger unabhängiger Regulierungsbehörden, war immer ein Prüfstein für die Realitätstauglichkeit des traditionellen Modells, das die Schwierigkeiten der verfassungsrechtlichen Integration aufzeigte. Ebenso lässt sich die Gewaltenteilung unter dem Aspekt des Wissensthemas rekonstruieren[91] und dann deutlich machen, dass das Wissen der Gesetzgebung, der Verwaltung und der Gerichte durchaus unterschiedlich ist. Daran lassen sich Überlegungen zur Re-Justierung der Gewaltenteilung anschließen.

---

91 Dazu *Möllers,* in diesem Bd., S. 113.

Auf der grundrechtlichen Ebene dominiert eher die daten- und informationsbezogene Sicht gegenüber der wissensbezogenen Sicht und es dominiert die abwehrrechtliche Dimension. Schon diese ist freilich alles andere als einfach, wenn man sie nicht auf die Datenerhebung des Staates reduzieren will. Insoweit wird aus der Perspektive des Wissens deutlich, dass ganz unterschiedliche Modelle des Umgangs mit privatem Wissen in die Grundrechte eingeschrieben sind. So setzt etwa Art. 5 Abs. 3 GG ein relativ komplexes Modell der Wissensgenerierung und -validierung voraus, das die Positionen der individuellen Grundrechtsträger immer schon verschränkt mit denen anderer Grundrechtsträger und einem institutionellen Zusammenhang, ohne den auch individuelle Wissensgenerierung nicht möglich ist. Die wirtschaftliche Freiheit lässt sich ebenfalls unter Wissensvoraussetzungen in ganz anderen Modellen entfalten, ohne dass hier hinreichende Sicherheit gewonnen ist, ob und inwieweit Wissensasymmetrien Teil der wirtschaftlichen Freiheit sind[92]. Insoweit wird man erwarten können, dass die Wissensvoraussetzungen erst mit der Verschränkung ganz unterschiedlicher Dimensionen der Grundrechte sinnvoll entfaltet werden können[93].

In der verwaltungsrechtlichen Systembildung wird jenseits der Frage, ob damit eine grundlegende Revision ansteht, vor allem deutlich, dass durch die Entwicklung der Wissensperspektive bestimmte Hintergrundannahmen zum Wissen der Verwaltung und dessen Verfügbarkeit neu bedacht werden müssen. Aus der kurzen Skizze zum Wissen der Verwaltung ist deutlich geworden, dass die bisherige Vernachlässigung dieser Dimension sich vor allem aus der Selbstverständlichkeit der Annahmen eines gemeinsamen Bestandes an geteiltem Wissen verdankt, auf das die unterschiedlichen Gewalten und die Gesellschaft zugreifen können und das dann die Dogmen ihres Verhältnisses mitprägen. Wo diese Voraussetzungen zweifelhaft werden, müssen dann andere Formen der je spezifischen Wissensgenerierung als eines die Einzelentscheidung übergreifenden Zusammenhangs treten. Dieser lässt sich mittlerweile gut beschreiben, aber die daraus zu ziehenden Konsequenzen bleiben noch wesentlich unausgearbeitet. Dies gilt insbesondere für den Zusammenhang von Strukturebene und Einzelentscheidung. Weder lässt sich die Strukturebene nach Maßgabe eines Verwaltungsverfahren herkömmlichen Typs auffassen, noch bleibt die Strukturebene ohne Einfluss auf das jeweilige Einzelverfahren. Insoweit mag etwa von Bedeutung sein, welche allgemeinen Anforderungen an rechtlich robustes Wissen zu stellen sind, um damit einen Bias für die Einzelentscheidung zu vermeiden, und wie dies durch Verfahren sichergestellt werden kann. Ebenfalls wird man dann fragen können, ob nicht aus der Perspektive der Einzelentscheidung hier ein rechtlich fassbarer Zusammenhang besteht[94]. Hier liegen

92 Dazu kurz *Albers*, Komplexität (FN 4), S. 50 ff.

93 Nochmals *Albers*, Komplexität (FN 4), S. 65.

ersichtlich Parallelen zu den Problemen der normkonkretisierenden Verwaltungsvorschriften und Konzepten, die sie in ihrer Mischung aus kognitiven und normativen Elementen aus dem Innenbereich der Verwaltung herausheben. Sie sind aus dieser Perspektive ebenfalls eher der Wissensdimension der Verwaltung zuzurechnen. Nichts anderes gilt für die in manchen Bereichen zu Bedeutung gelangenden Konzepte[95], Leitlinien und Empfehlungen, denen man mit ihrer Mischung aus kognitiven und normativen Aspekten schwerlich eine die einzelne Entscheidung prägende Wirkung absprechen kann, ohne dass damit die Probleme schon gelöst wären. Die an sich kontraintuitive Entwicklung, dass dort, wo solche wissensgenerierenden, auf die Ausarbeitung von Konzepten zielenden Verfahren institutionalisiert werden, der Verwaltung ein Gestaltungsspielraum eingeräumt wird, macht zwar zutreffend darauf aufmerksam, dass die Gerichte nicht in gleicher Weise in der Lage sind, entsprechende Wissensbestände zu generieren[96], gleichwohl wird man sich fragen können, ob damit der Beurteilungsspielraum normativ hinreichend strukturiert ist. Die allfällige Prozeduralisierung ist zwar ebenfalls durchaus ein wichtiger Ansatz, der aber freilich fortentwicklungsfähig ist.

Damit sind nur einige der möglichen Ansatzpunkte für eine Beobachtung aus der Perspektive des Wissens bezeichnet. Insgesamt zeichnet sich aus vielen Gründen ein erhöhtes Maß an Komplexität ab. Die kognitive Ebene des Verwaltungsrechts bezeichnet insoweit eine weitere Dimension, die künftig erst mit anderen aufgabenbezogenen Dimensionen verknüpft werden muss. Insoweit könnte es aussichtsreich sein, Wissensregime von Teilordnungen zu analysieren, ohne sogleich auf ein anspruchsvolles Unterfangen der Entwicklung einer rechtlichen Wissensordnung zu zielen.

---

94 Zu Recht weist Albers darauf hin, dass die Wissensperspektive nur im Zusammenhang mit den anderen Systemaspekten des Verwaltungsrechts zu entwickeln ist, *Marion Albers* (FN 92), S. 68.

95 Zu diesen etwa *Wollenschläger* (FN 4).

96 Allgemein dazu *Möllers,* in diesem Bd., S. 127 ff.

Die Ambivalenz des Wissens und die Ordnungsaufgaben des Rechts

Eberhard Schmidt-Aßmann

Wissen ist eine notwendige Voraussetzung menschlichen Handelns und eine prägende Kraft menschlichen Selbstverständnisses: allgegenwärtig und notwendig, aber auch nicht ohne Gefahren, gefährdend und selbst immer wieder gefährdet. Das soll das Wort von der „Ambivalenz des Wissens" deutlich machen.

Diese Ambivalenz durchzieht die Geschichte der Menschheit und hat sich tief in ihr kollektives Gedächtnis eingegraben. Der richtige Umgang mit Wissen hilft zu gelingendem Leben, der falsche Umgang, die Verblendung, zu menschlicher Tragik: Ödipus, der zu viel und Parzival, der zu wenig wissen wollte; der Baum der Erkenntnis, der Sündenfall und der Turmbau zu Babel. Goethe hat diese Grundspannung des Wissens im Faust Punkt für Punkt durchdekliniert: In der Erdgeist-Szene, in Wagners Laboratorium, in der Schüler-Szene: „Eritis sicut Deus, scientes bonum et malum" schreibt Mephisto dem Studienanfänger ins Stammbuch[1], um sogleich anzumerken: „Folg' nur dem alten Spruch und meiner Muhme der Schlange, dir wird gewiss einmal bei deiner Gottähnlichkeit bange".

Wissensfülle, Wissensübermaß und Wissensdrang auf der einen Seite, Wissensmängel, Wissenslücken und Resignation (ignoramus ignorabimus) auf der anderen Seite – das Wissen mit seinen Ambivalenzen gehört zur menschlichen Existenz. „Unser Wissen ist Stückwerk" (1. Kor. 13, 9). Diese Erkenntnis ist Teil der conditio humana. Nicht, wie wir dem entkommen könnten, sondern wie wir damit umgehen, ist die Frage. Die Ambivalenz des Wissens verlangt immer wieder nach eigener Reflexion: nach einem „Wissen über Wissen". Dem soll im Folgenden in einer gegenseitigen Spiegelung von Wissen und Recht nachgegangen werden.

I. Ambivalenzen des Wissens – Aufgaben des Rechts

Regeln zur Gewinnung und Erhaltung, zur richtigen Verteilung und Nutzung von Wissen und zum Umgang mit Nichtwissen und unsicherem Wissen gehören zum Urgestein der Rechtsordnungen: Die Beweisregeln des Prozessrechts, die Strafnormen gegen Geheimnisverrat und Verfälschung von Wissen, die zivilrechtlichen Aufklärungs- und Informationspflichten – sie alle wollen konkrete Antworten auf konkrete Fragen des richtigen Umgangs mit Wissen und Nichtwissen geben. Thematisch breiter angelegte Regelwerke wie das Archivrecht, das Datenschutzrecht, das Urheber- und das Patentrecht sind hinzugetreten. Im Wissenschaftsrecht schließlich begegnet uns ein ganz auf die Wissensthematik ausgerichtetes Rechtsgebiet – auch dieses freilich in seinen Dimensionen begrenzt und ausschnitthaft, insofern es ihm nur um das wissenschaftliche Wissen, genauer noch: um die rechtlichen Rahmenbedingungen desselben geht.

Eine systematische Betrachtung der Beziehungen zwischen Wissen und Recht wird zunächst einmal zwei Vergleichbarkeiten herauszustellen haben[1]: Die Begriffe Wissen und Recht verweisen beide auf Grundlagen des Gesellschaftssystems. Beide, Wissen und Recht, lassen sich zudem als Strukturen verstehen, und zwar als aufeinander bezogene Strukturen: Rechtsetzung und Rechtsanwendung sind auf verlässliche Wissensgrundlagen angewiesen, wie umgekehrt Wissen gerade angesichts seiner Ambivalenzen der Ordnungsfunktion des Rechts bedarf.

Im Einzelnen freilich entzieht sich das Verhältnis beider zueinander aller einfachen Erklärungsmuster und linear-kausalen Steuerungserwartungen[2]:

- Wissen verändert als solches nicht Recht[3]. Wohl aber können z. B. neue Erkenntnisse zur Bedeutung unterschiedlicher Wissensarten dazu veranlassen, die Rationalitätsvorstellungen des überkommenen Rechtsdenkens zu überprüfen. Das ist in jüngerer Zeit für die Bedeutung des impliziten Wissens zutreffend herausgearbeitet worden[4].
- Ebenso gilt umgekehrt: Recht greift nicht direkt auf Wissen zu. Wenn ich trotzdem davon ausgehe, dass das Recht das Wissen beeinflussen kann, und dabei auch von einer „rechtlichen Wissensordnung" spreche[5], so doch nicht in der Vorstellung direkter Determination. Dass die Einflussmöglichkeiten des Rechts vielmehr nur mediatisiert zur Geltung kommen können, ist aus den Diskussionen speziell um das Wissenschaftsrecht nur allzu bekannt. Es muss aber für jede Art des Wissens und nicht nur für wissenschaftliches Wissen gelten. Steuerung ist hier *Kontext-*

---

1 Dazu der Beitrag von *Hans-Heinrich Trute* in diesem Bd., S. 22 ff.

2 *Trute* (FN 1), insbes. unter II. 3., S. 21 f.

3 Es geht hier nicht um die Fälle, in denen einzelne (neue) Informationen einen einzelnen rechtlichen Beurteilungsvorgang beeinflussen, sondern um Möglichkeiten gegenseitiger *struktureller* Einflussnahme.

4 Dazu *Arno Scherzberg*, Zum Umgang mit implizitem Wissen, in: Gunnar Folke Schuppert/Andreas Voßkuhle (Hrsg.), Governance von und durch Wissen, 2008, S. 240 ff. und *Andreas Voßkuhle,* Das Konzept des rationalen Staates, dort S. 13 (21 f.).

5 Zu den Grenzen eines solchen Sprachgebrauchs vgl. *Trute* (FN 1), unter II. 3., S. 21 f.

steuerung. Eine solche aber erscheint nicht undenkbar; denn wenn Wissen als stets kontextualisiert zu denken ist, dann wird es auch „von eben diesem Kontext und damit auch von den diesen Kontext beeinflussenden Normen geprägt“[6].

Im Folgenden wird es um diesen (zweiten) Aspekt der Wechselbeziehungen zwischen Wissen und Recht gehen, um Möglichkeiten, mit Hilfe rechtlicher Regelungen auf Ambivalenzen des Wissens zu reagieren. Dazu lassen sich als wichtige Themen nennen:

- die Behandlung *sensiblen Wissens:* z. B. die Wahrung staatlicher Geheimnisse und der Persönlichkeitsschutz;
- der Umgang mit der *Eigendynamik* des Wissens: das sog. Recht auf Nichtwissen und die Grenzen von Forschung;
- die Sicherung der *Kommunizierbarkeit* von Wissen: eine „Verkehrsordnung“ für Wissen, die Sicherung des Zugangs zu Wissen und die Verhinderung von Wissensmonopolen;
- die Gewährleistung institutioneller und individueller Verfügbarkeit *notwendigen Wissens:* Rahmenbedingungen freier Wissensgenerierung, gesellschaftliche und staatliche Wissensinfrastrukturen (Archive, Bibliotheken, Forschungseinrichtungen);
- die Behandlung der Grauzonen zwischen Wissen, Nichtwissen und *unsicherem Wissen:* die Rolle von Experten, Vorsorgeprinzip und Risikorecht.

Diese Fragen mit dem Ordnungsauftrag des Rechts zu konfrontieren heißt, dem Recht etwas zuzutrauen. Gegen eine solche Annahme lassen sich freilich mancherlei Einwände auffahren: Läuft das Recht der technologischen Entwicklung nicht stets hinterher? Wo haben sich Forschungsschranken auf dem Gebiet der Bioethik je durchsetzen und durchhalten lassen? Entzieht sich die rigorose, rücksichtslose oder oft sogar kriminelle Nutzung technischer Möglichkeiten (Computerkriminalität) im globalen Wirtschaftsverkehr nicht längst jeder staatlichen Regulierung? Wer so ansetzt, ist schnell bei den bekannten Erosions- und Verfallsszenarien, wie sie in anderen Zusammenhängen unter den Schlagworten der „Entformalisierung“, „Entstaatlichung“ und „Entparlamentarisierung“ im Umlauf sind.

Ich teile eine solche pessimistische und resignative Einstellung nicht. Es gibt gute Gründe, die Regelungsmöglichkeiten von Recht nicht zu überschätzen, sie aber auch nicht zu unterschätzen. Das gilt allgemein; der Ausbau des internationalen Menschenrechtsschutzes und die Zunahme gerichtsförmiger Streitentscheidungen im weltweiten Vergleich sind positive Beispiele dafür. Und es gilt, unbeschadet der aufgezeigten Steuerungsrestriktionen, auch im Blick auf das Wissen und seine Kontexte[7]. Recht ist ein

---

[6] *Trute* (FN 1), unter II. 1., S. 15.

unverzichtbares Gestaltungsmittel zur Lösung von *Einzelfällen,* aber auch, um über den Einzelfall hinaus *Regelungsstrukturen* neu zu schaffen oder vorhandene zu stabilisieren. Freilich darf man dabei den Rechtsbegriff nicht zu eng fassen:

- Recht nicht nur als materielles Recht, sondern gerade auch als Verfahrens- und Organisationsrecht, die in besonderer Weise Mittel der Kontextsteuerung sind.
- Recht nicht nur als öffentlich-rechtliches Recht, sondern auch als Privatrecht[8] und in diesem Rahmen auch privat gesetztes Recht, vor allem als Vertragsrecht.
- Recht nicht nur als nationales, sondern auch als internationales Recht.
- Recht in unterschiedlichen Durchsetzungsformen, die auch Mechanismen der Selbstregulierung einschließen.

Neue Akteure sind hinzugekommen und haben die einsetzbaren Regelungsmuster – auch durch den Aufbau transnationaler Rechtsbeziehungen – noch vielfältiger gemacht, z. B. ICANN und die Selbstregulierung des Internets. Die Bedeutung und gegenseitige Zuordnung der Rechtsgebiete verschieben sich. Neben das Ordnungsrecht treten indirekt ansetzende Regulierungsstrategien[9]. Rechtsgebiete, die bisher als „reines Fachrecht" in einer Nebenrolle gesehen wurden wie das Schulrecht, werden wichtig, um über Erziehungsziele ein „Mindestmaß an Gleichsinnigkeit" für die gesellschaftliche Aktualisierung von Wissen zu gewährleisten[10]. Ein neues (oder erweitertes) „Infrastrukturrecht" muss eigene Steuerungsansätze entwickeln, um speziell Wissensinfrastrukturen zu ordnen und zu stützen.

Der Kreis der *Referenzgebiete,* die die allgemeinen Lehren des Rechts und das herrschende Rechtsverständnis prägen, formiert sich neu. In den Vordergrund rücken das Urheber- und das Patentrecht[11]. Zusammen mit dem Wettbewerbsrecht und dem Telekommunikationsrecht sind sie die wirklichen Referenzgebiete für ein Recht der Wissensgesellschaft und müssen auch an den Universitäten weit stärker als bisher gepflegt werden. Die gro-

---

7 Ähnlich *Gunnar Folke Schuppert,* Governance durch Wissen. Überlegungen zum Verhältnis von Macht und Wissen in governancetheoretischer Perspektive, in: ders. / Voßkuhle (FN 4) , S. 259 (288 ff.): „Die Wissensgesellschaft als Strukturierungsaufgabe des Rechts".

8 Vgl. dazu den Beitrag von *Roland Broemel* in diesem Bd., S. 89 ff.

9 Zu Regulierungsstrategien vgl. *Martin Eifert,* Regulierungsstrategien, in: Wolfgang Hoffmann-Riem / Eberhard Schmidt-Aßmann / Andreas Voßkuhle (Hrsg.), Grundlagen des Verwaltungsrechts (GVwR) Bd.I, 2006, § 19; zur Anreizsteuerung *Ute Sacksofsky,* Anreize, in: GVwR, Bd. II, 2008, § 40.

10 *Trute* (FN 1), unter II. 1.

11 Vgl. nur *Wolfgang Hoffmann-Riem,* Immaterialgüterrecht als Referenzgebiet innovationserheblichen Rechts, in: Martin Eifert / ders. (Hrsg.), Geistiges Eigentum und Innovation, 2008, S. 15 ff.

ßen, weltweiten Auseinandersetzungen um die Verfügbarkeit und den Zugang zu Wissen werden heute im Zeichen der „intellectual property rights“ und der kartellrechtlichen Fragen des Machtmissbrauchs geführt.

Deutlich wird gerade an diesen Gebieten aber auch, dass Selbstregulierung und private Rechtsgestaltung ohne einen ordnungsrechtlichen Rahmen und ohne das Staatliche und seine Durchsetzungsmöglichkeiten nicht auskommen können. Dieser Rahmen wiederum kann kein allein einzelstaatlich garantierter Rahmen sein; er wird vielmehr auch auf transnationale Koordination der Rechtsordnungen gegründet werden müssen. Entscheidend aber bleibt, dass das *„Wissen“* selbst als eine *Querschnittthematik* aller Ordnungsbestrebungen von Staat und Gesellschaft, nationaler und internationaler Gemeinschaft erfasst und rechtswissenschaftlich angegangen wird.

Hierin begegnen sich die vorliegenden Überlegungen mit zwei gerade in jüngster Zeit deutlicher herausgearbeiteten Ansätzen: Zum einen geht es um das Bestreben, speziell Staatsrecht und Staat von ihren Wissensgrundlagen her in den Blick zu nehmen[12]. Die Aufgaben des Staates als „Wissensstaat“, die wechselseitigen Abhängigkeiten staatlichen und gesellschaftlichen Wissens und die Bedeutung staatlicher Wissensinfrastrukturen können mit einem solchen Zugang systematisch erschlossen werden[13]. Zum zweiten ist der Governance-Ansatz „Governance von und durch Wissen“ hierher zu rechnen[14]. Die Ansätze überschneiden und ergänzen sich. Etwas vereinfacht lässt sich sagen: der Governance-Ansatz stellt die *Regelungsstrukturen,* die vorliegende Untersuchung dagegen stellt eines der *Regelungsmedien,* eben das Recht, besonders heraus. Der *Rechtswissenschaft,* dem Staatsrecht ebenso wie dem Verwaltungsrecht, dem Privatrecht und dem Völkerrecht, fällt dabei die Aufgabe zu, aus ihrem Erfahrungsschatz geeignete Regelungselemente und Bauformen zu entwickeln, mit denen auf die *Ambivalenz des Wissens,* auf die oben skizzierten Grundfragen, d. h. auf die Probleme der Verfügbarkeit und der Verlässlichkeit, der Generierung und des Bestandserhalts, der Grenzen und der Grauzonen von Wissen, eingegangen werden kann.

---

12 Repräsentativ hierfür die Beiträge von *Bardo Faßbender,* Wissen als Grundlage staatlichen Handelns, in: Josef Isensee / Paul Kirchhof (Hrsg.), Handbuch des Staatsrechts (HStR), Bd. IV, 3. Aufl. 2006, § 76; und *Hans-Heinrich Trute,* Wissenschaft und Technik, dort § 88.

13 Dazu die Beiträge von *Thomas Groß* und *Christoph Möllers* in diesem Bd., S. 135 ff. und 113 ff.

14 Dazu die Beiträge in: Schuppert / Voßkuhle (FN 4).

II. Eckpunkte einer „rechtlichen Wissensordnung"

Wer diese Ordnungsaufgaben angehen will, muss sich zunächst über die Eckpunkte Klarheit verschaffen. Im Folgenden sollen zwei dieser Eckpunkte behandelt werden, die für eine Rechtsordnung als solche konstitutiv sind[15]: zum einen die Rolle des Individuums und zum anderen die Verantwortungsverteilung zwischen Staat und Gesellschaft. Dazu werden sechs Thesen vorgestellt.

These 1: *Wie in der Rechtsordnung insgesamt, so kommt auch in der rechtlichen Wissensordnung dem einzelnen Menschen die zentrale Position zu.*

Damit ist eine klassische liberale Auffassung zum Ausgangspunkt genommen. Gerade im Blick auf das Wissen begegnet sie freilich sogleich Einwänden: Wird hier nicht das überholte Konzept eines isolierten, um sich selbst kreisenden Individuums auf ein Gebiet übertragen, das ganz gegenläufig in besonderer Weise von Austauschbeziehungen, Netzwerken und Strukturen lebt? Menschliches Wissen ist doch gerade kein fester Bestand, den man „schwarz auf weiß besitzt" und „getrost nach Hause tragen" kann, sondern ein Relationsbegriff, der sich in Begegnungen entwickelt[16]. Gerade im Blick auf sein Wissen erscheint das Individuum in besonderer Weise „gemeinschaftskonstituiert". Es hat von Anbeginn an Teil an den Wissensbeständen von Gesellschaft und Geschichte und definiert sich in Beziehung zu diesen.

Obwohl dieses zweifellos so ist, muss die Wissensordnung doch zuallererst vom Individuum her gedacht werden. Trotz der kommunikativen Konstitution der Persönlichkeit hat der einzelne Mensch das *Leitbild* der gesamten Rechtsordnung wie der rechtlichen Wissensordnung zu bleiben. Diese Grundannahme ist ähnlich unaufgebbar wie die Annahme der „Willensfreiheit" für die Demokratie[17].

These 2: *Die soziale Dimension des Wissens ist in besonderen Rücksichtnahmepflichten der Wissensträger untereinander einzufangen.*

Wissen ist vielfältig gemeinschaftsvermittelt oder gemeinschaftsbezogen. Bei dem durch Urheber- und Patentrechte geschützten Wissen ist das besonders einsichtig; eine besondere Sozialpflichtigkeit der gewerblichen Schutzrechte ist folglich ein fester Topos dieser Rechtsgebiete. Aber selbst ein zunächst so privat erscheinendes Wissen wie die Kenntnis des eigenen genetischen Codes erweist sich auf den zweiten Blick als „multipersonal", insofern es zugleich etwa familiäre Dispositionen indizieren kann. Gemein-

---

15 Vgl. auch *Trute* (FN 1), unter IV. 1. und 3., S. 30 ff. u. 33 ff.

16 Dazu präzise *Thomas Vesting,* Die Bedeutung von Information und Kommunikation für die verwaltungsrechtliche Systembildung, in: GVwR II (FN 9) § 20 Rn. 27.

17 Zu Letzterem vgl. *Christoph Möllers,* Demokratie – Zumutungen und Versprechen, 2008, Tz. 15.

wohl, Öffentlichkeit, Offenheit und Rücksichtnahme sind für eine freiheitliche Wissensordnung daher wichtige Zielwerte.

These 3: *Die rechtliche Ordnung des Wissens hat vom Primat gesellschaftlichen Wissens auszugehen.*

Die damit formulierte asymmetrische Verantwortungsteilung zwischen Gesellschaft und Staat ist historisch belegt und entspricht der gegenwärtigen und auch jeder künftigen Wissenssituation. Die Wissensbestände der Gesellschaft gehen in Umfang und Variationsfähigkeit denen des Staates notwendig vor. Das hat mit den Besonderheiten staatlicher Herrschaft als einer an Hierarchien orientierten und in ihrer Legitimationsbedürftigkeit begrenzten Herrschaft zu tun. Die Gewinnung, Bewahrung und Verteilung von Wissen ist vorrangig eine gesellschaftliche Aufgabe. Aber ebenso gilt: „Die rechtliche Regulierung von Wissenschaft und Technik muss im Ausgangspunkt eine grundlegende Asymmetrie von Wissen zwischen dem Staat und den Akteuren des regulierten Sachbereichs in Rechnung stellen und rechtlich verarbeiten. Angesichts der Dynamik wissenschaftlich-technischer Entwicklung kann Regulierung nicht an vorhandenes Erfahrungswissen anknüpfen, sondern sie muss dies – nicht nur einzelfallbezogen – generieren“[18].

These 4: *Die asymmetrische Verantwortungsverteilung weist dem Staat aber eine Gewährleistungsverantwortung für die Ordnung des Wissens zu.*

Damit ist für den einzelnen Staat keine geringe Staatsaufgabe in einer weltweit kommunizierenden Gesellschaft formuliert. Trotz aller Verunsicherungen in den Wirtschafts- und Kommunikationsbeziehungen haben die Staaten und hat der einzelne Staat eine zentrale Position bewahrt. Keine Entwicklung des völkerrechtlichen Vertragsrechts ohne Staaten; kein Implementationsdruck zur Einhaltung von Selbstverpflichtungen ohne ein staatliches Ordnungsrecht in der Rückhand!

Natürlich spielen heute auch Internationale Organisationen und gelegentlich auch eine sich weltweit formierende Öffentlichkeit eine nicht unwichtige Rolle. Ähnliches gilt für Nichtregierungsorganisationen als Träger alternativen und transnationalen Wissens; auch sie sind zunehmend wichtige Akteure in einer globalen Wissensgesellschaft[19]. In Konfliktfällen und Mangelsituationen richten sich die Erwartungen der Bevölkerung letztlich jedoch nach wie vor primär an die Staaten. „So oder so bleibt also die Legitimität politischen Handelns und rechtlicher Normierung auf der internationalen Ebene auf die legitimierenden Strukturen und Prozesse der Nationalstaaten angewiesen“[20].

---

18 So *Trute,* in: HStR IV (FN 12), § 88 Rn. 40.

19 Dazu *Janina V. Curbach,* NGOs als Träger transnationalen und alternativen Wissens, in: Schuppert / Voßkuhle (FN 4), S. 129 ff.

These 5: *Die Gewährleistungsverantwortung des Staates hat beides, die Grenzen im Umgang mit Wissen aber auch die Generierung von und den Zugang zu Wissen, in den Blick zu nehmen.*

Sie wird vor allem durch rahmensetzende Rechtsvorgaben, z. B. durch eine entsprechende Gestaltung des Urheber- und Patentrechts erfüllt. Dabei geht es nicht nur um die Art und die Menge des verfügbaren, notwendigen Wissens, sondern auch um seine Qualität. Daneben ist aber auch die Schaffung und Aufrechterhaltung einer eigenen staatlichen Wissensinfrastruktur notwendig, die Wissensbestände sichert und den Staat selbst dazu befähigt, die gesellschaftliche Wissensproduktion zu beobachten und gegebenenfalls zu ergänzen[21]. Bei dem allen ist die Rolle des Staates auch dadurch bestimmt, gesellschaftlicher Selbstregulierung ein Widerlager zu bieten, das das gerade für die sensiblen Mechanismen der Wissensgesellschaft notwendige *Vertrauen* rechtfertigt.

These 6: Die Thesen zur Dominanz des Individualbezuges (Nr. 1) und zum Verantwortungsvorrang der Gesellschaft (Nr. 3) begründen keine schlechthin unüberwindbaren Bastionen.

Sie sind abwägungsoffen und schließen es nicht aus, den Ambivalenzen des Wissens, d. h. den in diesem selbst angelegten Spannungen, und anderen Rechtsgütern angemessen Rechnung zu tragen. Aber sie weisen abweichenden Optionen eine Begründungslast in den entsprechenden Diskursen zu.

III. Drei zentrale Regelungsgegenstände

Detailaussagen zu den Grundthemen einer Wissensordnung sind nur nach genauer Analyse des jeweils einschlägigen, in seiner Gesamtheit nach wie vor vorrangig nationalen Rechts zu treffen. Unbeschadet der Bedeutung dieses Rechts hat sich jedoch gerade zu den großen wichtigen Themen, z. B. zum Recht auf Nichtwissen oder zu den Immaterialgüterrechten, ein über die nationale Ebene hinausgreifender Diskussionsstand herausgebildet, der auch und an einigen Stellen sogar vorrangig auf supra- und internationalrechtliche Texte und auf Leitlinien internationaler Gremien wie der OECD zurückgreift, die ihrerseits aus dem Vergleich der nationalen Rechtsdiskurse gewonnen worden sind. Gute Gründe sprechen dafür, diesen erweiterten Erkenntnisstand mit zu berücksichtigen. Wissen ist kein allein dem nationalen Rechtsraum zuzuordnendes Phänomen. Folglich entwickeln sich auch die einschlägigen Rechtsüberzeugungen hier weit stärker als z. B. beim

---

20 *Fritz Wilhelm Scharpf*, Legitimationskonzepte jenseits des Nationalstaates, in: Gunnar Folke Schuppert/Ingolf Pernice/Ulrich Haltern (Hrsg.), Europawissenschaft, 2005, S. 705 (736).

21 Dazu *Thomas Groß*, Ressortforschung, Agenturen und Beiräte – zur notwendigen Pluralität der staatlichen Wissensinfrastruktur, in diesem Bd., S. 151 ff.

Grundeigentumsrecht im wechselseitigen Austausch und in der Verflochtenheit mit anderen Rechtsordnungen.

Behandelt werden sollen drei Regelungsgegenstände, die nicht speziell auf verwaltungsrechtliche Fragen ausgerichtet sind[22], sondern, dem Querschnittcharakter der Wissensthematik entsprechend, gebietsübergreifend ansetzen und sich in folgende Fragen kleiden lassen: (1) Wie kann das Recht dem Wissen, seiner Gewinnung und Verbreitung, *Grenzen* setzen? (2) Wie ist ein Ausgleich zwischen Verwertungsrechten und öffentlichem Zugang zu Wissensbeständen zu finden? (3) Was kann das Recht dazu beitragen, dass Gesellschaft und Staat funktionsfähige Wissensinfrastrukturen schaffen und erhalten?

Das erste Thema reflektiert die hohe, durch die technologische Entwicklung noch gesteigerte *Eigendynamik* des Wissens, den menschlichen „Wissensdrang". Das zweite Thema bedenkt *Vermachtungsgefahren,* die sich gerade in jüngerer Zeit verstärkt stellen, z. B. in den Versuchen großer Softwarehäuser, Wissenszugänge oder Wissensbestände zu monopolisieren, oder in der Praxis von Bibliotheken und Museen, digitale Verwertungsrechte auf Dauer und exklusiv an kommerzielle Anbieter zu veräußern. Das dritte Thema betrifft Fragen der Einpassung speziell der staatlichen Wissensinfrastrukturen in die allgemeine gesellschaftliche Wissenslandschaft:

- *Grundrechtlich* geht es vor allem um das allgemeine Persönlichkeitsrecht, den Eigentumsschutz und die Forschungsfreiheit. Die abwehrrechtliche, aber auch die schutz- und leistungsrechtliche Dimension der Grundrechte wird deutlich.
- *Regelungstechnisch* wird nach wissensadäquaten Regelungsansätzen des in besonderem Maße kontextsteuernden Verfahrens- und Organisationsrechts, dann aber auch nach der Leistungsfähigkeit von festen Verbotstatbeständen einerseits und weichen gesetzlichen Zielvorgaben andererseits gefragt.

1. Gibt es feste rechtliche Grenzen im Umgang mit Wissen?

Solche Grenzen gibt es nur dann, wenn sie zum Schutz klar definierter, hochrangiger Rechtsgüter vor konkreten Gefahren unbedingt notwendig sind. Die Grenzen sind die Ausnahmen, sowohl was die Gewinnung als auch was die Verbreitung von Wissen betrifft. Welches sind solche elementaren Gegenpositionen?

---

22 Speziell zur administrativen Wissensgenerierung *Burkard Wollenschläger,* Wissensgenerierung im Verfahren, 2009 und *Hans Christian Röhl,* in diesem Bd., S. 82 ff.; ferner einige der Beiträge in: *Indra Spiecker gen. Döhmann / Peter Collin* (Hrsg.), Generierung und Transfer staatlichen Wissens im System des Verwaltungsrechts, 2008.

a) *Schutz staatlicher Interessen.* Es sind zum einen Grundanforderungen von Staatlichkeit – diese freilich nur in einer stark reduzierten Form. Regelmäßig geht es nicht um Grenzen der Gewinnung, sondern um solche der Weitergabe von Wissen, oft überhaupt nur um den Ausschluss ganz bestimmter Umstände, unter denen Wissen in der Öffentlichkeit präsentiert werden soll, z. B. staatliche Verbote beleidigender oder volksverhetzender Darstellungen – Fälle also, in denen der Umgang mit Wissen oder vermeintlichem Wissen schlechthin unerträglich für die staatliche Gemeinschaft ist. Ein allgemeines staatliches Sicherheitsinteresse reicht dagegen nicht aus, um individueller oder gesellschaftlicher Wissensproduktion und -kommunikation Grenzen zu setzen. Erst recht besteht kein „Staatsvorbehalt" für Wissen: Weder sind bestimmte Arten, Wissen zu erzeugen oder zu verbreiten, allein dem Staat reserviert, noch bildet staatliches Wissen heute per se einen Arkanbereich gegenüber gesellschaftlicher Wissensteilhabe[23].

b) *Schutz individueller Rechte.* Ein größeres Potential, Wissensgrenzen zu legitimieren, besitzen individuelle Rechtspositionen, verkörpert in den Grund- und Menschenrechten. Neben speziellen Problemen, z. B. denjenigen der Forschungsgrenzen bei Inanspruchnahme fremder Rechtsgüter (Arzneimittelforschung an Patienten, Stammzellforschung), sind es vor allem Fragen des allgemeinen Persönlichkeitsrechts, die hier aufgerufen sind. Dabei verdient es hervorgehoben zu werden, dass sich das allgemeine Persönlichkeitsrecht zunächst in der zivilrechtlichen Judikatur findet, von dort über das Verfassungsrecht in verwaltungsrechtliche Kontexte gelangt und schließlich, verfassungsrechtlich ausdifferenziert, in das Privatrecht zurückgewandert ist – ein Beispiel für eine die Grenzen der traditionellen Rechtsregime von vornherein übergreifende Position. Wie kein anderes Grundrecht hat sich das Persönlichkeitsrecht als „Transformator" für die Entwicklungen der Wissensgesellschaft im Recht erwiesen[24]. Beispiele sind u. a.

- der Schutz der engeren persönlichen Lebenssphäre vor staatlichen oder gesellschaftlichen „Ausforschungen",
- die Darstellung der eigenen Person in der Öffentlichkeit (Ehrenschutz und Recht am eigenen Bild und Wort),
- der Schutz von Grundbedingungen der engeren Lebenssphäre, z. B. die Kenntnis der eigenen Abstammung.

An keinem anderen Grundrecht sind auch die Spezifika des Wissens, sein fluider Aggregatszustand und seine inhärenten Ambivalenzen, so klar nachzuzeichnen wie am allgemeinen Persönlichkeitsrecht.

---

23 Historisch und systematisch dazu *Bernhard Wegener,* Der geheime Staat. Arkantradition und Informationsfreiheitsrecht, 2006.

24 Zum Folgenden ausführliche Angaben und Systematisierungen bei *Udo Di Fabio,* in: Theodor Maunz / Günter Dürig (Hrsg.), Grundgesetz, 2008. Art. 2 I Rn. 127 ff.

aa) *Kommunikatives Konzept:* Als das Volkszählungsurteil von 1983 auf gesteigerte Gefährdungen integrierter Informationssysteme mit einem Recht auf informationelle Selbstbestimmung reagierte[25], stand noch ganz das überkommene abwehrrechtliche Konzept im Vordergrund, das eine abgegrenzte Herrschaftssphäre, eben die Herrschaft über die eigenen Daten, gegen fremden Zugriff zu verteidigen suchte. Inzwischen ist deutlich, dass Wissen mehr ist als eine Ansammlung von Daten[26]. Nicht um Datenschutz i.S. eines eigentumsähnlichen Herrschaftsrechts[27], sondern um ein komplexes Schutzsystem muss es folglich gehen, das die betroffenen Informationen kontext- und prozessbezogen definiert und sich aus technischem Systemschutz sowie aus Komponenten der Regulierung und der Selbstregulierung zusammensetzt[28].

Der Umbau, den diese Konzeptänderung bewirkt, wird besonders an der Vorstellung eines „Kernbereichs" deutlich, der, sofern er räumlich gedacht wird, jeden Informationszugriff sperren müsste. Jüngere verfassungsgerichtliche Entscheidungen gehen jedoch zutreffend davon aus, dass sich dieser Schutzraum selbst nur kommunikativ verstehen lässt[29]. Dazu werden „Indikatoren für kernbereichsrelevante Handlungen" angegeben[30]. Noch einen Schritt weiter geht die Entscheidung zu den Online-Durchsuchungen, die die Unvermeidbarkeit von Datenerhebungen auch im Kernbereich anerkennt und ein erst danach ansetzendes prozedurales Schutzkonzept greifen lässt[31].

bb) *Recht auf Nichtwissen:* Strukturell ähnliche Beobachtungen lassen sich an einem zweiten Problembereich des Persönlichkeitsrechts machen: dem Recht auf Nichtwissen[32]. Ein solches Recht wird im Zusammenhang mit der Kenntnis der eigenen genetischen Konstitution diskutiert, ist z. B. in Art. 10 Abs. 2 S. 1 der Biomedizin-Konvention des Europarates formu-

---

25 BVerfGE 65, 1 (41 ff.).

26 *Wolfgang Hoffmann-Riem,* Verwaltungsrecht in der Informationsgesellschaft, in: Wolfgang Hoffmann-Riem / Eberhard Schmidt-Aßmann (Hrsg.), Verwaltungsrecht in der Informationsgesellschaft, 2000, S. 9 (55 ff.).

27 Dagegen ausdrücklich auch BVerfG-K- NJW 2007, 111 (112), jedenfalls für Informationsvorgänge zwischen Privaten.

28 *Hans-Heinrich Trute,* in: Alexander Roßnagel (Hrsg.), Handbuch Datenschutzrecht, Abschnitt 2.5 Tz. 14; *Marion Albers,* Umgang mit personenbezogenen Informationen und Daten, in: GVwR II (FN 9), § 22 Rn. 56 ff.

29 Ähnlich *Martin Eifert,* NVwZ 2008, S. 521 (522).

30 BVerfGE 109, 279 (320) „Akustische Wohnraumüberwachung".

31 BVerfGE 120, 274 (334 ff.).

32 Vgl. dazu *Jochen Taupitz,* Das Recht auf Nichtwissen, in: Festschrift für Günther Wiese, 1998, S. 583 ff.; *Bernd-Rüdiger Kern,* Unerlaubte Diagnostik – Das Recht auf Nichtwissen, in: Christian Dierks u. a. (Hrsg.), Genetische Untersuchungen und Persönlichkeitsrecht, 2003, S. 55 ff.; *Winfried Kluth,* DNA-Diagnostik und Persönlichkeitsrecht: Grundrechtskollisionen, dort S. 85 ff.; ausführlich *Christiane Schief,* Die Zulässigkeit postnataler prädiktiver Gentests, 2003, S. 88 ff. Vgl. jetzt auch das Gendiagnostikgesetz vom 31. 7. 2009 (BGBl. I S. 2529).

liert und gilt generell als ein „wichtiger Baustein einer genetischen Informationsordnung“, als Schutz des eigenen Lebensentwurfs vor Informationszumutungen[33]. Auch hier aber geht es nicht um eine feste Reservatposition, sondern um ein relatives Recht, das von Kommunikation umrahmt und durch diese bedingt ist: ein „paradoxes Recht“ (*Trute*), bei dem man in gewissem Umfang schon wissen muss, was man nicht wissen will – mehr noch, eine Position, die trotz ihres äußeren Anscheins als einer höchstpersönlichen Angelegenheit, aus Rücksichten auf Dritte, vor allem andere Familienmitglieder, nur in einem Recht auf persönliche Informationsverschonung, nicht aber in einem Informationserzeugungsverbot besteht[34].

c) *Grenzziehungen als Aufgabe komplexer rechtlicher Gestaltung.* Diese Beispiele zeigen, dass sich feste Rechtsgrenzen des Wissens nur sehr schwer und auch nur für sehr spezifische Situationen festlegen lassen. Das hat mit der kommunikativen Struktur von Wissen zu tun. Dem prozeduralen Charakter des Wissens kann nur mit prozeduralen Regelungsmodellen entsprochen werden. Absolute Grenzen sind dagegen selbst dann kaum formulierbar, wenn wichtige Schutzgüter betroffen sind. Die oben formulierte These von der Zentralfunktion des Individuums für eine rechtliche Wissensordnung schlägt sich folglich nicht in der Fixierung eines realen individuellen Schutzraumes, sondern in der ideellen individualbezogenen Ausrichtung eines komplexen Schutzkonzeptes nieder.

Wenn das schon für Wissensgrenzen gilt, die herausragend wichtige Rechtsgüter schützen sollen, dann gilt das erst recht für alle anderen Interessen, die sich der Gewinnung oder Verbreitung von Wissen in den Weg stellen wollen – es mögen Klugheitsregeln wie Toleranz und Rücksichtnahme oder modische Postulate wie die political correctness sein. Verbindliche Rechtsgrenzen vermögen sie nicht zu legitimieren. Meinungsfreiheit, Pressefreiheit, Forschungsfreiheit stehen entgegen. Der Bauplan des kreatürlichen Lebens hat sich menschlichem Wissensdrang so wenig entziehen können, wie es die historischen Bedingtheiten des im Koran geoffenbarten Wortes künftig werden tun können.

Eine allgemeine Grenze des Wissens vor dem Numinosen, dem menschlicher Vernunft „Verborgenen“, dem „Mysterium“ oder dem „Heiligen“ kennt das Recht nicht. Man muss das nüchtern feststellen, selbst wenn die Radikalität ihres Wissensdranges nicht durchgängig zum Wohl der Menschheit gewirkt hat. Wo der Mensch Grenzen des Wissens für notwendig hält, muss er sie in Selbstbestimmung zuallererst bei sich selbst suchen, d. h. sie

---

33 *Hans-Heinrich Trute,* Gentechnik, in: Martin Eifert / Wolfgang Hoffmann-Riem (Hrsg.), Innovation und rechtliche Regulierung, 2002, S. 290 (309 ff.).

34 Zu Mitwirkungspflichten bei der Klärung der genetischen Abstammung s. das Gesetz vom 26. 3. 2008 (BGBl. I S. 441).

als individuelle Selbstbeschränkung praktizieren. Vielleicht sollte hierzu noch einmal über Menschenbild und Menschenwürde neu nachgedacht und dabei auch der Erfahrungsschatz der Weltliteratur mit ihren Warnungen vor menschlicher Hybris ausgewertet werden. Im vorliegenden Zusammenhang muss es beim positiven Recht bewenden, das keine absoluten Wissensgrenzen anerkennt.

Rechtswissenschaft und Rechtsgestaltung wiederum werden durch diese ernüchternden Befunde zu absoluten Wissensgrenzen eher mehr als weniger herausgefordert. Die danach einzig mögliche und notwendige Schaffung mehrgliedriger Schutzkonzepte unter Einbeziehung von Elementen der Selbstregulierung ist ein wissenschaftlich höchst anspruchsvolles und aufwendiges Vorhaben. Eine Beobachtung der verwaltungsrechtlichen Reformdiskussion bestätigt sich auch hier: Die Rücknahme ordnungsrechtlicher Schranken führt nicht zu einem Weniger sondern zu einem Mehr an Regulierungsaufwand.

2. Offener Zugang zu Wissen oder Vorherrschaft ökonomischer Verwertungsinteressen?

Wissen gilt vielen als ein typisches öffentliches Gut. Einige seiner besonderen Eigenschaften, seine Nichtausschließlichkeit und seine Nichtrivalität, weisen in diese Richtung. Wer sein Wissen mit anderen teilt, wird nicht ärmer. Zudem: „Wissen setzt Wissen voraus". Neues Wissen baut wie selbstverständlich auf Voraussetzungen, die ihm im gesellschaftlichen Kontext „von selbst" zugewachsen sind[35].

Auf der anderen Seite ist neues Wissen regelmäßig das Ergebnis individueller schöpferischer Leistung. Der Einzelne hat es als Entdecker, Erfinder, Komponist, Schriftsteller gewonnen, während andere das nicht erreicht haben, obwohl sie in gleicher Weise an den öffentlichen Wissensbeständen partizipieren konnten. Eine Pflicht jedenfalls, alles gewonnene Wissen der Allgemeinheit zur Verfügung zu stellen, lässt sich rechtlich nicht begründen. Insoweit drückt § 12 Abs. 1 des Urheberrechtsgesetzes, unbeschadet der Entstehung von Schutzrechten, einen allgemeinen Grundsatz der Wissensordnung aus: Der Urheber bestimmt, ob und wie er sein Werk veröffentlicht.

Mit dieser Feststellung ist freilich die komplizierte Position des Wissens zwischen individueller Verfügungsbefugnis und allgemeiner Verfügbarkeit nur im Ausgangspunkt bestimmt. Die Auseinandersetzungen und aktuellen

---

[35] Vgl. die Beschreibung einzelner Merkmale des Wissens bei *Niels Gottschalk-Mazouz,* Was ist Wissen?. Überlegungen zu einem Komplexbegriff an der Schnittstelle von Philosophie und Sozialwissenschaften, in: Sabine Ammon u. a. (Hrsg.), Wissen in Bewegung. Vielfalt und Harmonie in der Wissensgesellschaft, 2007, S. 21 ff.

politischen Streitigkeiten beginnen danach sogleich von neuem. Sie fragen, ob der individualbezogene Ausgangspunkt denn auch alles das zu rechtfertigen vermag, was sich bei einer breit angelegten Kommerzialisierung von Verwertungsansprüchen heute weltweit abspielt[36]. Es muss folglich näher untersucht werden, für welche Wissensbestände eher von einer Publizitätsregel auszugehen ist [a)], und inwieweit die besonderen Schutzrechte des Immaterialgüterrechts die freie Verfügbarkeit von Wissen regulieren sollen [b)]. Die Beobachtungen der jüngeren Rechtsentwicklung führen zu durchaus gegensätzlichen Befunden.

a) *Offener Zugang zu Wissen.* Es ist nicht zu bestreiten, dass Teile der Wissenslandschaft in jüngerer Zeit von einer Bewegung zu mehr Publizität erfasst worden sind. Wissensbestände, deren Arkancharakter früher selbstverständlich war, sind mittlerweile öffentlich zugänglich geworden[37].

aa) *Beispielbereiche:* Der wichtigste Bereich ist der des *staatlichen Wissens,* für den (verkürzt gesagt) die Informationsfreiheitsgesetze den alten Geheimhaltungsgrundsatz in sein Gegenteil verkehrt haben[38]. Interessen des Geheimnisschutzes haben zwar nach wie vor Gewicht; sie sind jedoch als Ausnahmen ausgewiesen und bedürfen besonderer Rechtfertigung. Ein zweiter großer und wichtiger Bereich ist das private *Handels-, Gesellschafts- und Kapitalmarktrecht.* Unternehmen sind heute zur Veröffentlichung einer Vielzahl markanter Unternehmensdaten verpflichtet, die dem Publikum, Kapitalanlegern und Konkurrenten recht genaue Kenntnisse von unternehmensinternen Vorgängen vermitteln. Der Schutz von Betriebs- und Geschäftsgeheimnissen ist zwar nach wie vor ein beachtlicher Rechtstitel; aber der Schutzumfang ist deutlich reduziert worden[39].

Die Reihe der Beispiele ließe sich noch ein gutes Stück fortsetzen: so mit Hinweis auf neuere Überlegungen zum Archivwesen, die nicht nur die staatlichen, sondern auch private Archive in Pflicht nehmen wollen, um dem tatsächlichen oder rechtlichen Verlust der Verfügbarkeit dieser Bestände entgegenzuwirken[40]. Insgesamt ist die Rechtsordnung für die Bedeutung

---

36 Plakativ anschaulich: *Sebastian Bödeker / Oliver Moldenhauer / Benedikt Rubbel,* Wissensallmende. Gegen die Privatisierung des Wissens der Welt durch „geistige Eigentumsrechte", 2005; wissenschaftlich abwägend: *Keith E. Maskus / Jerome H. Reichmann,* The Globalization of private knowledge goods and the Privatization of Global public goods, in: Journal of International Economic Law, 7 (2004), S. 279–320.

37 Zum Folgenden vgl. *Eberhard Schmidt-Aßmann,* Wissenschaft – Öffentlichkeit – Recht, in: Horst Dreier (Hrsg.), Rechts- und staatstheoretische Schlüsselbegriffe, Symposion für Hasso Hofmann zum 70. Geburtstag 2005, S. 67 ff.

38 *Friedrich Schoch,* Informationsfreiheitsgesetz Kommentar, 2009, Einleitung Rn. 127 f.; ferner *Christoph Gusy,* Die Informationsbeziehungen zwischen Staat und Bürger, in: GVwR II (FN 9) § 23 Rn. 82 ff. Zu einem Grundrecht auf Informationszugang gegenüber der Verwaltung *vgl. Helge Rossen-Stadtfeld,* Beteiligung, Partizipation und Öffentlichkeit, dort § 29 Rn. 102 f.

39 Vgl. nur BVerwG Urteil vom 28. 5. 2009, NVwZ 2009, S 1113 f.

von Wissen, für den Erhalt seiner Qualität und öffentlichen Zugänglichkeit, durchaus sensibilisiert worden.

bb) *Speziell wissenschaftliches Wissen:* Das zeigt sich auch gerade für jenes Wissen, auf das wir besonders angewiesen sind: das wissenschaftliche Wissen. Als solches ist alles Wissen zu definieren, das nach Merkmalen und Methoden der in Wissenschaftlergemeinschaften anerkannten Maßstäbe gewonnen wird und damit eine besondere epistemische Qualität aufweist. Wissenschaftliches Wissen genießt die Anerkennung der Forschungs- und Wissenschaftsfreiheit des Art. 5 Abs. 3 GG. Ist es damit notwendig ein öffentliches Gut? Die Meinungen gehen hier deutlich auseinander[41]. Dabei sollte zunächst klargestellt sein, dass die Frage nach dem öffentlichen Charakter wissenschaftlichen Wissens überhaupt erst dann ansetzt, wenn die Veröffentlichungsreife eines Forschungsergebnisses als solche unstreitig ist. Niemand darf zu voreiligen und leichtfertigen Publikationen veranlasst werden. Erst *danach* setzt das Problem ein, inwieweit das Ob, Wann und Wie einer Publikation allein dem Gutdünken des Urhebers unterliegt. Die abwehrrechtliche Interpretation des Art. 5 Abs. 3 GG bejaht dieses mit Hinweis auf eine der Wissenschaftsfreiheit inhärente negative Veröffentlichungsfreiheit. Eine in jüngerer Zeit häufiger vertretene Auffassung will demgegenüber allen Forschungen, die nicht auf Publizität angelegt sind, den Schutz des Art. 5 Abs. 3 GG generell versagen und damit die Industrieforschung, aber auch Teile der universitären Drittmittelforschung von der wichtigsten Rechtsgarantie für die freie Gewinnung wissenschaftlichen Wissens ausnehmen[42].

Beide Ansichten überzeugen jedoch nicht. Jedenfalls für die universitäre, die sonstige öffentliche und die öffentlich finanzierte Forschung ist vom Grundsatz einer Publikationspflicht auszugehen. Das schließt die Bestellung gewerblicher Schutzrechte nicht aus. Aber die urheber- und patentrechtlichen Gestaltungen sind so zu treffen, dass dem Zugang keine dauerhaften und keine gravierenden finanziellen Hindernisse entgegengestellt werden. Das ist das richtige Ziel aller Open-Access-Initiativen, so z. B. der „Berliner Erklärung“ der deutschen Forschungsorganisationen vom Oktober 2003[43]. Die Produktion von nicht zugänglichem und erst recht von geheimem Wissen muss in der öffentlichen Forschung die begründungs-

---

40 *Friedrich Schoch / Michael Kloepfer / Hansjürgen Garstka,* Archivgesetz (ArchG-ProfE), Entwurf eines Archivgesetzes des Bundes, 2007, S. 43 ff. und S. 120 ff. Dazu unten unter 3. a).

41 Vgl. nur *Matthias Ruffert,* Grund und Grenzen der Wissenschaftsfreiheit, in: VVDStRL 65 (2006), S. 146 (184 ff.).

42 Vgl. mit Nachweisen *Harald Dähne,* Forschung zwischen Wissenschaftsfreiheit und Wirtschaftsfreiheit, 2007, S. 251 ff., 391 ff., 423 ff.

43 Berliner Erklärung über den offenen Zugang zu wissenschaftlichem Wissen: Stand 22. 10. 2003.

bedürftige Ausnahme sein; das gilt auch für die universitäre Drittmittelforschung.

Industrie- und Ressortforschung dürfen Geheimhaltungsinteressen dagegen in größerem Umfang Raum geben. Auch sie müssen aber, wenn sie als Wissenschaft anerkannt sein wollen, sicherstellen, dass der Bestand öffentlichen Wissens adäquat gemehrt wird. Das verlangt eine vorsichtige Bewusstseinsänderung in Richtung auf das Open-Access-Paradigma auch in der privaten Forschung. Jedenfalls sollte das bewusste Zurückhalten von neuen Kenntnissen, durch das die Öffentlichkeit in die Irre geführt werden soll, schon heute auch hier als ein Verstoß gegen die Regeln wissenschaftlichen Arbeitens gelten.

b) *Immaterialgüterrecht.* Urheber- und Patentrechte gelten traditionell als Impulsgeber und Garanten dafür, dass Wissen der Allgemeinheit zugänglich gemacht wird[44]. Sie trennen zutreffend zwischen Wissen und Gegenstand des Schutzrechts. Es kann aber nicht übersehen werden, dass ihre Überzeichnung und Verabsolutierung gerade in jüngster Zeit zu Vermachtungserscheinungen geführt haben, die auf Ausschluss, Wissensblockade und Formen rabiater Kommerzialisierung hinauslaufen. Die wichtigsten Ursachen dieser Entwicklung liegen sicher in ökonomischen Kräfteverschiebungen, die hier nicht analysiert werden können. Aber auch das Recht selbst hat zu diesem Ergebnis beigetragen.

aa) *„Geistiges Eigentum" als eigenständige Eigentumsart:* Das gilt zum einen schon für den Topos des „Eigentums". Die Zuordnung von Urheber- und Patentrechten zum Schutzbereich des Art. 14 GG entspricht zwar ganz herrschender Rechtsauffassung, die das Bundesverfassungsgericht früh bestätigt hat[45]. „Die dahinter stehende wertende Gleichsetzung des Geistigen Eigentums mit anderen Eigentumsformen wird aber weder näher erörtert noch in der Art einer detaillierten Subsumtion der Schutzrechte unter den verfassungsrechtlichen Eigentumsbegriff vorgenommen"[46]. Genau hier liegt der kritische Punkt: Unsere Vorstellungen von Eigentum sind nun einmal vom Sacheigentum, insbesondere vom Grundeigentum geprägt. Man sehe sich nur die Kommentare zu Art. 14 GG an! Schon beim Unternehmenseigentum bleiben die verfassungsrechtlichen Koordinaten blass. Noch weniger erfasst sind die Spezifika des geistigen Eigentums. Die Vorstellungen

---

44 Dazu nur *Christian Osterrieth*, Patentrecht, 2. Aufl. 2004, Rn. 10 ff.; deutlich zurückhaltender demgegenüber *Christoph Engel*, Geistiges Eigentum als Anreiz zur Innovation – Die Grenzen des Arguments, in Eifert/Hoffmann-Riem (FN 11), S. 43 ff.

45 BVerfGE 31, 229 ff. (für das Urheberrecht); BVerfGE 36, 281 ff. (für das Patentrecht).

46 So zutreffend die Analyse der verfassungsgerichtlichen Rechtsprechung von *Bernd Grzeszick*, Verfassungsrechtliche Abbildung und Weiterentwicklung der Immaterialgüterrechtsordnung, in: Eifert/Hoffmann-Riem (FN 11), S. 83 (89).

bleiben hier viel zu sehr im Schlepptau des Sacheigentums als einem dauerhaften Herrschaftsrecht über klar abgrenzbare Gegenstände.

Statt dessen müsste es doch zunächst einmal darum gehen, das geistige Eigentum von der Grundlage allen Wissens, der individuellen schöpferischen Leistung her zu entwickeln, die ihrerseits in die gesellschaftlichen Wissensstrukturen eingebunden ist[47]. Diese kommunikative Dimension hat für das geistige Eigentum *institutsprägenden Charakter*. Daher rechtfertigt sich nicht nur der dem geistigen Eigentum inhärente zeitliche Rahmen[48]. Es rechtfertigt sich auch, zwischen der geistig-persönlichen Beziehung des Urhebers zu seinem Werk und dessen Nutzung, d. h. insbesondere zwischen Urheberpersönlichkeitsrecht und Verwertungsrechten, eine deutlichere Stufung im Schutzniveau zu machen, als das zwischen Bestands- und Vermögensschutz des Sacheigentums angängig ist. Das gilt insbesondere dann, wenn die Verwertungsrechte an Dritte abgewandert sind, die damit eine eigenbestimmte Politik marktgängiger Ware machen. Nicht alle Konflikte zwischen Verwertungsinteressen einerseits und Nutzungsinteressen der Öffentlichkeit andererseits lassen sich im Konzept des geistigen Eigentums nach einem Regel-Ausnahme-Modell oder mit Eingriffsvorstellungen der klassischen Eigentumsdogmatik lösen. Vielmehr wird das geistige Eigentum durch die Regeln seiner vielfältigen Nutzungen durch die Wissensgesellschaft erst mitkonstituiert. Wir haben es vorrangig mit Regeln einer Inhalts- und nicht mit einer Schrankenbestimmung zu tun (Art. 14 Abs. 1 S. 2 GG). Selbst dort, wo eindeutig Eingriffe mit Entzugscharakter vorliegen wie bei der Statuierung von Zwangslizenzen, sind die Eingriffsvoraussetzungen anders zu bestimmen als nach der ultima-ratio-Doktrin des klassischen Grundstücksenteignungsrechts. Insgesamt steht dem Gesetzgeber daher ein ungewöhnlich großer Ausgestaltungsspielraum zur Verfügung[49], den er, dem Sozialgebot des Art. 14 Abs. 2 GG und grundrechtlichen Schutzansprüchen Dritter folgend, gegebenenfalls auch zur Durchsetzung von Zugangsmöglichkeiten Dritter nutzen muss[50]. „Zugangsfreiheit ist insbesondere dann ein dem Verantwortungsbereich des die Grundrechte ausgestaltenden Gesetzgebers zugeordnetes Ziel, wenn die Zugangshürden ihrerseits durch Recht gestaltet sind“[51].

---

47 Dazu *Dan Wielsch,* Zugangsregeln. Die Rechtsverfassung der Wissensteilung, 2008.

48 § 64 UrhebG: Erlöschen des Rechts 70 Jahre nach dem Tod des Urhebers.

49 Im Ergebnis ähnlich *Grzeszick* (FN 46), S. 99 ff.

50 Zu notwendigen Konzeptänderungen der Immaterialgüterrechtsordnung *Karl-Heinz Ladeur / Thomas Vesting,* Geistiges Eigentum im Netzwerk – Anforderungen und Entwicklungslinien, in: Eifert / Hoffmann-Riem (FN 11), S. 133 ff. Einzelne Elemente eines solcherweise geänderten Konzepts bei *Wielsch,* Zugangsregeln (FN 47), S. 267 ff. Im Einzelnen vgl. den Beitrag von *Hoffmann-Riem* in diesem Bd., S. 155 ff.

51 *Hoffmann-Riem,* in: Eifert / ders. (FN 11), S. 15 (25).

bb) *Einbindungen in internationale Regelungszusammenhänge:* Wie die Wissensgesellschaft eine weltweite ist, so sind auch die Fragen der gewerblichen Schutzrechte in hohem Maße in internationale Regelungszusammenhänge eingebunden. Für die europäischen Staaten kommt ihre Bindung an die Vorgaben der Europäischen Union hinzu. Die Umsetzung entsprechender Richtlinien ist freilich kein schematischer Nachvollzug. Der nationale Gesetzgeber sollte wissen, was er tut – mehr noch: er sollte sich von internationalen Trends nicht schon vorauseilend einfangen lassen[52].

Man muss das nüchtern feststellen und auf eine zweite Entwicklung, auf eine internationale Tendenz der Ausweitung und Überhöhung der „intellectual property rights", aufmerksam machen, die dem offenen Zugang zu Wissen ebenfalls nicht günstig ist[53]. Diese Entwicklung lässt sich am TRIPS-Abkommen aufzeigen: Das Wissen ist unter die Herrschaft der Welthandelsorganisation gekommen – allerdings weniger i.S. eines weltweiten freien Wissensaustausches als vielmehr mit der speziellen Pflicht der Staaten, einen möglichst umfassenden Schutz geistigen Eigentums in ihren Rechtsordnungen vorzusehen. Die Perspektiven des Abkommens sind der Ausbau und die Verstärkung der Schutzregime. Soweit die Staaten Erfindungen keinen oder nur einen begrenzten Schutz zuerkennen wollen, sind das Ausnahmen, die im Vertrag ausdrücklich vorgesehen sein müssen und eng auszulegen sind[54]. Bestrebungen, den freieren Zugang zu Wissen zu stärken, sind in diesem weltweit wirksamen Regelungszusammenhang von vornherein benachteiligt. Hinzu kommt der Druck einflußreicher Referenzrechtsordnungen, wie der US-amerikanischen und der japanischen, die selbst von einem weiten Begriff der Schutzfähigkeit ausgehen und diese Position in internationalen Gremien durchzusetzen versuchen. Jedenfalls sind die Schutzrechte für zentral wichtige Erkenntnisse, für Computerprogramme und für genetisches Material, im Weltmaßstab kontinuierlich ausgeweitet worden, obwohl gute Gründe dafür sprechen, hier eher einen restriktiven Maßstab anzulegen[55].

---

52 Vgl. *Möllers,* Demokratie (FN 17), Tz. 131 f.

53 Dazu nur *Raymund Werle,* Der Schutz geistigen Eigentums in der Medien- und Softwareindustrie im Interesse und Wertkonflikt, in: Martin Woesler (Hrsg.), Ethik der Informationsgesellschaft, 3. Aufl. 2006, S. 73 ff.

54 Vgl. nur Art. 13 für das Urheberrecht, Art. 27 II und III für Patente. Demgegenüber stärker den Ausgestaltungsspielraum des nationalen Gesetzgebers betonend und dem TRIPS-Abkommen gegenüber daher positiver *Peter Ganea,* TRIPS als Innovationsmotor?, in: Eifert / Hoffmann-Riem (FN 11), S. 107 ff.

55 So für Softwarepatente *Thomas Dreier,* Sinnvolle Reichweite des Patentschutzes – Software, in: Eifert / Hoffmann-Riem (FN 11), S. 244 (265 f.).

3. Die Wissensinfrastrukturen und ihr Recht

Ein dritter großer Themenbereich betrifft die Vorkehrungen, die Gesellschaft und Staat zur Bewahrung und Pflege überkommenen Wissens und zur Generierung neuen Wissens treffen: Wissensinfrastrukturen wie Archive [a)], Bibliotheken [b)] und Forschungseinrichtungen [c)]. Ein erster Blick – zumal ein solcher aus eingefahrener öffentlich-rechtlicher Perspektive – mag es nahelegen, jedenfalls hier eine ganz eindeutige Dominanz staatlicher Einrichtungen anzunehmen. Nähere Beobachtung zeigt jedoch ein bedeutsames Nebeneinander privater und öffentlicher, gesellschaftlicher und staatlicher Veranstaltungen: neben der staatlichen Forschung die Industrieforschung, neben Bundes- und Landesarchiven die Archive von Kirchen, Verbänden, Firmen und Familien. Interessant ist an diesem Bereich gerade, auf welche Weise das Recht dazu beitragen kann, das Nebeneinander zu einem Miteinander der Wissensinfrastrukturen zu entwickeln. Ausgreifende rechtliche Regelungen werden hier üblicherweise nur für die staatliche Seite geschaffen; aber diese Regelungen sind auf eine Praxis der Zusammenarbeit angelegt und können in manchen Punkten zugleich Vorbild- oder Modellcharakter für die Ausgestaltung privater Infrastrukturen entfalten.

a) *Archive* sind nicht nur „passive Wissensspeicher"; ihre Existenz wirkt vielmehr, wie sich an der Entwicklung des Preußischen Staatsarchivs zeigen lässt, auf die Aktenvorgänge, deren Bewahrung und Pflege sie später dienen sollen, zurück[56]. Das geschah zunächst im Bewusstsein, „Herrschaftswissen" nur für den staatlichen Arkanbereich zu schaffen, zu dem Dritten der Zugang nur nach Ermessen zu gestatten war. In den 1960er Jahren wurde die Archivnutzung in Deutschland dann durch Gesetze geregelt. Die damit erreichte stärkere Publifizierung führte zu einem Wandel der Archivfunktionen: Ein jedermann zustehender Nutzungsanspruch an allem Archivgut zu (regelmäßig 30 Jahre zurückliegenden) Vorgängen wurde fortan zum Regeltatbestand; Einschränkungen desselben wurden zur begründungsbedürftigen Ausnahme. Auch die Aufgaben der Archivierung wurden nach und nach weiter gefasst: nicht nur die Erfassung, Sicherung und Verwahrung, sondern auch die Erschließung, die Öffentlichkeitsarbeit und die Mitwirkung an der Erforschung der Landesgeschichte sollen jetzt den Archiven obliegen. Heute sind Archive ein Element eines in die Wissenslandschaft fest eingebundenen Wissensmanagements, das Wissen ebenso produziert wie prozessiert.

Im Grundmodell auf staatliche, kommunale und sonstige öffentliche Archive ausgerichtet, zeigen die Archivgesetze der Bundesländer durchaus Interesse auch an privatem Archivgut. So ermächtigt das Landesarchivge-

---

56 *Karl-Heinz Ladeur*, Das Recht der Kommunikationsinfrastrukturen, in: GVwR II (FN 9), § 21 Rn. 35, vgl. auch *Bardo Faßbender*, in: HStR IV (FN 12), § 76 Rn. 82 ff.

setz Baden-Württembergs das Landesarchiv ausdrücklich dazu, Archivgut auch Privater zu erfassen, zu erschließen und allgemein nutzbar zu machen; vorausgesetzt ist deren Einvernehmen[57]. Der von *Schoch, Kloepfer* und *Garstka* 2007 vorgelegte Entwurf eines modernen Archivgesetzes geht deutlich weiter[58]: Die Zeiten, in denen Archive als „verlängerte Registratur der Verwaltung" verstanden wurden, werden endgültig verabschiedet. Der Entwurf beginnt mit einer umfassenden Zweckdefinition des staatlichen Archivwesens, die auch die kulturpolitische Funktion desselben herausstellt und die Dienstleistungsaufgaben der Archive betont[59]. Entsprechend wird auch die Bedeutung des privaten Archivgutes stärker herausgearbeitet. Der Entwurf nimmt damit Anregungen einer europäischen Sachverständigengruppe auf, die schon 1994 insoweit gezielte Unterstützungs- und Fördermaßnahmen, aber auch staatliche Übernahmen und die Überwachung gefordert hatte. Bei herausragend bedeutsamem privatem Archivgut will der Entwurf dem Staat als ultima ratio sogar einen Übernahmeanspruch einräumen. Für den vorliegenden Zusammenhang ist weniger diese Zwangsmaßnahme als solche als vielmehr die Beobachtung interessant, dass der Gesetzentwurf von einem einheitlichen Konzept eines Archivwesens ausgeht, das übergreifend, aktivierend und produktiv Archive als Knotenpunkte in Wissensnetzwerken versteht. Gerade deshalb ist freilich eine gute rechtliche Ordnung notwendig, die die Qualität des Wissens und den Schutz vorhandener personenbezogener Daten sicherstellt[60].

b) Bei den *Bibliotheken* ist diese Entwicklung noch weiter fortgeschritten. Auch hier kann die jüngere Entwicklung der Gesetzgebung als Ausdruck von Änderungen in Funktion und Selbstverständnis der betreffenden Institutionen genommen werden. Im Schlussbericht der vom Bundestag eingesetzten Enquete-Kommission *Kultur in Deutschland* von 2005 heißt es dazu[61]: „Wichtiger Bestandteil einer Reform des Bibliothekwesens in Deutschland muss eine rechtliche Aufwertung von Bibliotheken sein. Mehr Verbindlichkeit und Unterstützung könnten Bibliotheken durch eine rechtliche Festschreibung in Form von Bibliotheksgesetzen erfahren."

Die Ordnungsaufgaben des Rechts werden hier in deutlich anderer Art als in den traditionellen Gebieten des Verwaltungsrechts wahrgenommen: Die eingesetzten Regelungstechniken versuchen, dem besonderen, d. h. dem fluiden Charakter des Wissens – weniger Bestand als Kommunikation – Rechnung zu tragen. Als Repräsentant eines neuen Gesetzestyps kann das

---

57 Gesetz vom 27. Juli 1987 (GBl. S. 230).

58 *Schoch / Kloepfer / Garstka,* Archivgesetz (FN 40).

59 Dazu die Begründung, Archivgesetz (FN 40), S. 60 ff.

60 Vgl. *Peter Collin,* Archive und Register. Verlorenes Wissen oder Wissensressource der Zukunft?, in: Schuppert / Voßkuhle (FN 4), S. 75 (84).

61 Bundestagsdrucksache 16 / 7000, S. 131.

Bibliotheksrechtsgesetz des Landes Thüringen vom 18. Juli 2008 genommen werden[62]. Der Akt der Gesetzgebung selbst schon wird, den Empfehlungen der Enquete-Kommission entsprechend, genutzt, um eine öffentlichkeitswirksame Darstellung eines modernen Bibliothekswesens in Szene zu setzen[63]. Inhaltlich weicht das neue Gesetz von der Tradition eines Gesetzes, das ganz überwiegend (Verwaltungs-)Organisationsrecht bietet[64], deutlich ab. Die gesetzlichen Definitionen der Bibliothekstypen sind als Aufgabennormen gefasst. Richtunggebend soll eine Zielbestimmung (§ 3) wirken:

> „Bibliotheken sind Bildungseinrichtungen und als solche Partner für lebenslanges Lernen. Sie sind Orte der Wissenschaft, der Begegnung und der Kommunikation. Sie fördern Wissen und gesellschaftliche Integration und stärken die Lese-, Informations- und Medienkompetenz ihrer Nutzer durch geeignete Maßnahmen sowie durch die Zusammenarbeit mit Schulen und anderen Bildungseinrichtungen."

Gegen Formulierungen dieser Art mag man von einem harten rechtsdogmatischen Standpunkt aus trefflich polemisieren. Hier wird nicht hierarchisch gesteuert, sondern es werden Handlungsperspektiven verdeutlicht und im Übrigen auf ein hochprofessionelles Personal, auf dessen Engagement und Einfallsreichtum gesetzt. Sieht man sich die Angebotsvielfalt moderner Bibliotheken an, die Vernetzungen und die interaktiven Möglichkeiten der Mitgestaltung, die sie Nutzern und Öffentlichkeit einräumen[65], so wird eine Leistungsverwaltung ganz eigener Art sichtbar, die die Anforderungen und die Chancen, die das Medium „Wissen" prägen, innerhalb eines rechtlich nur punktuell und skizzenhaft vorgezeichneten Rahmens zutreffend aufgenommen hat.

c) *Forschungseinrichtungen*. Überproduktion trivialen Wissens – Versorgungsengpässe bei notwendigem Wissen! Die Wissensgesellschaft ist autonom, aber nicht ohne eine substantielle Gewährleistungsverantwortung des Staates denkbar. Die Staaten müssen die Generierung neuen Wissens fördern, in seinen Voraussetzungen sichern und selbst Wissen schaffen – für hoheitliche Zwecke ebenso wie für spezielle Zwecke der Gesellschaft[66]: Wissenschaft als Staatsaufgabe – jedoch eigenständig gegenüber den Standardformen staatlicher Herrschaft!

---

62 GVBl. S. 243 ff.

63 Anschaulich dazu die Schilderung der Gesetzesgeschichte bei *Frank Simon-Ritz,* in: Bibliothek 2008, S. 318 ff.

64 In dieser Tradition stehend noch das Gesetz über die Deutsche Nationalbibliothek vom 22. Juni 2006 (BGBl. S. 1338).

65 Vgl. dazu am Beispiel der Hochschulbibliotheken *Friedrich Geißelmann / Gabriele Gerber,* in: Bibliothek 2007, S. 280 ff.; *M. Hütte,* in: Bibliothek 2008, S. 137 ff.; *Thomas Strauch,* dort S. 160 ff. Speziell zu Vernetzungen der Informationsbenutzer vgl. *Lambert Heller,* in: Bibliothek 2007, S. 162 (171): „Vom bibliothekarischen Fachinformationsführer zu Unterstützung und Vernetzung von Fachcommunities".

66 *Faßbender* in: HStR IV (FN 12), § 76 Rn. 93 ff.; *Trute* in: HStR IV (FN 12), § 88 Rn. 14 ff. und 40 ff.

In Deutschland wird diese Aufgabe von einem mehrgliedrigen *Wissenschaftssystem* aufgefangen, dessen beiden Eckpunkte die Ressortforschung auf der einen Seite und die Industrieforschung auf der anderen Seite sind[67]: Das breite und gewichtige Mittelfeld bilden die Universitäten als die klassischen Stätten einer ebenso fruchtbaren wie unverzichtbaren Verbindung von Forschung und Lehre und die Palette der sog. außeruniversitären Forschungseinrichtungen[68], teils eher grundlagenorientiert wie die Max-Planck-Gesellschaft, teils stärker anwendungsorientiert und auf enge Kooperation mit der Industrie angelegt wie die Fraunhofer-Gesellschaft.

Die beiden großen Regelungsprobleme dieses Spektrums von Forschungseinrichtungen und damit Kernthemen einer rechtlichen Wissensordnung sind zum einem die Gewährleistung der für wissenschaftliches Arbeiten notwendigen Unabhängigkeit und zum anderen der dauerhafte Erhalt der für die Wahrnehmung der Staatsaufgabe „Wissenschaft" notwendigen staatseigenen Fachkompetenz:

- Für das erste Thema, das verfassungsrechtlich auf die Wissenschaftsfreiheit des Art. 5 Abs. 3 GG gegründet ist, bietet das *Universitätsrecht* trotz mancher Kritikpunkte und Unzulänglichkeiten im Detail ein brauchbares Regelungsmodell. Hier sind die Anforderungen freier Forschung organisationsrechtlich durchdekliniert. Die außeruniversitären Forschungseinrichtungen haben ihre privat-vertraglichen Regelungen teilweise ähnlich ausgestaltet. Die Hochschulrechtsentwicklung ist zudem ein Feld, auf dem immer wieder neue Arrangements erprobt worden sind – zwar nicht selten zum Leidwesen der Betroffenen, aber bis hin zu notwendigen verfassungsgerichtlichen Klärungen doch letztlich produktiv für ein Gebiet, das angemessen auf die Dynamik des Wissens reagieren muss[69].
- Die zweite Aufgabe, der Erhalt staatseigener Kompetenz zur Generierung wissenschaftlichen Wissens, ist alles andere als ein leichtes Unterfangen. Sie kann nicht einfach genau dort ansetzen und einspringen, wo gesellschaftliches Wissen fehlt. Folglich muss es zunächst um die Fähigkeit gehen, die allgemeine Wissensproduktion zu beobachten. Trennscharfe Abgrenzungen gibt es hier nicht. Die Aufgaben und die notwendigen Apparaturen sind breiter und komplexer, als dass von einer simplen Komplementärfunktion ausgegangen werden könnte. Zutreffend wird

---

67 Zu Aufbau und Arbeitsweise dieses „Systems" grundlegend *Hans-Heinrich Trute,* Die Forschung zwischen grundrechtlicher Freiheit und staatlicher Institutionalisierung, 1994.

68 Dazu *Thomas Groß / Natalie Arnold,* Regelungsstrukturen der außeruniversitären Forschung, 2007.

69 Anschaulich, in der Bewertung allerdings skeptischer *Wolfgang Kahl,* Hochschule und Staat, 2004 sowie *Klaus Ferdinand Gärditz,* Hochschulorganisation und verwaltungsrechtliche Systembildung, 2009.

daher eine „staatliche Wissensinfrastruktur“ gefordert, die ein Gefüge abgestimmter Mechanismen bilden muss[70]. Innerhalb dieser Infrastruktur kommt der *Ressortforschung* eine Schlüsselposition zu. Ihre Aufgaben erschöpfen sich nicht darin, spezielles Wissen für spezielle Verwaltungsverfahren zu beschaffen. Sie müssen vor allem als die Sensoren des Staates für neue Entwicklungen, für Entwicklungsrückstände und Friktionen auf wichtigen Wissensgebieten fungieren. Das gelingt nur, wenn sie sich als gleichberechtigte Akteure in die entsprechenden Netzwerke hineinbegeben können. Auch die Gewährleistung der Qualität notwendigen Wissens und die Sicherung des für die Wissensgesellschaft notwendigen Vertrauens (vgl. oben These 5) kann mit Hilfe der Ressortforschung stabilisiert werden[71]. Eine solche gegenüber der traditionellen Rolle der Ressortforschung veränderte Positionsbestimmung verlangt, ihre verfassungsrechtliche Stellung im Blick auf die Garantie der Wissenschaftsfreiheit neu auszutarieren[72].

Diese konkrete Aufgabe verdeutlicht noch einmal das Grundanliegen des vorliegenden Beitrages insgesamt: „Wissen“, mit allen seinen Ambivalenzen, d. h. seinen Chancen aber auch mit seinen Gefährdungen als *Querschnittthematik* der Rechtsordnung zu sehen, soll zugleich dazu veranlassen, überkommene Kontexte und Dogmen neu zu durchdenken, neue Zusammenhänge zu erkennen und, wenn das in verändertem Lichte notwendig erscheint, Gewichtungen in bisherigen rechtlichen Bewertungen zu verändern.

---

70 *Trute,* in: HStR IV (FN 12), § 88 Rn. 40 ff.

71 Z. B. durch eine instantielle Trennung von Risikobewertung und Risikomanagement und ihre Aufteilung auf zwei Bundesanstalten wie im Bereich der Lebensmittelsicherheit.

72 Dazu den Beitrag von *Groß* in diesem Bd., S. 135 ff.; ferner *Eberhard Schmidt-Aßmann,* in: Peter Weingart / Justus Michael Lentsch (Hrsg.), Wissen – Beraten – Entscheiden, 2008, S. 207 (227 ff.).

Zweiter Abschnitt

Strukturthemen

Der rechtliche Kontext der Wissenserzeugung

Hans Christian Röhl

I. Einleitung: Wissen und Recht

1. Zum Thema Wissen

Wissen, das haben die Ausführungen von *H.-H. Trute* gezeigt, ist nicht ohne den Kontext zu denken, mittels dessen es erzeugt wurde. Wissen wird danach verstanden als das Ergebnis ganz individueller Informationsverarbeitungsprozesse, das sich dementsprechend von Person zu Person oder Organisation zu Organisation unterscheidet. Andere Vorstellungen sind vielleicht zu stark vom wissenschaftlichen Wissen her gedacht, das nach vermeintlich objektiven Methoden erzeugt und scheinbar nicht von Kontexten abhängig. ist. Eine individualisierende Sichtweise lässt sich im Übrigen auch mit konstruktivistischen Ansätzen und Überlegungen der jüngeren Wissenschaftssoziologie gut in Einklang bringen[1]. Mit dieser Subjektivierung wird nicht die Existenz dessen verneint, was man unter allgemein geteiltem Wissen versteht. Nur setzt solches allgemeines Wissen eben zusätzliche Prozesse der Kommunikation und gegenseitigen Stabilisierung voraus, die zu einem von allen geteilten Wissen führen, genauer gesagt, die das jeweils individuelle Wissen aneinander angleichen[2]. In diesem Falle haben die je individuellen Selektionsprozesse an vielen Stellen zu den gleichen Ergebnissen geführt. Die notwendigen Grundlagen hierfür sind z. B. Zeitungen, Bücher, Internet und sonstige Medien. Sie enthalten allerdings kein Wissen, sondern verfügen über die entsprechende Menge an Wissensgrundlagen, die notwendig sind, damit gleichsinniges Wissen entstehen kann.

Insgesamt zeigt sich, dass sich Wissen am besten als in einen bestimmten Kontext eingeordnete Information beschreiben lässt, es handelt sich aber nicht, wie die Beschreibung „typischerweise organisierte und systematisierte Form von Information" suggeriert, gewissermaßen um einen anderen Aggregatzustand, eine kondensierte Form, sondern um bearbeitete, für die

1 Dazu ausf. *Andreas Voßkuhle,* Expertise und Verwaltung, in: Hans-Heinrich Trute / Thomas Groß / Hans Christian Röhl / Christoph Möllers (Hrsg.), Allgemeines Verwaltungsrecht – zur Tragfähigkeit eines Konzepts, 2008, S. 637 ff.

2 Ebenso *Hans-Heinrich Trute,* in diesem Bd., S. 17 unter I. 2. a).

Verwendung aufbereitete Information, wenn man so will: Wissen ist gelernte Information. Gerade dieser Prozess der Wissenserzeugung durch Informationsverarbeitung macht das Besondere des Wissens aus. Um die Bedeutung des Rechts für das Wissen zu erfassen, erscheint es daher sinnvoll, nur an den Stellen von Wissen zu sprechen, wo der Zugriff auf diesen Informationsverarbeitungsprozess wichtig wird.

2. Wissenserzeugung und die Rolle des Rechts

a) Kontextsteuerung

Ein solches individualisierendes Verständnis hat zur Konsequenz, dass Wissen als solches kaum Zugriffsgegenstand rechtlicher Regelungen sein kann[3]. Das Recht kann vielmehr nur die Rahmenbedingungen der Erzeugung von Wissen gestalten, indem es

- die abstrakte Fähigkeit des Trägers, Wissen zu erzeugen, steigert (Ausbildung, Bildung, Organisation);
- bestimmte Anreize zur Wissenserzeugung setzt (z. B. Patentrecht);
- den Zugang zu Wissensgrundlagen (Informationen) ermöglicht (Zugangsrechte, Bereitstellung von Infrastruktur) oder sperrt, sei es weil der Modus des Zugangs nicht gewünscht ist (Präimplantationsdiagnostik[4]), sei es, weil die Information als solche nicht weitergegeben werden soll.

Wenn es dem Recht nicht um das Wissen als solches, sondern nur um die bei jedem Wissensträger wieder aufs neue stattfindende Wissenserzeugung geht, hilft eine begriffliche Unterscheidung zwischen verschiedenen Stufen dieses Prozesses (Wissensgenerierung, -zugang, -verteilung) wahrscheinlich nicht weiter. Das wird am Beispiel des im Urheberrecht diskutierten Problems des Zugangs zu wissenschaftlichen Kenntnissen in der Hand der Verlage deutlich[5]. Man kann diesem Problem durch Zugangsansprüche begegnen, durch eine Erhöhung der Schwelle der Anerkennung urheberrechtlichen Schutzes oder durch die Einführung anderer Systeme der Wissenserzeugung (open access oder eine Zwangslizenz für Universitäten etc.). Die Trennung in eigenständige Kategorien im Rahmen des Wissenserzeugungsprozesses wäre nur sinnvoll, wenn dadurch verallgemeinerbare Erkenntnisse zu erzielen sind. Das scheint aber nicht der Fall, so kann z. B. auch der Zugang zu Wissensgrundlagen über das Kartellrecht, über die Einräumung besonderer Ansprüche oder über eine Bereitstellung durch öffentliche Institutionen gewährt werden.

---

[3] Ähnlich *Trute,* in diesem Bd., S. 23.

[4] Die PID soll nach § 1 Abs. 1 Nr. 2 bzw. § 2 Abs. 1 ESchG untersagt sein, ausf. auch zur Gegenmeinung etwa *Ulrich Schroth,* Die Präimplantationsdiagnostik im Lichte des Strafrechts, NStZ 2009, S. 233 ff.

[5] Dazu unten unter II. 1. b).

b) *Orte des Zugriffs auf den Prozess der Wissenserzeugung*

Weil das Recht in der Regel gegenüber dem Wissen bloße Kontextsteuerung darstellt, sind Orte des gezielten Zugriffs des Rechts auf den Prozess der Wissenserzeugung nicht einfach zu identifizieren. Nur solche Zugriffe aber bedeuteten die Rechtfertigung dafür, über das Informationsrecht hinaus eigene Überlegungen zu einer rechtlichen Ordnung des Wissens anzustellen.

- Ausgangspunkt dabei ist, dass sich der wesentliche Ort der Wissenserzeugung in der Gesellschaft befindet, hier lässt sich Recht als Kontext identifizieren. In jüngerer Zeit ist es vor allem das Recht des geistigen Eigentums, das einen wesentlichen Rahmen für die Wissensproduktion in der Gesellschaft darstellt.
- Die Wissenserzeugung in einer Organisation wird maßgeblich von der Struktur der Organisation beeinflusst. Daher ist das Organisationsrecht ein wesentlicher Faktor des Zugriffs des Rechts auf das Wissen. Dazu ist allerdings zu bemerken, dass das Recht in erster Linie für die Verwaltung organisatorische Vorgaben macht. Demgegenüber liefert privates Organisationsrecht, etwa das Gesellschaftsrecht, im allgemeinen keine wissensrelevanten Vorgaben. Erst in jüngerer Zeit ändert sich das, etwa durch Vorgaben für die Einrichtung von Beauftragten, Organisationspflichten im Kapitalmarkt- und Finanzdienstleistungsrecht etc., die aber häufig auch einen öffentlich-rechtlichen Hintergrund haben.
- Für die Wissenschaft liefert das Recht vor allem Vorgaben für die Infrastruktur. Es stellt die Einrichtungen bereit, in denen Wissen erzeugt werden kann, ohne jedoch den eigentlichen Erkenntnisprozess zu determinieren oder determinieren zu dürfen. Der Kern der Erzeugung wissenschaftlichen Wissens wird vom Recht nicht geordnet.

c) *Die Rolle der Verwaltung im Rahmen der Wissenserzeugung*

Kommt es für das Wissen maßgeblich auf seinen Träger an, ist für die folgenden Überlegungen zu differenzieren:

- Private sind in der Regel selbst dafür verantwortlich, dass für ihre Entscheidungen das notwendige Wissen vorhanden ist, d. h., für das Privatrecht ist das Wissen der Privaten grundsätzlich nicht von Belang. Im Hinblick auf Private trifft man daher vor allem auf Anreize zur Wissenserzeugung und bestimmte Vorkehrungen für Situationen der Asymmetrie[6]. Wesentliche Strukturen der Wissenserzeugung werden heute durch das Recht des Geistigen Eigentums determiniert[7].

---

6 Dazu *Roland Broemel,* in diesem Bd., S. 89.

7 Dazu unten II. 1

- Die Verwaltung hat sich im Rahmen der Gesetzesanwendung das notwendige Wissen zu verschaffen. Ein großer Teil der relevanten Fragen spielt sich allerdings auf der Ebene der Gewinnung der notwendigen Informationen ab. Es sind eher einzelne Konstellationen, in denen über die Frage der Informationsbeschaffung hinaus auch das Wissen zu einem eigenen Thema des Verwaltungsrechts wird.
- So wird Wissensgenerierung in der Verwaltung zu einem Thema, wenn das ermächtigende Gesetz auf Wissensbestände verweist, die erst erzeugt werden müssen, wie insbesondere im Risiko- und Regulierungsrecht[8].
- Gleichzeitig kann die Verwaltung in bestimmten Zusammenhängen einen wesentlichen Kontext der Wissenserzeugung darstellen, unter Umständen auch eigene Wissenserzeugung zum Ziel haben[9].

d) Governance-Perspektive als übergreifender Ansatz

Angesichts dieser Überlegungen erscheint es für eine Analyse des rechtlichen Umgangs mit Wissen sinnvoll zu sein, die Governance-Perspektive als Ausgangspunkt zu wählen[10]:

- Eine solche Perspektive wird der Beobachtung gerecht, dass sich Wissenserzeugung und -distribution ganz vorrangig in der Gesellschaft abspielt, diese Wissenserzeugung aber in einen Kontext eingeordnet ist, der durch ein komplexes Zusammenspiel privatrechtlicher und öffentlich-rechtlicher Akteure und Regelungen erzeugt wird. Durch diesen rechtlich erzeugten Kontext wird das Wissen auch geprägt.
- Dass die Wissenserzeugung vorrangig in der Gesellschaft stattfindet und die so produzierten Wissensgrundlagen leicht transferierbar sind, führt dazu, dass wir es mit einem in hohem Maße grenzüberschreitenden Phänomen zu tun haben; dementsprechend sind europäische und internationale Regelungsprobleme in den Griff zu bekommen.
- Im Rahmen des solchermaßen aufgespannten Kontextes lässt sich dann auch die besondere Rolle des Staates bzw. der Verwaltung beschreiben, die einen durchaus unterschiedlichen Zugriff auf diese Wissensnetzwerke nimmt, etwa auf das in Standards gespeicherte Wissen, die Verfahren zur eigenen Wissensgenerierung verwendet oder als Moderator der Wissenserzeugung fungiert wie im Falle von REACH (unten III.).

---

8 Dazu unten III. 3.

9 Dazu der Beitrag von *Thomas Groß,* in diesem Bd., S. 135 ff.

10 Ausf. Nachweise bei *Jens Kersten,* Governance in der Staats- und Verwaltungsrechtswissenschaft, in: Edgar Grande / Stefan May (Hrsg.), Perspektiven der Governance-Forschung, 2009, S. 45 ff.

- Insgesamt zeigt sich, dass sich die vielfältigen Arenen der Wissenserzeugung nicht unter eine allgemeine Wissensordnung fügen, eher lassen sich Wissensregime beschreiben, die über Wissenserzeugung in unterschiedlichen Kontexten bestimmen[11].
- Die Aufgabe der Rechtswissenschaft und des Rechts wird in solchen komplizierten Wirkungszusammenhängen diffiziler. Ob ein steuerungswissenschaftlicher Ansatz diese Gegebenheiten noch präzise beschreiben kann, scheint nicht sicher, es geht eher um die Analyse von Regelungsstrukturen. Umso schwieriger wird der Übergang von bloß beschreibenden zu normativen Aussagen. Selbstverständlich kann bereits die Aufdeckung der die Wissenserzeugung formenden Strukturen einen gewissen Teil zu ihrer Rationalisierung und damit zu einem wichtigen Auftrag des Rechtsstaatsprinzips beitragen. Hierbei geht es vor allem darum, komplexe Bewertungsoperationen durch den Gesetzgeber oder Gerichte vorzubereiten. Darüber hinaus muss es aber auch darum gehen, aus rechtsstaatlicher und demokratischer Perspektive Ansprüche an die analysierte Regelungsstruktur zu stellen. So lassen sich für das Urheberrecht aus der Perspektive des Art. 5 Abs. 3 GG kritische Anfragen an die Monopolisierung von Wissensgrundlagen stellen, die Wissensgenerierung durch die Verwaltung, die ihr eine Möglichkeit zur Eigensteuerung eröffnet, kann aus rechtsstaatlicher Sicht hinterfragt werden; Anforderungen demokratischer Legitimation können für Gremien oder Netzwerke formuliert werden, in denen Wissen in partiell verbindliche Regeln oder Standards überführt wird.

3. Wissensperspektive auf das Informationsrecht

Darüber hinaus könnte für die Idee der Wissensordnung ein zweiter, aber deutlich schwerer zu fassender Punkt darin liegen, dass man das Informationsrecht aus der Wissensperspektive neu durchdekliniert. Informationen müssen erst in Wissen umgesetzt werden, um dann die Grundlage von Handlungen zu bilden. Daraus könnte dann deutlich werden, dass Informationen erst durch die Einbettung in Wissen und die anschließende Verwendung in spezifischen Kontexten relevant sind. Das wiederum spricht für eine Dekonstruktion eines eigentumsähnlichen Verständnisses der informationellen Selbstbestimmung und für eine Rekonstruktion dieses Grundrechts in einer kontextgebundenen Perspektive[12].

---

11 *Trute*, in diesem Bd., S. 21 f.

12 *Marion Albers*, Umgang mit personenbezogenen Informationen und Daten, GVwR I, 2006, § 22 Rn. 14 ff.

II. Recht als Kontext gesellschaftlicher Wissenserzeugung

Private sind in der Regel selbst dafür verantwortlich, dass für ihre Entscheidungen das notwendige Wissen vorhanden ist, d. h. für das Privatrecht ist das Wissen der Privaten grundsätzlich nicht von Belang. Das Recht bildet allerdings einen Teil des Kontextes, in dem sich private Wissenserzeugung abspielt. Dementsprechend mittelbar kann hier die Rolle des Rechts nur sein. Immerhin werden wesentliche Strukturen der Wissenserzeugung heute durch das Recht des Geistigen Eigentums determiniert. Darüber hinaus werden durch das Recht Anreize zur Wissenserzeugung gesetzt, für besondere Situationen der Wissensasymmetrie unter Privaten hält das Recht Ausgleichsmechanismen bereit. Schließlich lässt sich das Datenschutzrecht unter Privaten auch aus der Wissensperspektive rekonstruieren.

1. Dysfunktionalitäten im Recht des Geistigen Eigentums

Anhand des Rechts auf Geistiges Eigentum lässt sich die Bedeutung der Governance-Perspektive auf die Wissenserzeugung und -zugänglichkeit gut thematisieren. Dieses Beispiel zeigt zugleich die Schwierigkeiten eines allgemeinen Zugangs über das Thema Wissen auf, stößt man doch hier auf eine schon bislang in Wissenschaft und Politik intensiv geführte Diskussion über dessen komplexe Erzeugungs- und Distributionsstrukturen[13].

a) Patentrecht

aa) Ausgangspunkt

Was schützt das Patentrecht? Mit einem Patent kann dessen Inhaber verhindern, dass ein anderer von seiner Erfindung ohne Gestattung Gebrauch macht. Eine Erfindung ist eine Lehre zu technischem Handeln[14]. Um hierfür den Patentschutz zu erlangen, muss der Erfinder zunächst seine Erfindung offen legen. Dazu verlangt § 34 Abs. 4 PatentG, dass die Erfindung in der Anmeldung offenbart wird. Diese Informationen kann jedermann zum Bestandteil seines Wissens werden lassen, indem er Einsicht in die Patentunterlagen nimmt. Das Patentrecht verhindert daher nicht unmittelbar die Erzeugung neuen Wissens, sondern dass jemand anderes als der Patentinhaber die patentierte Erfindung benutzt, § 9 PatG, also ihre Umsetzung in die Praxis. Zu Versuchszwecken, die sich auf den Gegenstand der

13 *Brigitte Zypries*, Hypertrophie der Schutzrechte?, GRUR 2004, S. 977 ff.

14 *Peter Mes*, Patentgesetz, 2. Aufl. 2005, § 1 Rn. 9; ausf. *Rudolf Kraßer*, Patentrecht, 6. Aufl. 2009, S. 124 ff.

patentierten Erfindung beziehen, darf das Patent hingegen verwendet werden, § 11 Nr. 2 PatG.

In seiner Grundanlage ist das Patentrecht also ein Anreizsystem zur Wissensproduktion[15]: Der einzelne Erfinder wird durch die ihm ausschließlich zugewiesene Möglichkeit, die Erfindung zu nutzen und zu verwerten, zu Forschungsanstrengungen angehalten, weil ihm auf diese Weise eine wirtschaftliche Verwertbarkeit garantiert wird. Der Öffentlichkeit hingegen wird durch die Offenlegung des Patents der Zugang zu der Erfindung und damit die Erzeugung neuen, darauf aufbauenden Wissens und nach dem Ablauf des Patentschutzes auch ihre Benutzung ermöglicht.

bb) Patente als Innovationshindernis

In seiner Grundanlage kollidiert das Patentrecht also nicht mit der Entwicklung neuen Wissens, sondern ist geradezu darauf gerichtet. Konflikte entstehen jedoch dann, wenn Forschung oder Entwicklung dadurch gehemmt werden, dass bestimmte patentgeschützte Verfahren nicht oder nur unter zu hohen, vor allem finanziellen Hürden angewendet werden können und das hierauf aufbauende neue Wissen nicht erzeugt wird. Die folgenden exemplarischen Fälle lassen sich benennen.

(1) Patent-Dickichte und Patent-Trolle

Unternehmen, aber auch sonstige Forschungseinrichtungen erzeugen durch eine Vielzahl von eher trivialen Patenten ein „Patent-Dickicht". Hierdurch werden anderen Unternehmen Innovationen erschwert, weil sie zu leicht in den Geltungsbereich dieser Patente geraten. Die (für das Wissensthema weniger interessanten) sog. „Patent-Trolle"[16], erwerben eher triviale Patente, mit deren Hilfe sie von anderen Unternehmen Lizenzgebühren erstreiten können. Dieses Phänomen kann insbesondere dann auftreten, wenn in einer Technologie nicht schon ein einziges Patent Grundlage für ein neues Produkt sein kann, wie es etwa bei pharmazeutischen Produkten (auch als „diskrete Technologie" bezeichnet) häufig der Fall ist, sondern Produkte auf einer Vielzahl von Erfindungen beruhen, die in der Regel auch aufeinander aufbauen[17]. Ein Patentsystem, das eine Vielzahl von Patenten, die u.U. sogar schlecht voneinander abgegrenzt sind, produziert, bildet daher möglicherweise sogar ein Innovationshemmnis[18].

---

15 Ausführlich *Kraßer*, Patentrecht (FN 14), S. 34 ff.

16 Dazu nur *Christian Osterrieth*, Patent-Trolls in Europa – braucht das Patentrecht neue Grenzen?, GRUR 2009, S. 540 ff.

17 Dazu Wissenschaftlicher Beirat beim BMWI, Patentschutz und Innovation, 2007 (www.bmwi.de), S. 10 ff.

Dem zu begegnen erfordert allerdings ein vorsichtiges Justieren an den vielen Stellschrauben des Patentsystems[19]. Ein Schritt kann darin liegen, Anmeldungen von Erfindungen zu einem früheren Zeitpunkt eines Innovationsprozesses sehr gründlich auf die Voraussetzungen der gewerblichen Anwendbarkeit, der erfinderischen Tätigkeit und der ausführlichen Offenbarung zu überprüfen[20]; allgemeine Verbesserungen der Tätigkeit und Ausstattung der Patentbehörden sowie eine günstigere Position für den Kläger in Patentanfechtungsverfahren könnten hinzutreten[21].

(2) Biotechnologische Werkzeuge

Die Patentierung ist auch für biotechnologische Werkzeuge (research tools) möglich, also solche gentechnologischer Erfindungen, die zu weitergehender Forschung eingesetzt werden, weitere Innovationen erzeugen sollen. Hierzu zählen etwa bestimmte Bakterien, die zum Transfer von Gensequenzen in Zellen eingesetzt werden können. Hier kann die Patentierung Forschung und damit die Erzeugung neuen Wissens nachhaltig behindern, vor allem durch hohe Lizenzkosten[22]. Das stellt nicht nur für universitäre Forschung, sondern auch für industrielle Forschung und Entwicklung ein nachhaltiges Problem dar.

Einfache Lösungen für dieses Problem scheinen allerdings nicht parat zu liegen. Plausibel ist es, dass das Verbot eines Patentschutzes für Ergebnisse öffentlich finanzierter Forschung abgelehnt wird[23]: Abgesehen von den rechtlichen Hindernissen auf diesem Weg erscheint eine Trennung zwischen öffentlich und privat angemeldeter Forschung nur schwer möglich. Denkbar wäre allenfalls, dass öffentliche Forschungsinstitutionen ihre Mittel unter der Bedingung vergeben, die Forschungsergebnisse mittels einer open-source-Lösung öffentlich zur Verfügung zu stellen – vorausgesetzt derartige aus dem IT-Bereich bekannte Lösungen funktionierten auch im Biotechnologie-Bereich[24].

---

18 Wissenschaftlicher Beirat (FN 17), S. 13; Federal Trade Commission, To Promote Innovation: The Proper Balance of Competition and Patent Law and Policy, 2003 (www.ftc.gov), Ch. 3, S. 25 ff.

19 Detaillierte Vorschläge bei Wissenschaftlicher Beirat (FN 17), S. 17 ff.; vgl. auch die ausführlichen Empfehlungen in dem Bericht der FTC (FN 18), allerdings vor dem anderen Hintergrund des amerikanischen Patentsystems.

20 *Rainer Moufang,* in: Otto Depenheuer / Klaus-Nikolaus Peifer (Hrsg.), Geistiges Eigentum: Schutzrecht oder Ausbeutungstitel?, 2008, S. 89 (107 ff.); *Klaus-Nikolaus Peifer,* Geistiges Eigentum: Schutzrecht oder Ausbeutungstitel?, ebda, S. 1 (11); Details bei *Ingwer Koch,* Das Merkmal der erfinderischen Tätigkeit als Korrektiv des Patentrechts, GRUR Int. 2008, S. 669 ff.

21 Vgl. Wissenschaftlicher Beirat (FN 17), S. 17 ff.

22 Dazu *Maximilian Haedicke,* Innovationssteuerung durch Patente im Bereich der Biotechnologie, in: Depenheuer / Peifer, Geistiges Eigentum (FN 20), S. 111 (114 ff.).

23 *Haedicke,* Innovationssteuerung (FN 22), S. 111 (116).

Gerade das Beispiel biotechnologischer Werkzeuge zeigt, dass das Wissensthema entsprechend der Ubiquität der Wissenserzeugung von vornherein multidimensional angelegt werden muss: Derartige Werkzeuge werden nicht lediglich an Universitäten erzeugt, sondern auch im Rahmen privater Forschung und Entwicklung und hier auch patentiert; dann aber wieder zur Forschung in den Universitäten benötigt. Verzichten umgekehrt Universitäten darauf, ihre Erkenntnisse patentieren zu lassen, können diese Erfindungen zwar von anderen mangels Neuheit auch nicht mehr patentiert werden, wohl aber darauf aufbauende, unter Umständen mehr oder weniger triviale Weiterentwicklungen.

(3) Patente und Wissensexport

Kurz soll noch auf die internationale Wissensdimension des Patentrechts hingewiesen werden: Während auf der einen Seite der Eindruck geäußert wird, dass das bestehende Patentrecht den Wissensexport in andere Staaten verhindert, kann auf der anderen Seite ein solcher Export gerade von dem dort bestehenden Schutz für patentiertes Wissen abhängig gemacht sein. So wird in Staaten, die keinen vergleichbaren Schutz gewährleisten (oder nach TRIPS mehr und mehr: gewährleisteten), u.U. keine Hochtechnologie exportiert[25].

b) Urheberrecht

aa) Dogmatische Rekonstruktion

Beim Urheberrecht geht es im Kern zunächst einmal nicht um Wissen oder auch nur um Informationen[26]. Der zentrale Schutzgegenstand sind nach § 2 Abs. 2 UrhG „persönliche geistige Schöpfungen". Es geht nicht darum, Informationen, d. h. Mitteilungen über Tatbestände, in einer bestimmten Weise neu zu verknüpfen, die Schöpfung besteht vielmehr in bestimmten Deutungen, Interpretationen, Sichtweisen; entscheidend ist die „persönliche Formgebung"[27]. Dementsprechend soll der allgemeine Wert des Werkes darin liegen, „dass mit ihm geistige Bedürfnisse befriedigt werden."[28] Ziel des UrhG ist es, den Urheber in seinen geistigen und

---

24 Dazu *Haedicke,* Innovationssteuerung (FN 22), S. 111 (118 f.).

25 *Peter Ganea,* TRIPS als Innovationsmotor?, in: Martin Eifert / Wolfgang Hoffmann-Riem (Hrsg.), Geistiges Eigentum und Innovation, 2008, S. 107 ff.

26 Zum Unterschied zum Patentrecht *Ansgar Ohly,* Urheberrecht zwischen Innovationsstimulierung und -verhinderung, in: Eifert / Hoffmann-Riem (FN 25), S. 279 (281).

27 *Philipp Möhring / Käte Nicolini* (Hrsg.), Urheberrechtsgesetz, 2. Aufl. 2000, § 1 Rn. 1.

28 *Möhring / Nicolini,* UrhG (FN 27), § 15 Rn. 12.

persönlichen Beziehungen zum Werk zu schützen und – im vorliegenden Zusammenhang vor allem von Interesse – dem Autor die Möglichkeit der Verwertung seiner Schöpfung zu sichern (§ 11 UrhG)[29].

Das Urheberrecht schützt also nicht eigentlich die Originalität wissenschaftlicher Erkenntnisse[30]. Der Ideenklau ist kein Urheberrechtsverstoß. Das Urheberrecht gibt vielmehr nur das Recht, sein Werk zu *verwerten*[31]. Es geht um die Vermittlungsinstanz, den Träger der Information. Der Einfluss auf das Wissen ist lediglich ein mittelbarer, weil das Urheberrecht die Formen der Kommunikation mitbestimmt, indem es vor allem die wirtschaftliche Grundlage des Verlagswesens und damit auch der Buch- und Zeitschriftenproduktion darstellt. Anders als im Patentrecht wird nicht die Verwendung von Anderen produzierten Wissens geregelt, sondern der Zugang zu den Kommunikationsmedien bestimmt.

bb) Probleme

Der Zugang zu den Kommunikationsmedien wird durch das Urheberrecht grundsätzlich nicht beschränkt, allerdings ermöglicht es, den Zugang von finanziellen Gegenleistungen abhängig zu machen und diese Verknüpfung auch durchzusetzen, indem eine unberechtigte Benutzung mit zivilrechtlichen und strafrechtlichen Sanktionen verfolgt werden kann[32]. Unter den Bedingungen der Printmedien lag darin ein in seinen Auswirkungen grundsätzlich akzeptierter Interessenausgleich zwischen Autoren, Verlagen als Intermediären und wissenschaftlichen Rezipienten, zumal besondere Zugriffsrechte den Nutzungsinteressen der Wissenschaft weitgehend entsprachen („Schranken“ des Urheberrechts, §§ 44a ff. UrhG). Dieses Gleichgewicht hat sich mit der Digitalisierung und dem Aufkommen neuer technischer Schutzrechte verschoben[33]: Die an und für sich willkommene Online-Darbietung der Inhalte wird von besonderen technischen Schutzmaßnahmen begleitet, die ihrerseits ebenfalls unter dem Schutz des Geset-

29 § 11 UrhG: „Das Urheberrecht schützt den Urheber in seinen geistigen und persönlichen Beziehungen zum Werk und in der Nutzung des Werkes. Es dient zugleich der Sicherung einer angemessenen Vergütung für die Nutzung des Werkes.“

30 Leicht unterschiedlich liegen die Dinge im Bereich von Computerprogrammen und Datenbanken, vgl. §§ 69a ff. und §§ 87a ff. UrhG, dazu *Ohly,* in: Hoffmann-Riem / Eifert (FN 26), S. 279 (281 ff.).

31 *Möhring / Nicolini,* UrhG (FN 27), § 15 Rn. 13.

32 §§ 97 ff. UrhG enthalten privatrechtliche Ansprüche, §§ 106 ff. UrhG eine Strafbewehrung.

33 *Reto M. Hilty,* Das Urheberrecht und der Wissenschaftler, GRUR Int. 2006, S. 179 (180 f.); *ders.,* Renaissance der Zwangslizenzen im Urheberrecht?, GRUR 2009, S. 633 (634 f.); *Ohly,* in: Eifert / Hoffmann-Riem (FN 26), S. 279 (293 f.); Darstellung der aktuellen Diskussion bei *Karl-Nikolaus Peifer,* Wissenschaftsmarkt und Urheberrecht, GRUR 2009, S. 22.

zes stehen[34]. Die technischen Schutzmaßnahmen nehmen jedoch keine Rücksicht auf die besonderen Interessen der Wissenschaft, denen bisher durch die Schrankenregelungen Rechnung getragen wurde, und erlauben es im Ergebnis, die Benutzung derartiger Inhalte von u.U. sogar prohibitiv hohen Benutzungsgebühren abhängig zu machen. Auf den ersten Blick gerät angesichts einer solchen Monopolsituation durchaus das kartellrechtliche Instrumentarium ins Blickfeld[35], allerdings müsste dieses seinerseits den rigiden internationalen Vorgaben an eine Beschränkung des Geistigen Eigentums genügen können[36].

cc) Perspektiven

Eher müsste man sich fragen, ob das Urheberrecht das geeignete Instrument für die Steuerung wissenschaftlicher Veröffentlichungen ist[37]. In der Entstehungszeit des Urheberrechts ging es darum, den Autoren eine wirtschaftliche Grundlage zu erhalten. Das ist aber in der Regel nicht das Thema bei wissenschaftlichen Veröffentlichungen. Das Problem der Wissenschaft ist eher der Ideenklau, der aber nicht derart an der Form der Veröffentlichung hängt. Hinzu tritt, dass in der Wissenschaft ganz eigene Mechanismen zur Belohnung zählen, nämlich keine finanzielle Remuneration, sondern wissenschaftliche Reputation[38]. Darauf reagiert im Grunde der von den Wissenschaftsorganisationen vorgeschlagene Weg des „open access". Ob die Wissenschaftseinrichtungen allerdings in der Lage sind, selbst die notwendige Infrastruktur für derartige Publikationsinstrumente zu errichten und auf Dauer zu erhalten, steht – auch rechtlich – durchaus in Frage[39].

c) Ausblick

Das Recht des geistigen Eigentums zeigt, wie schwierig Lösungsansätze sind, weil die Regelungen jeweils einen Bestandteil eines komplexen Systems der Wissenserzeugung bilden[40]. Änderungen, aber auch Uminterpreta-

34 § 95a UrhG.

35 So etwa *Hilty* (FN 33), GRUR Int. 2006, S. 179 (186); *Ohly*, in: Eifert / Hoffmann-Riem (FN 26), S. 279 (294).

36 Skeptisch auch *Karl-Nikolaus Peifer*, Wissenschaftsmarkt und Urheberrecht, GRUR 2009, S. 22 (28); vgl. auch *Christophe Geiger*, Die Schranken des Urheberrechts als Instrumente der Innovationsförderung ..., GRUR Int. 2008, S. 459 (467 f.).

37 *Hilty* (FN 33), GRUR Int. 2006, S. 179 (185).

38 *Hilty* (FN 33), GRUR 2009, S. 633 (635).

39 *Hilty* (FN 33), GRUR Int. 2006, S. 179 (185); *Peifer* (FN 33), GRUR 2009, S. 22 (26).

tionen müssten daher immer auch Rücksicht auf die gesamte Regelungsstruktur nehmen; „Wissen“ ist hier nur eine Perspektive unter mehreren. Das gilt gleichermaßen in internationaler Hinsicht: So ist etwa fraglich, wieviel Bedeutung einer veränderten eigentumsgrundrechtlichen Perspektive auf das Geistige Eigentum zukommen kann, wenn die wesentlichen Determinanten des Gesetzgebers heute durch europäische und internationale Normen gebildet werden, man denke nur an die Bio-Patentrichtlinie[41], das Europäische Patentübereinkommen oder das TRIPS.

2. Anreize zur Wissenserzeugung

Auch über das Patentrecht hinaus kann das Recht Anreize zur Wissenserzeugung durch Private setzen. Ein Beispiel dafür bildet das Recht der Arzneimittel für seltene Leiden (Orphan medicinal products)[42]: Bestimmte – schwere – Krankheiten treten in der Bevölkerung sehr selten auf. In einem solchen Fall lohnt sich die nötige Investition in die Entwicklung eines entsprechenden Medikaments für ein Pharmaunternehmen nicht, weil sich die Investition wegen der geringen Fallzahl nicht amortisieren würde. Das Patentrecht kann hier seine Aufgabe, einen Innovationsanreiz zu setzen, nicht erfüllen. Aus diesem Zweck sieht Art. 8 EU-Verordnung 141/2000 vor[43], dass ein Unternehmen für derartige Medikamente ein zehnjähriges Exklusivrecht erhalten kann, während dessen Laufzeit keine ähnlichen Medikamente zugelassen werden[44]. Als weitere Erleichterungen sind Unterstützung bei der Antragstellung (Art. 6 VO), der Verzicht auf Gebühren (Art. 7 Abs. 2 VO) und bestimmte Erleichterungen im Genehmigungsverfahren vorgesehen (Art. 7 Abs. 1 VO). Zwei Schritte sind notwendig: Die Anerkennung des Medikaments als eines Arzneimittels für seltene Leiden und eine den üblichen Prozeduren folgende zentrale Genehmigung für den EU-Markt. Weitere Anreize schafft die EU durch Aufnahme entsprechender Projekte in die Forschungsrahmenprogramme. Die Effekte einer solchen Regelung setzen schon vorher ein: Bereits die Tatsache einer EU-Regulie-

---

40 Zum Urheberrecht *Ohly*, in: Eifert/Hoffmann-Riem (FN 26), S. 279 (297); *Hilty* (FN 33), GRUR 2009, S. 633 (633) mit dem Vorschlag einer Zwangslizenz, ebd., S. 639 ff.

41 Richtlinie 98/44/EG, ABl. EG 1998, Nr. L 213, 13.

42 Dazu *Christian Koenig/Eva-Maria Müller*, EG-rechtliche Privilegierung der Hersteller von Arzneimitteln für seltene Krankheiten (Orphan Medicinal Products) durch Einräumung von Alleinvertriebsrechten versus Patentrecht?, GRUR Int. 2001, S. 121 ff.

43 VO (EG) Nr. 141/2000 über Arzneimittel für seltene Leiden, ABl. EG 2000, Nr. L 18, S. 1.

44 Zu Rechtsfragen im einzelnen *Christian Koenig/Eva Maria Müller*, Keine Blockade weiterer Zulassungen zu Lasten von Alt-Orphan-Drug-Herstellern. Der rechtliche Status von Alt-Orphan-Drug-Herstellern bei Zulassung eines wirkstoff- und indikationsgleichen Konkurrenzarzneimittels, WRP 2007, S. 929 ff.

rung lenkt die Aufmerksamkeit der Fach- und Wissenschaftswelt auf diesen Gegenstand und trägt auf diese Weise zur Wissensgenerierung bei[45].

Diese Regelung lässt sich über das Phänomen des Wissens erklären und juristisch bearbeiten: Art. 8 VO nimmt anderen Pharmaunternehmen für die Dauer des Exklusivschutzes die Möglichkeit (ganz unabhängig vom Patentschutz), ein vergleichbares Medikament auf den Markt zu bringen, ist also ein Eingriff in deren Wirtschaftsfreiheit[46]. Er ist gerechtfertigt, weil die Möglichkeit der wirtschaftlichen Verwertbarkeit erst die Wissenserzeugung als Zwischenschritt zur Gesundheitsversorgung in Gang bringt.

3. Wissensasymmetrien zwischen Privaten

Grundsätzlich sind Private für die Erzeugung ihres Wissens selbst verantwortlich. Nur unter bestimmten Umständen greift das Recht in Situationen der Wissensasymmetrie zu[47]:

- *Akkumulation:* Teilweise wird akkumuliertes Wissen Privater als Gefährdung angesehen, die staatliche Schutzpflichten aufruft. Demgegenüber ist allerdings darauf hinzuweisen, dass Privaten staatliche Machtmittel, etwa zur systematischen oder geheimen Informationssammlung nicht gleichermaßen zur Verfügung stehen, im Gegenteil, der Gesetzgeber untersagt mit den Vorschriften der §§ 201 ff. StGB viele solche Informationszugriffe und die dadurch mögliche Wissensgenerierung bereits. Zudem berührt der Kontakt zwischen einem privaten Unternehmen und dem einzelnen Bürger in der Regel nur einen ganz spezifischen Ausschnitt seiner Person und häufig auch nur einen rein ökonomisch relevanten. Damit dürfte die Informationsakkumulation durch Private im Regelfall weniger brisant sein. Erst in besonderen Situationen, insbesondere monopolartiger Strukturen oder aber einer kartellähnlichen Vernetzung mehrerer Privater, wie etwa im Falle der Schufa, kann die staatliche Schutzpflicht eingreifen.
- Schutz privater Entscheidungsfreiheit: Daneben geht es vor allem um den Schutz privater Entschlussfreiheit gegen das überlegene Wissen eines anderen Privaten. Ausgangspunkt ist hier zunächst, dass das Verfassungsrecht vom Zivilrecht grundsätzlich keine Einebnung aller vorvertraglichen Informationsunterschiede verlangt[48]; im Gegenteil, zunächst obliegt es den Parteien eines Vertrages selbst, sich über die notwendigen

---

[45] Arbeitsdokument der Kom SEC (2006) 832 „on the experience acquired as a result of the application of Regulation (EC) No 141/2000 on orphan medicinal products and account of the public health benefits obtained", unter 2.4.3.

[46] Die EG-grundrechtliche Verortung einmal außen vorgelassen.

[47] Dazu ausf. *Broemel,* in diesem Bd., S. 89 ff.

[48] *Holger Fleischer,* Informationsasymmetrie im Vertragsrecht, 2001, S. 1003.

Informationen das nötige Wissen für einen Vertragsschluss zu verschaffen. Erst in extremen „strukturellen“ Ungleichgewichtslagen verlangen die Grundrechte, dass der vertraglichen Bindung die Anerkennung durch die Rechtsordnung versagt wird. Ähnliches kann gelten, wenn ein Vertragspartner aus seiner Tätigkeit über überlegene Kenntnisse verfügt, das Musterbeispiel ist der Insiderhandel. Hier ist allerdings noch nicht klar, ob das Verbot des Insiderhandels dem Schutz des einzelnen Vertragspartners und damit grundrechtlichen Zwecken dient, oder nicht doch eher allgemein der Funktionsfähigkeit des Marktes, nämlich dem Vertrauen der Anleger.

4. Schutz gegen fremdes Wissen: Informationelle Selbstbestimmung

Auch hinter dem Recht des Datenschutzes und damit einem zentralen Bestandteil des Informationsrechts steht letztlich ein Wissensthema, wenn es im Volkszählungsurteil heißt: „Mit dem Recht auf informationelle Selbstbestimmung wären eine Gesellschaftsordnung und eine diese ermöglichende Rechtsordnung nicht vereinbar, in der Bürger nicht mehr wissen können, wer was wann und bei welcher Gelegenheit über sie weiß.“[49] Dort und in der Entscheidung zur Rasterfahndung heißt es: „Wer nicht mit hinreichender Sicherheit überschauen kann, welche ihn betreffende Informationen in bestimmten Bereichen seiner sozialen Umwelt bekannt sind, und wer das Wissen möglicher Kommunikationspartner nicht einigermaßen abzuschätzen vermag, kann in seiner Freiheit wesentlich gehemmt werden, aus eigener Selbstbestimmung zu planen oder zu entscheiden.“[50] Diesem Strang des Allgemeinen Persönlichkeitsrechts geht es also darum, Freiheiten dadurch zu schützen, dass die Entscheidungsbildung unbeeinträchtigt von möglichem Wissen anderer erfolgen kann. Während es in den Entscheidungen des Bundesverfassungsgerichts um die Verfassungsmäßigkeit staatlicher Maßnahmen ging, ist in diesen Kernaussagen doch gleich schon die allgemeine Perspektive enthalten. In diesem Sinne lässt sich aus den Grundrechten auch eine staatliche Schutzpflicht vor privater Macht durch Wissensakkumulation herleiten, also gesetzliche Rahmenbedingungen für private Wissenserzeugungsprozesse. Das Informationsrecht setzt hierzu in aller Regel aber bereits auf der Informationsebene an, indem es die Datenerhebung regelt. Auf die eigentliche Wissensebene wird in der Regel nicht zugegriffen, was auch durch die Heterogenität privater Wissensakkumulation bedingt sein kann.

---

49 BVerfGE 65,1 (43).

50 BVerfGE 65,1 (43); E 115, 320 (Tz. 70) – Rasterfahndung.

III. Die Verwaltung im Kontext der Wissenserzeugung

Wendet man den Blick nun auf die Verwaltung, zeigt sich auch hier, dass das Wissensthema die Grenzen zwischen dem Bereich Privater und der öffentlichen Hand überschreitet. Beschreiben lässt sich ein Kontinuum öffentlich-privater Wissenserzeugung in Wissensnetzwerken, Verfahren der Wissensgenerierung bis hin zur Eigenerzeugung von Verwaltungswissen durch spezifische Instrumente. Dementsprechend ist es symptomatisch, dass das bekannteste Verbot der Wissenserzeugung, das Grundrecht auf informationelle Selbstbestimmung, wie gesehen sowohl Private wie die öffentliche Hand als Adressaten hat.

1. Wissensgenerierung im Herstellungs- und Verwendungsprozess: REACH

Durch die REACH-Verordnung[51] wird das Stoff- bzw. Chemikalienrecht in der Europäischen Gemeinschaft grundlegend reformiert. Das Ziel ist es, eine breite Wissensbasis über grundsätzlich alle Stoffe, die in der Gemeinschaft hergestellt oder in die Gemeinschaft importiert werden, zu schaffen und auf dieser Grundlage Vorsorgemaßnahmen treffen zu können. Zu diesem Zweck muss jeder Stoff, der in der EU hergestellt oder in die EU importiert wird, bei der zu diesem Zweck eingerichteten Europäischen Agentur für chemische Stoffe[52] nach Art. 6 VO angezeigt („registriert") werden. Ohne Anzeige besteht ein Herstellungs- bzw. Vertriebsverbot („ohne Daten kein Markt", Art. 5 VO). Zusammen mit der Registrierung ist ein technisches Dossier einzureichen. Dessen wichtigster Teil sind Informationen über die Expositionen eines Stoffes und dessen Wirkung auf Mensch und Umwelt. Das hierfür notwendige Wissen muss der Antragsteller unter Umständen durch Sachverständige oder einschlägige Studien erst erarbeiten. Dieses Anzeigeverfahren genügt zunächst. Für besonders gefährlich beurteilte Stoffe gilt hingegen das Zulassungsverfahren. Diese Stoffe werden auf Initiative der Agentur oder eines Mitgliedstaates in einem Komitologie-Verfahren in den Anhang zur VO aufgenommen; danach ist ihre Verwendung nur noch mit einer Zulassung möglich, die erteilt wird, wenn das Risiko für die Gesundheit und Umwelt angemessen beherrscht ist, Art. 60 Abs. 2 VO. Für alle Stoffe kann zudem eine Verwendungsbeschränkung angeordnet werden, Art. 68 ff. VO, wenn ihre Verwendung oder Herstellung ein „unannehmbares Risiko für die menschliche Gesundheit oder Umwelt" mit sich bringt.

REACH dient einer systematischen Gewinnung von Informationen und darüber hinaus der Erzeugung von Wissen über die betroffenen Produkte.

---

51 VO 1907/2006 (REACH-VO), ABl. EU 2006, Nr. L 396, 1; dazu u. a. *Kristian Fischer*, REACH – das neue europäische Chemikalienrecht, DVBl. 2007, S. 853 ff.

52 ECHA mit Sitz in Helsinki, Art. 75 ff. VO.

In Bezug auf neu eingeführte Stoffe unterscheidet sich die Regelung grundsätzlich nicht von dem klassischen Anzeigeverfahren, wie es auch nach den bisherigen §§ 4 ff. ChemG vorgeschrieben war[53]: Auch mit einem solchen Anzeigeverfahren können Pflichten zur Wissensgenerierung verbunden sein. Zwei grundlegende Neuerungen zeichnen REACH aus: Während nach dem bisherigen Recht nur neue Stoffe anzumelden und die Behörden darüber zu informieren waren, werden mit REACH nunmehr alle Stoffe, und eben auch die sogenannten Altstoffe erfasst, deren Zahl um das vierzigfache höher liegt, als die der bisher als neu angemeldeten Stoffe[54]. Vor allem ist REACH aber insofern innovativ, als hierin Pflichten zur Wissensteilung und -weitergabe enthalten sind: Mehrere Anmelder des gleichen Produkts werden dazu angehalten, ihr – mit teilweise hohem wirtschaftlichem Aufwand erzeugtes – Wissen über das Produkt zu teilen, im Hinblick auf die Berufs- und Eigentumsfreiheit nicht unproblematisch[55]. Das so erzeugte Wissen muss zudem durch sog. Sicherheitsdatenblätter über die ganze Verwendungskette zugänglich gemacht werden. Das ist sinnvoll, weil der einzelne Hersteller die Verwendungszusammenhänge nicht überschauen kann, zugleich entsteht ein Europa überspannendes Wissensnetzwerk. Umgekehrt müssen die Anwender des Stoffes den Hersteller Informationen über die Verwendung des Stoffes liefern, damit dieser sie bei seiner Risikobewertung berücksichtigen kann. Auf diese Weise wird ein die gesamte Erzeugungs- und Verwendungskette umfassendes Netzwerk zur Wissensgenerierung installiert, das öffentliche und private Stellen gleichermaßen einbezieht. Das Wissensregime wird hier entsprechend der Ubiquität des Wissens zutreffend aus der zweipoligen Perspektive Hersteller – Behörde gelöst.

2. Wissensgenerierung im Rahmen der Wirtschaftsaufsicht

Im herkömmlichen Aufsichtsrecht wird Wissen nicht als eigenes Thema mitgeführt, wesentliche Fragen werden über das Instrument der Genehmigung abgedeckt: Mit diesem Instrument, also der behördlichen Zulassung eines Produkts oder einer Anlage, reagiert der Gesetzgeber auf Situationen typischer oder potentieller Gefährlichkeit: Die Person, die die Sachherrschaft über eine potentielle Gefahrenquelle, also z. B. ein Produkt hat, wird gezwungen, Informationen über diese Risikoquelle zunächst zu erzeugen und diese dann mit der Behörde zu teilen. Der Hersteller, der etwas zu gewinnen hat, den Marktzugang, liefert die Information in dieser Situation aus eigenem Antrieb. Das Genehmigungserfordernis löst also vor allem das

53 *Reinhard Sparwasser / Rüdiger Engel / Andreas Voßkuhle,* Umweltrecht, 5. Aufl. 2003, Rn. 534.

54 *Sparwasser / Engel / Voßkuhle,* ebd., Rn. 627.

55 „Daten"teilung, dazu *Fischer* (FN 51), DVBl. 2007, S. 853 (856).

Informationsproblem, zu erfahren, welche Produkte in welcher Beschaffenheit auf den Markt kommen, und welche Risiken aus dem Betrieb einer Anlage oder der Verwendung eines Produkts entstehen können. Das nötige Wissen hingegen wird in dieser klassischen Perspektive über Sachverständige geliefert, soweit das Wissen der Verwaltung zur Beurteilung der hier entstehenden Fragen nicht ausreicht.

In aktuellen Feldern des Genehmigungs- und Überwachungsrechts zeigt sich jedoch, dass die Verwaltung auf Wissen bestimmter Qualität angewiesen ist, dessen Erzeugung entweder auf die Aufsichtsunterworfenen übertragen werden oder für das die Verwaltung eigene Wissenserzeugungsstrukturen einrichten muss.

a) Eigene Wissenserzeugung durch die Aufsichtsunterworfenen

Als Beispiel für eine Wissenserzeugung durch die Aufsichtsunterworfenen soll das Bankenaufsichtsrecht dienen. Hier geht es um die Aufgabe, die Einhaltung materieller Vorgaben durch die Kreditinstitute, insbesondere die Vorhaltung des notwendigen Eigenkapitals zu überwachen. Die Erfüllung dieser Aufgabe wird dadurch zu einer komplexen Operation, dass dafür Daten aus dem gesamten Geschäftsbereich aggregiert, bewertet und dargestellt werden müssen. Daher legt das Aufsichtsrecht den Unternehmen die Pflicht auf, derartige Informationen zu generieren. Für die Unternehmen selbst entsteht Wissen über die bei ihnen vorhandenen Risiken, unabhängig davon, ob die Unternehmen dieses Wissen jenseits der Aufsichtsaufgaben überhaupt benötigen. Die zur Verfügung gestellten Informationen sind für die Verwaltung, aber auch für Dritte nur verwertbar, wenn sie in einer bestimmten Form aufbereitet sind. Dafür sehen die Rechnungslegungsgrundsätze einschlägige Standards vor, die die Information durch die Kreditinstitute in eine Form bringen, dass die Bankenaufsicht auf sie zugreifen kann.

b) Wissenserzeugung in der Behörde

In vielen Bereichen reicht die Genehmigung als bloße Eröffnungskontrolle zur Wissenserzeugung nicht aus, teilweise ist dieses Instrument der präventiven Kontrolle, wie etwa zu Teilen im europäischen Produktsicherheitsrecht, den staatlichen Behörden auch ganz aus der Hand genommen. Diese sind dann auf Gefahrenabwehrmaßnahmen in der sogenannten Nachmarktphase verwiesen. Für diese Marktüberwachung durch mitgliedstaatliche Behörden stellt sich damit ein nachhaltiges *Wissensproblem,* weil ihnen keine systematischen Informationen über die Produkte auf dem Markt zur

Verfügung stehen und der gesamte Markt für ein bestimmtes Produkt sehr viel schwieriger zu beobachten ist als lediglich der Marktzugang. Mit dem Wegfall des Genehmigungserfordernisses und dem Verbot präventiver Kontrollen entsteht zusätzlich ein *Ressourcenproblem:* Für den Aufbau eigener Untersuchungskapazitäten für gefährliche Produkte fehlen der öffentlichen Hand zumeist die finanziellen Mittel,[56] damit kann aber auch innerhalb der staatlichen Organisation das erforderliche Wissen zum Umgang mit gefährlichen Produkten nicht mehr erzeugt werden[57].

Gerade bei komplizierteren Produkten lassen sich Gefahrenquellen ohne Untersuchung nicht ermitteln. Dürfen diese erst bei konkreten Hinweisen auf Gefahren eingesetzt werden, sind also Ermittlungsmaßnahmen ohne konkrete Anhaltspunkte unzulässig, sind die Chancen einer wirksamen Marktüberwachung vor allem für Produkte mit einem großen Schadenspotential stark reduziert. Das ist eine Situation, die aus der Perspektive grundrechtlicher Schutzpflichten problematisch erscheint. Die einschlägige Verordnung der Europäischen Union sieht nun genau Mechanismen für eine Wissensbildung in der Verwaltung vor. Darüber hinaus werden Vorfeldkontrollen zulässig. Hier rechtfertigt das Ziel des Wissenserwerbs auch derartige Eingriffe im Vorfeld einer Gefahr.

3. Wissensgenerierung für das Verwaltungsverfahren: Gentechnikrecht, TK-Recht

In bestimmten Situationen wird Wissensgenerierung zu einem eigenständigen Element des Verwaltungsverfahrens: Die Verwaltung muss das erforderliche Wissen zur Anwendung der für sie maßgeblichen Normen erst, insbesondere durch Zusammenarbeit mit Privaten, erzeugen, während es im hergebrachten Rechtsstaatsmodell als in der staatlichen Organisation vorhanden oder jedenfalls für ihren Zugriff bereitstehend vorausgesetzt wurde. Das betrifft vor allem das Risikorecht und das Recht der Regulierungsverwaltung: Innovative Produkte oder Stoffe erzeugen Wirkungen und ziehen Folgen nach sich, für deren Beurteilung kein abstraktes, inhaltlich determiniertes Entscheidungsprogramm normiert werden kann, die Risikosteuerung muss daher an administrative Verfahren delegiert werden, in welchen das maßgebliche Risikowissen erst generiert wird.[58] Im Recht der Regulie-

---

56 So schon die Kommissionsmitteilung „Verbesserte Umsetzung der Richtlinien des neuen Konzepts", Kommission (2003) 240 endg., unter 2.5.1, S. 18.

57 Zu diesem Thema allg. der Beitrag von *Groß*, in diesem Bd., S. 135 ff.

58 *Arno Scherzberg,* Risikosteuerung durch Verwaltungsrecht: Ermöglichung oder Begrenzung von Innovationen?, VVDStRL 63 (2004), S. 214 (246); *ders.*, Wissen, Nichtwissen und Ungewissheit im Recht, in: Engel / Halfmann / Schulte, (Hrsg.), Wissen – Nichtwissen – Unsicheres Wissen, 2002, S. 113 (135 ff.); *Hans-Heinrich Trute / Doris Kühlers / Ralf Denkhaus,* Governance in der Verwaltungsrechtswissenschaft, Die Verwaltung 37 (2004), S. 451 (463).

rungsverwaltung wird das von den Behörden benötigte Regulierungswissen, etwa über Marktwirkungen eines bestimmten Vertriebsmodells oder einer neuen Technologie, erst im Kommunikationsprozess mit den Marktteilnehmern erzeugt.

Hintergrund ist zum einen eine Dynamisierung des Entscheidungswissens. So verweist der Gesetzgeber in einschlägigen Gesetzen auf Tatbestände, die Bezug nehmen auf die Folgen gentechnisch veränderter Organismen für die „Umwelt in ihrem Wirkungsgefüge" (§ 1 Nr. 1 GenTG), auf die Auswirkungen von Pflanzenschutzmitteln „auf den Naturhaushalt sowie auf den Hormonhaushalt von Mensch und Tier" (§ 15 Abs. 1 Nr. 3 e) PflSchG) oder auf die Eigenschaft eines Marktes, durch „beträchtliche und anhaltende strukturell oder rechtlich bedingte Marktzutrittsschranken gekennzeichnet" zu sein (§ 10 Abs. 2 TKG). Das zur Beurteilung dieser Fragen erforderliche Wissen ist in hohem Maße veränderungsanfällig und vorläufig, dynamisch und instabil.[59] Als Wissen lässt es sich im Grunde nur zusammen mit Mechanismen denken, die Revisibilität und Lernfähigkeit garantieren.[60] Es ist zudem weiträumig in der Gesellschaft verteilt (ubiquitär) und lässt sich nicht an einem Ort konzentriert vorstellen.[61] Dies erfordert Verfahrensvorkehrungen, die das erforderliche Entscheidungswissen erst mobilisieren.

Insofern erhält das Thema des „Wissens" einen eigenständigen Gehalt: Zwar enthält jedes Verwaltungsverfahren als notwendige Vorstufe vor der eigentlichen Entscheidung Phasen der Informationsgewinnung und -verarbeitung, vgl. § 24 VwVfG. Gegenstand dieser Informationsgewinnungsphase ist jedoch herkömmlicherweise nur „der Sachverhalt" und damit das auf den Einzelfall bezogene Entscheidungswissen (vgl. auch § 24 Abs. 2 VwVfG). Das zur Subsumtion des Einzelfalls unter die Norm nötige Erfahrungs- und Regelwissen wird hingegen als stabil und bekannt vorausgesetzt.[62] Die hier als wissensgenerierende Verfahren ausgewiesenen Entscheidungskonstellationen zeichnen sich demgegenüber dadurch aus, dass ein solches Regel- oder Erfahrungswissen nicht mehr ohne weiteres als bekannt vorausgesetzt werden kann,[63] erforderlich werden daher jenseits des

59 *Arno Scherzberg,* Risiko als Rechtsproblem, VerwArch 84 (1993), S. 484 (500).

60 Zu einem so verstandenen Wissensbegriff aus wissenssoziologischer Sicht: *Helmut Willke,* Organisierte Wissensarbeit, Zeitschrift für Soziologie Bd. 27 (1998), S. 161 (161); *ders.,* Systemisches Wissensmanagement, 2001, S. 353 ff.; *ders.,* Supervision des Staates, 1997, S. 152.

61 *Claudio Franzius,* Governance und Regelungsstrukturen, VerwArch 97 (2006), S. 186 (190).

62 Zu dem Vorbild des § 24 VwVfG, § 86 VwGO, in diesem Sinne *Dawin,* in: Schoch / Schmidt-Aßmann / Pietzner (Hrsg.), VwGO, § 108 Rn. 13: „Die Erfahrungssätze gewinnt der Richter aus seiner Lebens- und Welterfahrung."

63 *Ivo Appel,* Methodik des Umgangs mit Ungewissheit, in: Eberhard Schmidt-Aßmann / Wolfgang Hoffmann-Riem (Hrsg.), Methoden der Verwaltungsrechtswis-

§ 24 VwVfG komplexere Verfahrensstrukturen, die auf Bedeutungszuwachs, Instabilität und Ubiquität des zu generierenden Wissens zugeschnitten sind. Dem Erfordernis, systematisch auf weiträumig verteiltes Wissen zurückgreifen zu müssen, wird die Konzeption einer grundsätzlich bei der Behörde liegenden Wahrnehmungszuständigkeit für die Erzeugung relevanten Entscheidungswissens, wie sie dem Amtsermittlungsgrundsatz des § 24 VwVfG zu Grunde liegt, nicht mehr gerecht.

a) Anordnung durch den Gesetzgeber

Die Aufgabe der Wissensgenerierung resultiert aus der Verwendung unbestimmter Rechtsbegriffe in den gesetzlichen Tatbeständen,[64] für deren Anwendung die Verwaltung nicht auf in der staatlichen Organisation vorhandenes Erfahrungswissen zurückgreifen kann. Sie unterscheiden sich in dieser Hinsicht von den klassischen unbestimmten Rechtsbegriffen, die, wie etwa der polizeirechtliche Gefahrbegriff, implizit auf in der Gesellschaft vorhandenes Wissen verweisen.[65] Das wird insbesondere auch dann deutlich, wenn der Gesetzgeber nicht mehr auf den „Stand der Technik" verweist, was als Einbeziehung vorhandener technischer Normen oder technischer Konventionen verstanden werden kann[66] und insofern auf zwar nicht aktuell präsentes, jedoch der Verwaltung wie Gesetzgeber und Gerichten zugängliches Wissen rekurriert. Der Verweis auf den „Stand der Wissenschaft", wie er stattdessen in einigen der hier behandelten Rechtsbereiche anzutreffen ist, suggeriert zwar einen vergleichbaren Schatz von Erfahrungen, an den umstandslos angeknüpft werden könnte. Wissenschaftliches Wissen kann jedoch nicht einfach festgestellt und angewendet werden, vielmehr muss es erst im jeweiligen Verwendungskontext mit und neu produziert werden.[67] Insofern zeigt diese Gesetzgebungstechnik, dass der Gesetzgeber den Prozess der Wissensgenerierung an das Verfahren delegiert.

---

senschaft, 2004, S. 327 (338); *Karl-Heinz Ladeur,* Privatisierung öffentlicher Aufgaben, in: Wolfgang Hoffmann-Riem / Ebehard Schmidt-Aßmann (Hrsg), Verwaltungsrecht in der Informationsgesellschaft, 2000, S. 225 (237).

64 Dazu *Indra Spiecker gen. Döhmann,* Informationsgewinnung im Umweltrecht durch materielles Recht, DVBl. 2006, S. 278 ff.

65 *Scherzberg,* Risiko (FN 59), S. 484 (493) m. w. N.

66 Dazu *Matthias Ruffert* Rechtsquellen und Rechtsschichten des Verwaltungsrechts, GVwR I, 2006, § 17 Rn. 89; *Martin Eifert,* Regulierungsstrategien, GVwR I, ebd., § 19 Rn. 63.

67 *Hans-Heinrich Trute,* Staatliches Risikomanagement im Anlagenrecht, in: Eibe Riedel (Hrsg.), Risikomanagement im öffentlichen Recht, 1997, S. 55 (102 f., 56); *Appel,* Methodik, in: Schmidt-Aßmann / Hoffmann-Riem (Hrsg.), Methoden (FN 63), S. 335.

b) Einzelne Rechtsgebiete

Das Thema der Wissensgenerierung wird besonders deutlich in komplexen Regelungsmaterien, die sich durch destabilisierte und diffundierte Wissensbestände auszeichnen. Das gilt insbesondere für das Risikorecht, das Regulierungsrecht und einige Fälle aus dem Wirtschaftsrecht. Vergleichbare Phänomene können durchaus in weiteren Rechtsbereichen identifiziert werden, etwa im Medien- und Wissenschaftsrecht,[68] im Recht der Gewährleistungsverwaltung,[69] im Produktsicherheitsrecht oder im Sozialrecht. Umgekehrt lassen sich Regelungsstrukturen als defizitär beschreiben, die keine adäquaten Mechanismen zur Bearbeitung des Wissensproblems aufweisen, wie etwa das Anlagensicherheitsrecht, das mit einer staatlichen Verantwortung für die Risikovermeidung noch zu einseitig auf klassische Strategien setzt.[70]

4. Verbot der Wissenserzeugung

Verbote der Erzeugung von Wissen in staatlicher Hand sind typischerweise personenbezogen: Es geht um das Verbot der Erzeugung von Persönlichkeitsbildern, Bewegungsbildern etc. Ihren Grund finden solche Verbote zumeist im Allgemeinen Persönlichkeitsrecht. Es schützt davor, dass ein genaues, zutreffendes Persönlichkeitsbild erstellt wird[71]. Dieser Schutz besteht auch gegenüber der Erhebung ansonsten ganz unverfänglicher Informationen, z. B. eines Autokennzeichens. Es geht also nicht um die Art und Weise der Informationserhebung aus einer bestimmten Sphäre (die durch das APR oder andere Grundrechte ebenfalls geschützt sein kann), sondern um den Schutz vor der Verknüpfung verschiedener Informationen durch die Verwaltung.

Lediglich insofern findet sich ein enger wissensbezogenes Verbot. Andere Informationsregeln führen zwar u.U. auch dazu, dass bestimmtes Wissen nicht erzeugt werden, ihr eigentlicher Schutzzweck ist aber der Erhalt bestimmter geschützter Sphären:

- So werden (grundrechtlich abgesichert etwa durch Art. 13, 1, 10 GG) bestimmte *Sphären und Kommunikationsmedien* als solche gegen staatlichen Zugriff geschützt: Wohnung, Telekommunikation.

---

68 *Karl-Heinz Ladeur,* Normkonkretisierende Verwaltungsvorschriften als Recht privat-öffentlicher Kooperationsverhältnisse, DÖV 2000, S. 217 (218 ff.); *Hans-Heinrich Trute,* Ungleichzeitigkeiten in der Dogmatik: Das Wissenschaftsrecht, Die Verwaltung 27 (1994), S. 301 (314 ff.).

69 *Andreas Voßkuhle,* Beteiligung Privater an der Wahrnehmung öffentlicher Aufgaben und staatliche Verantwortung, VVDStRL 62 (2003), S. 267 (309).

70 *Trute,* Risikomanagement (FN 67), S. 56; ähnlich *Appel,* Methodik, in: Schmidt-Aßmann / Hoffmann-Riem (Hrsg.), Methoden (FN 63), S. 336.

71 *Horst Dreier,* in: ders. (Hrsg.), Grundgesetz, Bd. I, 2. Aufl. 2004, Art. 2 I Rn. 52.

- Zum anderen werden für die Wissenserzeugung relevante Informationsbestände wegen ihrer Qualität (genetische Informationen) oder wegen ihrer Quantität (informationstechnische Systeme, Online-Untersuchung) vor dem staatlichen Zugriff geschützt.
- Unmittelbar vor den technischen Möglichkeiten der Wissenserzeugung schützen die Regelungen über Rasterfahndung oder Automatische Kennzeichenlesesysteme, aber etwa auch über die Handyortung. Hier sind die Informationen entweder schon vorhanden oder liegen offen zu Tage. Gerade ihre Verknüpfung in technischen Zusammenhängen erzeugt aber die Möglichkeit, unerwünschtes Wissen[72], etwa Bewegungsprofile zu erzeugen.

Wissen ist, verwendet man den Begriff so wie hier, nicht kommunizierbar. Wahrscheinlich sind nur Informationen kommunizierbar. Aus den vermittelten Informationen kann dann ein anderer Wissensträger ein neues eigenes Wissen herstellen. Es wird daher kein Wissen vermittelt, sondern Informationen, die von einem neuen Wissensträger bzw. in neuen Kontext zu neuem Wissen zusammengesetzt werden. Eine rechtliche Regelung kann damit an mehreren Punkten ansetzen, um der Entstehung von unerwünschtem Wissen vorzubeugen: Die Erzeugung der Information, ihre Übermittlung an den Träger des Wissens und ggfs. dessen Verknüpfung des Wissens mit Handlungsoptionen.

Dementsprechend greift das BVerfG zur Verwirklichung des informationellen Selbstbestimmungsrechts nicht auf das entstehende Wissen, also die jeweiligen Kontexte, in die Informationen integriert werden, zurück, sondern folgert aus der Gefährdung durch Wissen, dass der Umgang mit Daten zu begrenzen sei, „insoweit" gewährleiste das Grundrecht eine „Befugnis, grundsätzlich selbst über die Preisgabe und Verwendung seiner persönlichen Daten zu bestimmen". Der Gegenstand rechtlicher Regelungen mit Wissensbezug ist also in der Regel nicht das Wissen als solches, sondern die Bedingungen seiner Produktion, typischerweise durch Regelungen des Informationsverkehrs. Aufgabe eines Verfassungsrechts ist insofern eher nicht der Schutz sensibler Informationen, sondern die Verhinderung der Erzeugung von Wissen. Das kann dadurch bewirkt werden, dass man die Erzeugung der Information verhindert, ihre Erhebung, aber u.U. auch nur ihre Verwendung.

IV. Fazit

Die rechtswissenschaftliche Beobachtung des Umgangs des Rechts mit dem Thema Wissen erweist sich insgesamt als zwar lohnend, aber komplex,

---

72 BVerfGE 115, 320 (Tz. 70) – Rasterfahndung.

weil es um die Gestaltung des juristischen Kontextes der Wissenserzeugung geht. Hier ist, das haben die einzelnen Beispiele gezeigt, nicht mit einfachen Pauschalformeln auszukommen, sondern die Analyse komplexer Regelungsstrukturen gefordert.

Wissensdistribution im Zivilrecht: Vorvertragliche Aufklärungs- und Informationspflichten

Roland Broemel

Wissensdistribution im Zivilrecht bedeutet im Ausgangspunkt eigenverantwortliche Informationsbeschaffung. Die Eigenverantwortung für Handlungen einschließlich des zugrunde liegenden Wissens charakterisiert die privatautonome Koordination[1] und bildet die Grundlage für die Leistungsfähigkeit gesellschaftlicher Wissensgenerierung[2]. Mit dieser Eigenverantwortung verbundene Informationsasymmetrien kennzeichnen dynamische Märkte[3].

Das allgemeine Zivilrecht setzt die individuelle, eigenverantwortliche Willensbildung voraus. Es beschränkt sich grundsätzlich darauf, die Voraussetzungen der Eigenverantwortung durch die Abwehr unzulässiger exogener Einflüsse, vor allem durch Fehlinformationen, zu gewährleisten[4]. Hingegen macht die Prämisse, dass das Vorenthalten einer Information vergleichbar mit einer Fehlinformation den Willensbildungsprozess ebenfalls unzulässig beeinflussen kann, eine normative Bewertung des Willensbildungsprozesses zur Begründung impliziter Aufklärungspflichten erforderlich. Ihre Systematisierung ist eine keineswegs triviale Aufgabe[5].

---

1 Zu den unterschiedlichen Zugriffen des Öffentlichen Rechts und des Privatrechts *Hans-Heinrich Trute,* in diesem Bd., S. 23.

2 Zum Vorrang gesellschaftlicher Wissensgenerierung *Eberhard Schmidt-Aßmann,* in diesem Bd., S. 45.

3 *Holger Fleischer,* Informationsasymmetrie im Vertragsrecht, 2001, S. 106 f. und 187; für die Regulierung der Netzwirtschaften *Roland Broemel,* Strategisches Verhalten in der Regulierung, Diss. Hamburg (demn.), A. II.

4 Während das Anfechtungsrecht wegen arglistiger Täuschung, § 123 BGB, die freie Selbstbestimmung in der Vertragsanbahnung unmittelbar schützt (*Stephan Lorenz,* Der Schutz vor dem unerwünschten Vertrag, 1997, S. 314 mwN; *Martin Ahrens,* in: Hanns Prütting/Gerhard Wegen/Gerd Weinreich (Hrsg.), BGB Kommentar, 3. Aufl. 2008, § 123 Rn. 1), führt der Schadensersatzanspruch aus §§ 280 Abs. 1, 311 Abs. 2, 241 Abs. 2 BGB wegen Verschuldens bei Vertragsverhandlungen mittelbar ebenfalls zu einem umfassenden Schutz der rechtsgeschäftlichen Entscheidungsfreiheit, umfassend zum Schutz vor unerwünschten Verträgen *Lorenz,* a. a. O., S. 388 ff.

5 Aus der Literatur *Stephan Breidenbach,* Die Voraussetzungen von Informationspflichten beim Vertragsschluß, 1989; *Christoph Busch,* Informationspflichten im Wettbewerbs- und Vertragsrecht, 2008; *Fleischer,* Informationsasymmetrie (FN 3); *Hans Christoph Grigoleit,* Vorvertragliche Informationshaftung, 1997; *Martin Henss-*

Demgegenüber gehen ausdrückliche Informationspflichten aus dem Bereich des Verbraucherschutzes über die Eigenverantwortlichkeit zur Informationsbeschaffung hinaus. Explizite Informationsgebote verstehen sich als weiche Form der Marktregulierung, die auf typisierte Informationsdefizite reagiert, indem sie die Bedingungen der Willensbildung normiert. Ausdrückliche Informationspflichten strukturieren den Raum der Privatautonomie vor und gestalten so die Rahmenbedingungen einzelner Märkte aus. Auch in ihrer Durchsetzung weisen sie einen wettbewerbsrechtlichen Bezug auf.

Gemeinsam ist impliziten und ausdrücklichen Informationspflichten ihr Bezug zum Prozess der Willensbildung.

I. Privatautonome Willensbildung durch Wissensgenerierung

Die privatautonome Entscheidung jeder Partei, einen bestimmten Vertrag zu bestimmten Konditionen schließen zu wollen, erfolgt auf der Grundlage der über den Vertragsschluss verfügbaren Informationen und der Präferenzen der jeweiligen Partei. Kognitiv lassen sich die Verarbeitung von Informationen über den Vertragsgegenstand und die Bildung eines Willens über den Vertragsschluss nicht trennen. Die zivilrechtlich als Ausfluss der Privatautonomie geschützte freie Willensbildung ist in den Prozess der Wissensgenerierung einbeschrieben.

Die Verarbeitung einer Information als ihre Interpretation, der Zuweisung eines Sinngehalts[6], erfolgt durch die Anbindung der Information an vorhandenes Wissen. Dieses Wissen als die Struktur, in die Informationen durch ihre Verarbeitung eingebunden werden[7], beinhaltet sowohl Hintergründe über Eigenschaften und Umstände des jeweiligen Vertragsangebots als auch persönliche Präferenzen und Entscheidungskriterien. Die individuelle Kapazität zur Verarbeitung von Informationen, aber auch die Art und Weise ihrer Verarbeitung, hängen von der anschlussfähigen Wis-

ler, Risiko als Vertragsgegenstand, 1994; *Lorenz*, Schutz (FN 4); *Gebhard M. Rehm*, Aufklärungspflichten im Vertragsrecht, 2003; *Roland Schwarze*, Vorvertragliche Verständigungspflichten, 2001; *Franz Bydlinski*, Über listiges Schweigen beim Vertragsschluß, JBl. 1980, S. 393 ff.; *Barbara Grunewald*, Aufklärungspflichten ohne Grenzen?, AcP 190 (1990), S. 609 ff.

6 *Marion Albers*, Umgang mit personenbezogenen Informationen und Daten, in: Wolfgang Hoffmann-Riem / Eberhard Schmidt-Aßmann / Andreas Voßkuhle (Hrsg.), Grundlagen des Verwaltungsrechts (GVwR), Bd. II, 2008, § 22 Rn. 12; *dies.*, Information als neue Dimension im Recht, Rechtstheorie 33 (2002), S. 61 (69 und 71); *dies.*, Die Komplexität verfassungsrechtlicher Vorgaben für das Wissen der Verwaltung – Zugleich ein Beitrag zur Systembildung im Informationsrecht, in: Indra Spiecker gen. Döhmann / Peter Collin (Hrsg.), Generierung und Transfer staatlichen Wissens im System des Verwaltungsrechts, 2008, S. 50 (54).

7 *Albers*, Komplexität (FN 6), S. 54.

sensstruktur einschließlich der individuellen Präferenzen ab, die sich wiederum durch die Kontextualisierung von Informationen fortlaufend bestätigend oder verändernd reproduziert[8].

Die Privatautonomie bildet zum einen die Grundlage marktlicher Ordnung und gewährleistet zum anderen die formale Vertragsgerechtigkeit[9]. Freie Willensbildung verbindet Privatautonomie, wettbewerbliche Koordination und formale Gerechtigkeit. Informationsasymmetrien stellen einerseits durch die mit ihnen verbundene Anreizwirkung eine Voraussetzung dynamischen Wettbewerbs und effizienter Informationsverbreitung dar[10], können aber andererseits durch ihre Relevanz für Handlungskompetenzen[11] die freie Willensbildung aushöhlen. Daher sichern Regelungen zur vorvertraglichen Wissensdistribution die Privatautonomie ab und gestalten sie aus[12].

II. Gewährleistung der Wissensgenerierung durch implizite Informationspflichten

Im Vorfeld eines Vertragsschlusses schützt das allgemeine Zivilrecht den Prozess der Willensbildung durch die Regelungen der Anfechtung und des Verschuldens bei Vertragsverhandlungen. Unabhängig von der Identität ihrer jeweiligen Schutzzwecke und dem daraus folgenden Konkurrenzverhältnis[13] weisen Normen, die implizite Informationspflichten beinhalten, in Struktur und Regelungsansatz eine Parallelität auf: Sie schützen den Prozess der Wissensgenerierung und, darauf aufbauend, der Willensbildung

---

8 *Albers*, Umgang (FN 6), § 22 Rn. 12, 14 f.; *dies.*, Dimension (FN 6), S. 72. In struktureller Hinsicht unterscheiden sich persönliches Wissen und die darin enthaltenen persönlichen Präferenzen nicht von anderen personenübergreifenden Wissensstrukturen wie etwa der Rechtsentwicklungen, die durch die Kontextualisierung von Einzelfällen in die Vorgaben abstrakter Normen ein „rekursives Verhältnis von Regel und Entscheidung" begründen, *Hans-Heinrich Trute*, Die konstitutive Rolle der Rechtsanwendung, in: ders. / Thomas Groß / Hans Christian Röhl / Christoph Möllers (Hrsg.), Allgemeines Verwaltungsrecht – zur Tragfähigkeit eines Konzepts, 2008, S. 211 (217).

9 *Claus-Wilhelm Canaris*, Wandlungen des Schuldvertragsrechts – Tendenzen zu seiner „Materialisierung", AcP 200 (2000), S. 273 (284, 286).

10 *Friedrich August von Hayek*, Die Verwertung des Wissens in der Gesellschaft, in: *ders.*, Individualismus und wirtschaftliche Ordnung, 1976, S. 103 (113 f.); *Fleischer*, Informationsasymmetrie (FN 3), S. 106 f. und 187; *Jean Nicolas Druey*, Information als Gegenstand des Rechts, 1995, S. 69 f.; *Stefan Grundmann*, Privatautonomie im Binnenmarkt, JZ 2000, S. 1133 (1137).

11 *Albers*, Umgang (FN 6), § 22 Rn. 12.

12 Zur normativen Ausgestaltung der Privatautonomie *Lorenz*, Schutz (FN 4), S. 15 ff.

13 Zum Verhältnis von § 123 Abs. 1 BGB und dem Verschulden bei Vertragsverhandlung *Holger Fleischer*, Konkurrenzprobleme um die culpa in contrahendo: Fahrlässige Irreführung versus arglistige Täuschung, AcP 200 (2000), S. 91 (93 ff.) sowie *ders.*, Informationsasymmetrie (FN 3), S. 428 ff.

vor unzulässigen exogenen Einflüssen. Regelungen der Informationsdistribution leiten sich deshalb aus ihrer Wirkung auf den Willensbildungsprozess ab[14].

Aus dem Prinzip der Privatautonomie folgt eine grundsätzliche Eigenverantwortung jeder Vertragspartei für die Wahrnehmung der eigenen Interessen und damit für die eigene Informationsbasis[15], also sowohl für den Erhalt der Information als auch für deren Interpretation[16]. Freilich sieht das allgemeine Zivilrecht im Vorfeld des Vertragsschlusses normative Korrekturen der informatorischen Eigenverantwortung vor, deren Voraussetzungen zunächst zwischen der Weitergabe einer falschen Information und dem Vorenthalten einer zutreffenden Information differenzieren. Während die Fehlinformation durch eine Vertragspartei[17] grundsätzlich eine unzulässige Beeinträchtigung des Prozesses der Wissensgenerierung darstellt[18] und zu Anfechtungsrechten, vorvertraglichen Schadensersatzansprüchen oder gewährleistungsrechtlichen Ansprüchen führen kann, ist die Vorenthaltung zulässiger Informationen grundsätzlich zulässig[19]. Implizite, vorvertragliche Aufklärungspflichten entstehen für das Anfechtungsrecht und für das Verschulden bei Vertragsverhandlung einheitlich[20] nach Maßgabe zusätzlicher Kriterien, denen eine normative Bewertung des Wissensgenerierungsprozesses zugrunde liegt. Nicht nur bei der Aufstellung von Aufklärungspflichten, sondern auch bei der Abgrenzung von Fehl- und Nichtinformation oder der Eingrenzung zulässiger Fehlinformationen setzt die normative Wertung am Prozess der Wissensgenerierung an.

1. Fehlinformation als unzulässige Beeinflussung

a) Partielles Vorenthalten als Fehlinformation

Hinter der Differenzierung zwischen unzutreffenden und vorenthaltenen Informationen steht ihre grundsätzlich unterschiedliche Relevanz für den

---

14 *Rehm,* Aufklärungspflichten (FN 5), S. 4.

15 BGH, NJW 2007, S. 2396 (2397); *Reinhard Singer / Barbara von Finckenstein,* in: Norbert Habermann (Red.), Julius von Staudingers Kommentar zum Bürgerlichen Gesetzbuch, Buch 1, Allgemeiner Teil 3, Neubearbeitung 2004, § 123 Rn. 10.

16 Zur Zweigliedrigkeit der Informationsverarbeitung *Albers,* Umgang (FN 6), § 22 Rn. 12 und oben I.

17 In engen Grenzen auch durch Dritte, die nicht Vertragspartei werden sollen, § 311 Abs. 3 BGB; im Übrigen erfolgt die Verwertung von Auskünften grundsätzlich auf eigenes Risiko, § 675 Abs. 2 BGB.

18 *Lorenz,* Schutz (FN 4), S. 317; *Henssler,* Risiko (FN 5), S. 133 f.

19 *Busch,* Informationspflichten (FN 5), S. 121 f.

20 *Fleischer,* Informationsasymmetrie (FN 3), S. 450; *Lorenz,* Schutz (FN 4), S. 416; vgl. auch die wechselseitigen Querverweise in *Jürgen Ellenberger,* in: Otto Palandt (Begr.), Bürgerliches Gesetzbuch, 68. Aufl., 2009, § 123 Rn. 5; *Helmut Heinrichs,* in: Palandt, ebd., § 242 Rn. 37.

Prozess der Wissensgenerierung. Wer die Willensbildung einer Partei aktiv beeinflusst, trägt für diese Beeinflussung grundsätzlich die Verantwortung. Umgekehrt ist eine Beeinflussung des fremden Willensbildungsprozesses grundsätzlich nicht geboten. Die in der Praxis in Grenzfällen schwierige[21] Einordnung von teilweise vorenthaltenen oder zutreffenden, aber irreführenden Informationen ist Folge des eigentlichen Regelungszweckes der Distributionsregelung, den Willensbildungsprozess vor unzulässigen Einflüssen zu schützen.

Die Weitergabe von Halbwahrheiten oder das teilweise Verschweigen wesentlicher Umstände[22] setzt sich zwar aus der Weitergabe zutreffender und dem Vorenthalten anderer Informationen zusammen; eine rein formale, nach Einzelinformationen differenzierende Abgrenzung[23] verfehlt aber den funktionalen Bezug: Wenn der Informationsempfänger auf der Grundlage eines durchschnittlichen Verständnishorizonts kontextualisiert, wirken Halbwahrheiten und das Verschweigen wesentlicher Umstände genauso auf den Wissens- und Willensbildungsprozess wie die Weitergabe von Fehlinformationen. Oftmals erfolgt die Absicht der Weitergabe unvollständiger Information eben in der Absicht, Fehlschlüsse ohne Fehlinformationen zu provozieren.

Im Lauterkeitsrecht schlägt die Verbreitung zutreffender, aber unvollständiger Werbeinformationen in eine unzulässige Irreführung um, wenn sie den Willensbildungsprozess der potentiellen Vertragspartner wie Fehlinformationen beeinflusst, also insbesondere dann, wenn Art, Aufmachung und andere Modalitäten die Vollständigkeit der Information suggerieren[24]. In Umsetzung des Art. 7 der Richtlinie über unlautere Geschäftspraktiken[25] stellt § 5a UWG Grundsätze sowie Fallgruppen der Irreführung

---

21 Kritik an den teilweise unscharfen Entscheidungen der Gerichtspraxis bei *Fleischer*, Informationsasymmetrie (FN 3), S. 250 f. und *Busch*, Informationspflichten (FN 5), S. 122.

22 Zur Einordnung von *half truths* und dem *partial nondisclosure* durch das englische Recht *Fleischer*, Informationsasymmetrie (FN 3), S. 251.

23 So *Busch*, Informationspflichten (FN 5), S. 123, im Hinblick auf die größere Klarheit.

24 Zu § 5 Abs. 2 S. 2 UWG 2004 i.d.F. bis zum 22. 12. 2008 *Busch*, Informationspflichten (FN 5), S. 61 f. Nach der durch die UWG-Novelle 2004 kodifizierten Rechtsprechung des BGH bestand eine Aufklärungspflicht in der Werbung in solchen Fällen, „in denen das Publikum bei Unterbleiben des Hinweises in einem wesentlichen Punkt, der den Kaufentschluss zu beeinflussen geeignet ist, getäuscht wurde", BGH, GRUR 2002, S. 182 (185); BGH, NJW 1999, S. 3267 (3267); BGH, NJW 1999, S. 3491 (3491).

25 Richtlinie 2005/29/EG des Europäischen Parlaments und des Rates vom 11. 5. 2005 über unlautere Geschäftspraktiken im binnenmarktinternen Geschäftsverkehr zwischen Unternehmen und Verbrauchern und zur Änderung der Richtlinie 84/450/EWG des Rates, der Richtlinien 97/7/EG, 98/27/EG und 2002/65/EG des Europäischen Parlaments und des Rates sowie der Verordnung (EG) Nr. 2006/2004 des Europäischen Parlaments und des Rates (Richtlinie über unlautere Geschäftspraktiken), ABl.EU Nr. L 149 v. 11. 6. 2006, S. 22 ff.

durch Unterlassen auf, die zu einem bedingten Vollständigkeitsgebot führen[26].

Sowohl die in der strafrechtlichen Betrugsprüfung übliche Differenzierung zwischen konkludenter Erklärung und Unterlassen[27] als auch die zivilrechtliche Auslegung auf Grundlage des objektiven Empfängerhorizonts[28] zeichnen den funktionalen Zusammenhang zur Wissensgenerierung nach, indem sie den – im Interesse der Rechtssicherheit verobjektivierten – Kontext der Informationsinterpretation als Beurteilungsmaßstab heranziehen[29].

b) Ausnahmsweise zulässige Fehlinformationen

Die Ausrichtung der Informationsbehandlung an dem Willensbildungsprozess setzt sich in der Begründung ausnahmsweise zulässiger Fehlinformationen fort. Die Weitergabe von Informationen, die den Prozess der Wissensgenerierung entweder normativ nicht beeinflussen sollen oder faktisch nicht ernsthaft zur Beeinflussung geeignet sind, bleibt trotz inhaltlicher Unrichtigkeit zulässig.

Sollen aus normativen Gründen bestimmte Informationen aus dem Prozess der Willensbildung von vornherein ausgenommen werden, entwerten die Distributionsregeln die Interpretierbarkeit der Information durch ein Recht zur Lüge. Fragt der Vertragspartner nach den unzulässigen Informationen, gewährt die Rechtsprechung dem Gefragten die Option, wahrheitswidrig die ihm günstigste Antwort zu wählen, statt die Frage als unzulässig zurückzuweisen oder gar wahrheitsgemäß zu beantworten[30]. Die Distributionsregeln richten sich in mehrfacher Hinsicht, sowohl dem Grunde nach als auch in ihrem Ansatzpunkt, nach der Eigenrationalität der Wissensgenerierung. Dem Grunde nach fallen regelmäßig alle Informationen in den Verhandlungsgegenstand, die die Verhandlungspartner durch ihre Fragen einbeziehen. In den Grenzen von Offenlegungspflichten[31] fällt es in die Verhandlungsstrategie des Gefragten, vollständig und zutreffend zu antworten oder die Antwort zu verweigern. Die vollständige Ausklammerung bestimmter Informationen aus dem Willensbildungs- und Verhandlungsprozess markiert auf intensive Beeinträchtigungen eines Verhandlungspartners

---

26 Zum Ganzen *Busch,* Informationspflichten (FN 5), S. 66 ff.

27 *Thomas Fischer,* Strafgesetzbuch, 56. Aufl. 2009, § 263 Rn. 12; *Peter Cramer / Walter Perron,* in: Adolf Schönke (Begr.), Strafgesetzbuch, 27. Aufl. 2006, § 263 Rn. 14 / 15.

28 *Fleischer,* Informationsasymmetrie (FN 3), S. 252; *Lorenz,* Schutz (FN 4), S. 410 f.

29 *Othmar Jauernig,* in: ders., Bürgerliches Gesetzbuch, 12. Aufl. 2007, § 123 Rn. 3.

30 *Fleischer,* Informationsasymmetrie (FN 3), S. 254 ff.

31 Dazu unten II. 2.

begrenzte Sonderfälle[32]. In ihrem Ansatzpunkt richtet sich die resultierende Regelung der Informationsdistribution an den Eigengesetzlichkeiten der Wissensgenerierung aus. Weil die Zurückweisung der Frage als normativ unzulässig den Schutzzweck verfehlt, gewährt die Rechtsprechung ein Recht auf Lüge, das der unzulässigen Information ihre Interpretierbarkeit nimmt und sie damit für den Willensbildungsprozess entwertet.

Ähnlich liegt die zivil- und wettbewerbsrechtliche Behandlung von Informationen, die derart unzutreffend sind, dass sie auf Grund ihrer offensichtlichen Übertriebenheit den Willensbildungsprozess nicht beeinträchtigen. Solche marktschreierischen Anpreisungen fallen zivilrechtlich nicht unter den Tatsachenbegriff[33] und stellen wettbewerbsrechtlich keine Irreführung dar[34].

2. Kriterien der Aufklärungspflichten

Ausgehend von dem Grundsatz der Privatautonomie und seinen durch das zwingende Recht gesetzten Grenzen folgen die Kriterien für die Entstehung impliziter Aufklärungspflichten einer Bewertung des vorvertraglichen Kontextes, insbesondere des Parteiverhaltens sowie der Wertungen des in Aussicht genommenen Vertrages.

a) Privatautonomie als Grund und Grenze für Aufklärungspflichten

Der die Privatautonomie sowie die marktliche Ordnung kennzeichnende Grundsatz der formellen Vertragsfreiheit setzt der Entstehung von Aufklärungspflichten im Ausgangspunkt Grenzen[35]. Dadurch, dass die Präferenzbildung wie auch die Entscheidung über die Durchführung der in Rede

32 Etwa die paradigmatische, unzulässig diskriminierende Frage nach einer Schwangerschaft (BAG, NJW 1993, S. 1154 (1155)) im Anschluss an EuGH, NJW 1991, S. 628 f.; BAG, NJW 1994, S. 148. Im Übrigen zur fairen Gesprächsführung eingehend *Fleischer*, Informationsasymmetrie (FN 3), S. 256 ff.: Wahrheitspflicht, da Antwortoption als *bargaining chip*.

33 BGH, NJW 2007, S. 357 (358); *Ernst A. Kramer*, in: Franz Jürgen Säcker / Roland Rixecker (Hrsg), Münchener Kommentar zum Bürgerlichen Gesetzbuch, Band 1, 5. Aufl. 2006, § 123 Rn. 15; *Ellenberger* (FN 20), § 123 Rn. 3. Die Differenzierung zwischen marktschreierischen Anpreisungen und Werbungsmaßnahmen einerseits und einen sog. „Tatsachenkern" enthaltenden Aussagen andererseits (zur Rechtsprechung *Singer / von Finckenstein* (FN 15), § 123 Rn. 7) stellt in der Sache auf die Eignung ab, den Willensbildungsprozess des Vertragspartners zu beeinflussen; ähnlich *Lorenz*, Schutz (FN 4), S. 414: kein berechtigtes Vertrauen der Gegenseite.

34 BGH, GRUR 1963, S. 363 (365) „Mutti gibt mir immer nur das Beste" als zulässige Anpreisung für Fertigbrei; BGH, GRUR 1965, S. 365 (367): Anpreisung mit dem Spruch „den und keinen anderen" als lediglich eindringlichen Kaufappell; anders BGH, Urt. v. 25. 10. 1974 – 1 ZR 94 / 73, Tz. 12: Bezeichnung einer Doppelvibrationswalze gegenüber einem Fachpublikum als „unschlagbar".

35 *Singer / von Finckenstein* (FN 15), § 123 Rn. 10.

stehenden Transaktion jedem einzelnen Vertragspartner in eigener Sache zugeordnet ist, ist auch die Entscheidung über die Verbreiterung der Informationsgrundlage – und den damit verbundenen Ressourceneinsatz – dem Grundsatz nach jeder Partei anheim gestellt[36]. Die Prüfung des Vertragsschlusses wie auch die Beschaffung der erforderlichen Informationen und die Entwicklung des zur Einordnung der Informationen erforderlichen Horizonts obliegen wie auch der Abgleich mit den eigenen Präferenzen jeder Partei selber[37]. Umgekehrt besteht keine allgemeine Aufklärungspflicht über der anderen Partei möglicherweise ungünstige Umstände[38]. Ein Verkäufer etwa ist grundsätzlich nicht zur Offenlegung sämtlicher nachteiliger Eigenschaften des Verkaufsgegenstandes verpflichtet[39]. Die Maßgeblichkeit wettbewerblicher Grundsätze für das Handlungspotential der Vertragschließenden legt für die von der Regelung des Handlungspotentials abgeleiteten Informationspflichten fest, dass Aufklärungspflichten nicht der Korrektur des Verhältnisses von Leistung und Gegenleistung, also des Äquivalenzinteresses, dienen[40].

Dieser Grundsatz informatorischer Selbstverantwortung kippt jedoch, wenn der in Aussicht genommene Vertrag die Grenzen materiell-rechtlicher Zulässigkeit, insbesondere der Sittenwidrigkeit, überschreitet[41]. Das Gebot materialer Vertragsgerechtigkeit schlägt dann auf die Anforderungen an die formelle Verhandlungsgerechtigkeit durch. Den Handlungsspielraum der Parteien bei der Festlegung der gegenseitigen Vertragsleistungen stecken neben den Voraussetzungen der Vertragswirksamkeit[42] vor allem die materiellen Grenzen der Sittenwidrigkeit ab, deren Überschreiten auf der Ebene der Informationsdistribution dann auch Aufklärungspflichten einer nicht am sittenwidrigen Vertrag beteiligten Vertragspartei auslöst[43]. Im Aus-

---

36 *Henssler,* Risiko (FN 5), S. 140; *Volker Emmerich,* Das Recht der Leistungsstörungen, 6. Aufl. 2005, § 7 Rn. 8, S. 86.

37 BGH, NJW 2006, S. 2618 (2619) – *Unfallersatztarif; Ahrens* (FN 4), § 123 Rn. 8.

38 BGH, NJW 1983, S. 2493 (2494); für den Handelskauf BGH, NJW 1971, S. 1796 (1799); *Ellenberger* (FN 20), § 123 Rn. 5; *Martin Schmidt-Kessel,* in: Prütting/Wegen/Weinreich (FN 4) § 242 Rn. 56.

39 *Singer/von Finckenstein* (FN 15), § 123 Rn. 13 mit Nachweisen zur Rechtsprechung.

40 BGH, NJW 2003, S. 424 (425) – *„versteckte Innenprovision";* ebenso BGH, NJW 2003, S. 1811 (1812); BGH, NJW 2000, S. 2352 (2353); *Singer/von Finckenstein* (FN 15), § 123 Rn. 14; *Lorenz,* Schutz (FN 4), S. 423; zur Unmöglichkeit, einen gerechten Preis zu bestimmen *Fleischer,* Informationsasymmetrie (FN 3), S. 2; *Canaris,* Materialisierung (FN 9), S. 273 (286).

41 BGH, NJW 2003, S. 1811 (1812).

42 Zum typisierten Schutz der Entscheidungsfreiheit durch Formvorschriften und durch Einschränkungen der Geschäftsfähigkeit *Lorenz,* Schutz (FN 4), S. 88 ff., 103 ff.

43 *Fleischer,* Informationsasymmetrie (FN 3), S. 326: § 138 BGB als Grenze der individuellen Übervorteilung; *Emmerich,* Leistungsstörungen (FN 36), § 7 Rn. 42, S. 105; BGH, NJW 2000, S. 2352 (2353): Aufklärungspflicht einer drittfinanzierenden

gangspunkt lösen erst die materiell-rechtlichen Grenzen vertraglicher Handlungsspielräume oder die Grenzen der Funktionsvoraussetzungen der Privatautonomie[44] korrespondierende Aufklärungspflichten aus. Der Grundsatz der Privatautonomie verbunden mit Informationspflichten, die die Vertragschließenden befähigen, die eigenen Interessen wahrzunehmen, bilden insofern die Voraussetzungen für die zivilrechtliche Gewähr der Richtigkeit der Verträge[45].

b) Kriterien der Entstehung von Aufklärungspflichten

Die Kopplung der Aufklärungspflichten an ihren Verwendungskontext erhöht die Komplexität der Kriterien zur Begründung von Informationspflichten. Aufklärungspflichten sind als solche nicht umfassend gesetzlich geregelt und wohl abstrakt auch gar nicht regelbar[46]. Aus einer offenen Formel der Rechtsprechung herausgebildete Fallgruppen stellen unterschiedliche Kontextmerkmale der Information heraus, an die Ansätze zur Systematisierung anknüpfen.

Die Rechtsprechung greift im Ansatzpunkt auf eine offene[47] Formel zurück, nach der dem potentiellen Vertragspartner unbekannte Umstände dann eine Aufklärungspflicht auslösen, wenn sie für die andere Partei erkennbar von wesentlicher Bedeutung sind und ihre Aufklärung nach Treu und Glauben unter Berücksichtigung der Verkehrsauffassung erwartet werden darf[48]. Damit knüpft die Rechtsprechung am Prozess der Willensbildung an und lässt über das normative und zugleich generalisierende Kriterium der berechtigten Erwartung der Verkehrsauffassung Raum für die Berücksichtigung der Bedeutung der Information in ihrem jeweiligen Verwendungskontext. Dieser wird im Wesentlichen durch die Eigenheiten des anvisierten Vertrages und der Informationsverarbeitungskapazität der Vertragspartner charakterisiert.

Bank, die „von einer sittenwidrigen Übervorteilung des Kunden durch den Vertragspartner ausgehen muss"; BGH, NJW 1966, S. 1451 f.: Informationspflicht über mit einem Gründungsgeschäft verbundene Risiken, um eine sittenwidrige Ausnutzung der jugendlichen Unerfahrenheit zu verhindern.

44 *Singer / von Finckenstein* (FN 15), § 123 Rn. 12.

45 *Grunewald*, Aufklärungspflichten (FN 5), AcP 190 (1990), S. 609 (611 f.).

46 *Dirk Olzen*, in: Michael Martinek (Red.), J. von Staudingers Kommentar zum Bürgerlichen Gesetzbuch, Buch 2, Recht der Schuldverhältnisse, Neubearbeitung 2005, § 241 Rn. 435; *Henssler*, Risiko (FN 5), S. 141.

47 Zur Kritik *Günter H. Roth*, in: Franz Jürgen Säcker / Roland Rixecker (Hrsg.), Münchener Kommentar zum Bürgerlichen Gesetzbuch, Band 2, Schuldrecht Allgemeiner Teil, 5. Aufl. 2007, § 241 Rn. 124; *Olzen* (FN 46), § 241 Rn. 439; *Henssler*, Risiko (FN 5), S. 141.

48 BGH, NJW 1979, S. 2243; BGH, NJW 1991, S. 1223; BGH, NJW 1992, S. 1222; BGH, NJW 1996, S. 1340; BGH, NJW 2006, S. 2618 (2619) – *Unfallersatztarif*, BGH, NJW 2007, S. 3057 (3059); BGH, NJW-RR 2008, S. 258 (259).

Die mit dem jeweiligen Vertrag verbundene Risikowertung strahlt in mehrfacher Hinsicht auf die Reichweite der Aufklärungspflichten aus. Zunächst vertypen gesetzliche Vertragsmodelle die Interessenlage der Parteien, ihre Gegensätze oder Gemeinsamkeiten, und treffen dadurch generelle Aussagen über die Zumutbarkeit der Informationsweitergabe[49]. Ein gemeinsamer Vertragszweck oder eine persönliche Nähebeziehung begünstigt das Entstehen von Aufklärungspflichten[50]. Aber auch durch gegensätzliche Interessen gekennzeichnete Austauschverträge weisen nach der Rechtsprechung einen gemeinsamen Zweck auf, dessen Gefährdung oder gar Vereitelung Aufklärungspflichten auslöst[51]. Das gilt zum einen für rechtliche Hindernisse wie Form- und Genehmigungserfordernisse oder andere Unwirksamkeitsgründe[52], zum anderen aber auch für Einschränkungen der tatsächlichen Verwendungsmöglichkeiten des Vertragsgegenstandes zum vertraglich vorausgesetzten Gebrauch[53]. Während Einzelheiten der Verwendung und Eignung regelmäßig in den Bereich informatorischer Eigenverantwortung fallen, stellt die Rechtsprechung durch die Verknüpfung von Zweckgefährdung und berechtigtem Aufklärungsinteresse[54] anhand der Aufklärungspflichten Mindestanforderungen an den wirtschaftlichen Sinn des geschlossenen Vertrages[55].

---

49 *Olzen* (FN 46), § 241 Rn. 446; *Volker Emmerich,* in: Säcker / Rixecker (FN 47), § 311 Rn. 103; *ders.*, Leistungsstörungen (FN 36), § 7 Rn. 9, S. 87: langfristige Vertragsbeziehungen einerseits und Spekulationsgeschäfte andererseits als Extrempunkte; ebenso *Ellenberger* (FN 20), § 123 Rn. 5c; zu den Informationspflichten bei Spekulationsgeschäften eingehend *Henssler,* Risiko (FN 5), S. 303 ff.

50 Während der für synallagmatische Austauschverträge charakteristische Interessengegensatz das Äquivalenzverhältnis betreffende Aufklärungspflichten begrenzt, erhöht die Verfolgung eines gemeinsamen Zwecks die Zumutbarkeit der Informationsweitergabe. Etwa ein persönliches Vertrauensverhältnis, das zwischen den Vertrag schließenden Parteien besteht oder begründet werden soll, BGH, NJW 1992, S. 300 (302); für die Auseinandersetzung einer Gesellschaft BGH, ZIP 2003, S. 73 (74); oder nach längeren Vertragsverhandlungen BGH, NJW 1983, S. 2493 (2494); *Ahrens* (FN 4), § 123 Rn. 10; *Olzen* (FN 46), § 241 Rn. 447. Die Berücksichtigung der vertragstypischen Pflichten bei der Bestimmung vorvertraglicher Aufklärungspflichten nähert die vorvertragliche Haftung einer Ausdehnung der vertraglichen Haftung für die Zeit vor Vertragsschluss an. Vorvertragliche Aufklärungspflichten aus dem Bereich des Gesellschaftsrechts lassen sich etwa als vormitgliedschaftliche Treuebindungen verstehen, die aus den gesellschaftsrechtlichen Treuebindungen folgen, *Martin Weber,* Vormitgliedschaftliche Treubindungen, 1999, S. 24 ff. Für eine vorvertragliche Einordnung mit guten Gründen *Holger Fleischer,* Vertragsschlussbezogene Aufklärungspflichten zwischen Personengesellschaftern – Zugleich ein Beitrag zur culpa in contrahendo im Gesellschaftsrecht, NZG 2000, S. 561 (563 f.).

51 BGH, NJW 2008, S. 3699 f.; BGH, NJW 2007, S. 3057 (3059); BGH, NJW 2001, S. 2163 (2164); BGH, NJW 1979, S. 2243; BGH, NJW 1989, S. 1793 (1794); OLG München, Urt. v. 28. 01. 2009 – 20 U 2673 / 08, Tz. 64.

52 Zu Aufklärungserfordernissen über die Unwirksamkeit des verhandelten Vertrages *Emmerich,* Leistungsstörungen (FN 36), § 7 Rn. 12 ff., S. 88 f.; zu Formerfordernissen *Olzen* (FN 46), § 241 Rn. 453; *Fleischer,* Informationsasymmetrie (FN 3), S. 456 ff.

53 Zu den Einzelheiten *Emmerich* (FN 49), § 311 Rn. 112 ff., 121 ff.

54 BGH, NJW 2008, S. 3699 (3700); std. Rspr. BGH, NJW 2006, S. 3139 (3141); BGH, NJW 1996, S. 451 (452); BGH, NJW 1979, S. 2243.

Schließlich transportieren die gesetzlichen Vertragstypen Risikoverteilungen, die in die Bestimmung von Leistung und vor allem Gegenleistung einfließen und auch die Intensität vorvertraglicher Aufklärungspflichten mitbestimmen[56]. Vertragstypen transportieren vorab gesetzte Zwecke, die die Informationserwartungen und – damit verbunden – die Informationsinterpretation mitprägen[57]. Aufklärungspflichten im Vorfeld von Verträgen mit Beratungselementen reichen weiter als bei Verträgen, deren Dienstleistung in der Umsetzung von Anweisungen liegt[58]. Auch die für einen Vertrag charakteristischen Risiken prägen das Äquivalenzverhältnis von Leistung und Gegenleistung mit der Folge, dass über Einzelheiten des im konkreten Fall bestehenden Risikos, etwa zur Liquidität eines Hauptschuldners im Bürgschaftsvertrag, regelmäßig keine Aufklärungspflichten bestehen. Freilich differenziert die Rechtsprechung zwischen Informationen zu dem generellen Risikograd, die dem Vertragspartner die Einordnung des in Rede stehenden Vertragstyps ermöglichen, und Informationen zur Risikoeinschätzung im konkreten Fall. Während in Bezug auf die Risikogeneigtheit eines Vertrages regelmäßig Informationspflichten bestehen und der Vertragstyp jedenfalls nicht unzutreffend charakterisiert werden darf[59], bleibt die Abschätzung der vertragstypischen Risiken im konkreten Fall Aufgabe des Vertragspartners[60]. In der Praxis folgt daraus eine nach Vertragstypen katalogisierte Fallgruppenbildung, die vertragstypische Risiken des jeweiligen Vertragstyps einerseits und aufklärungspflichtige Umstände wesentlicher Bedeutung andererseits berücksichtigt[61].

Den zweiten zentralen Bezugspunkt für die Entstehung von Aufklärungspflichten bildet das Potential der einzelnen Vertragspartner zur Wissensgenerierung. Neben der tatsächlich bestehenden Informationsasymmetrie als Voraussetzung einer Aufklärungspflicht[62] ist vor allem die potentielle

---

55 *Lorenz*, Schutz (FN 4), S. 417 f.

56 *Fleischer*, Informationsasymmetrie (FN 3) S. 320.

57 *Albers*, Dimension (FN 6), S. 61 (72).

58 Durch besondere Fürsorge- oder Beratungspflichten charakterisierte Verträge können einem Vertragspartner sogar Pflichten zur Informationsbeschaffung auferlegen, *Olzen* (FN 46), § 241 Rn. 441.

59 *Lorenz*, Schutz (FN 4), S. 316 entgegen BGH, NJW 1989, S. 1605 (1606).

60 Die Abschätzung der Zahlungsfähigkeit des Hauptschuldners etwa ist Aufgabe des Bürgen, *Henssler*, Risiko (FN 5), S. 346.

61 *Schmidt-Kessel* (FN 38), § 242 Rn. 58c; vgl. die Differenzierung in *Emmerich* (FN 49), § 311 Rn. 121–144 zum Kaufrecht; Rn. 145–150 zum Mietrecht; Rn. 151 zum Gesellschaftsrecht; Rn. 152–170 zum Bankrecht; Rn. 171–181 zum Kapitalanlagenrecht sowie Rn. 182 ff. zur Prospekthaftung sowie *ders.*, Leistungsstörungen (FN 36), § 7 Rn. 23–66, S. 93–119; sowie die nach Vertragsarten differenzierende Einzelfallkasuistik in *Ellenberger* (FN 20) § 123 Rn. 7–9; *Ahrens* (FN 4), § 123 Rn. 13–19; *Olzen* (FN 46), § 241 Rn. 457–476; *Singer / von Finckenstein* (FN 15), § 123 Rn. 13–25.

62 *Emmerich* (FN 49), § 311 Rn. 104; *Ellenberger* (FN 20), § 123 Rn. 5; ebenso OLG Brandenburg, NJW-RR 1996, S. 724 (726); ähnlich *Olzen* (FN 46), § 241 Rn. 439; vorsichtiger *Ahrens* (FN 4), § 123 Rn. 8: Informationsgefälle vielfach vorausgesetzt.

Möglichkeit des Vertragspartners zu berücksichtigen, die relevante Information einzuholen und zutreffend zu interpretieren. Auf Grund der informatorischen Eigenverantwortlichkeit jeder Partei steht die Möglichkeit des jeweiligen Vertragspartners, die in Rede stehenden Informationen selber einzuholen, einer Aufklärungspflicht regelmäßig entgegen[63], sofern nicht die Atypik des Sachverhalts den Vertragspartner faktisch von der Informationssuche abhält. Auch die erkennbare Unerfahrenheit des Vertragspartners charakterisiert dessen Kontextualisierungspotential und begünstigt die Entstehung einer Aufklärungspflicht[64], die freilich nicht immer geeignet ist, das den Willensbildungsprozess störende Problem zu beheben. Setzt die Verarbeitung bestimmter Informationen das Bestehen einer Wissensstruktur als Grundlage der Kontextualisierung voraus, lässt sich die erforderliche Wissensstruktur nur selber generieren, aber nicht durch die Pflicht zum Transfer weiterer Informationen ersetzen. In Abhängigkeit von der individuellen Informationsverarbeitungskapazität kann die Weitergabe sehr komplexer[65] oder umfangreicher[66] Informationen den Prozess der Wissensgenerierung und damit die Entscheidungsfähigkeit des geschützten Vertragspartners eher stören als fördern[67].

An dieses Element des Verwendungskontextes knüpfen schließlich Ansätze zur Systematisierung und Abstrahierung der Aufklärungspflichten [68] an. Der Ansatz, wesentliche Kontextelemente wie das schutzwürdige Informationsbedürfnis des einen und der Informationsvorsprung des anderen Ver-

---

63 Für ohne weiteres erkennbare Mängel begrenzt die eigene Pflicht, eigene Interessen wahrzunehmen, die Aufklärungspflicht des Vertragspartners, BGH, NJW 2001, S. 64; ebenso BGH, NJW 1996, S. 1339 (1340). Allgemein hängt der Umfang der Aufklärungspflichten des Verkäufers von der Möglichkeit und Fähigkeit des Käufers zur Prüfung ab, BGH, NJW 1971, S. 1795 (1799); beim Unternehmenskauf führen die typischerweise geringeren Prüfungsmöglichkeiten des Käufers zu einer Verschärfung der Aufklärungspflicht, BGH, NJW 2001, 2163 (2164); *Schmidt-Kessel* (FN 38), § 242 Rn. 57.

64 BGH, NJW 2006, S. 2618 (2619) – *Unfallersatztarif;* stark typisierend BGH, NJW 1974, S. 849 (851): Hinweispflicht vor allem gegenüber „unerfahrenen Angehörigen der sozial schwächeren Bevölkerungsschicht, um der Gefahr ihrer finanziellen Überforderung vorzubeugen“ geboten.

65 *Grunewald,* Aufklärungspflichten (FN 5), AcP 190 (1990), S. 609 (613 f.).

66 *Fleischer,* Informationsasymmetrie (FN 3), S. 115 f.; zu den Gefahren der Überinformation im europäischen Verbraucherschutz *Bettina Heiderhoff,* Grundstrukturen des nationalen und europäischen Verbrauchervertragsrechts, 2004, S. 269 f.

67 Mit steigender Breite der Datengrundlage entscheidet nicht zuletzt die Heuristik zur Informationsinterpretation über die Qualität der Entscheidung *Gerd Gigerenzer / Peter M. Todd,* Simple heuristics that make us smart, 2001; *Gerd Gigerenzer,* Bauchentscheidungen, 2007.

68 *Fleischer,* Informationsasymmetrie (FN 3), S. 416 ff., 567 ff.; *Breidenbach,* Informationspflichten (FN 5), S. 52 ff.; *Grigoleit,* Informationshaftung (FN 5); *Lorenz,* Schutz (FN 4), S. 417 ff.; zum Zusammenhang vorvertraglicher und lauterkeitsrechtlicher Aufklärungspflichten *Busch,* Informationspflichten (FN 5), S. 161 ff. sowie *Matthias Leistner,* Richtiger Vertrag und lauterer Wettbewerb, 2007, S. 525 ff. und 615 ff.

tragspartners sowie die Eigenheiten („besondere Vertrauensprägung") des ins Auge gefassten Vertragsverhältnisses zu einem beweglichen System[69] zu modellieren, macht die Entstehungsvoraussetzungen von Aufklärungspflichten flexibel nachvollziehbar[70]. Die Ableitung von Aufklärungspflichten aus der bewerteten und gewichteten Interessenlage der Parteien[71] systematisiert die einzelnen Elemente des Kontextes, bewertet sie im Hinblick auf die berechtigten Interessen der Vertragsparteien und abstrahiert dadurch übergeordnete Kriterien für die Entstehung und Grenzen von Aufklärungspflichten[72]. Ansätze der Informationsökonomik[73] bewerten schließlich nicht Informationen als solche, sondern treffen Aussagen über die Vorteilhaftigkeit von Informationspflichten je nach wettbewerbstheoretischem Hintergrund regelmäßig im Hinblick auf die Maximierung der Gesamtwohlfahrt, indem sie Kosten und Anreize der Informationsgenerierung auf der einen Seite und den Nutzen der Informationsanwendung auf der anderen Seite bilanzieren und die Anreizwirkungen zur Informationsweitergabe berücksichtigen[74].

---

69 Im Anschluss an die von *Walter Wilburg* herausgearbeitete Figur des beweglichen Systems *Breidenbach,* Informationspflichten (FN 5), S. 61 ff.; *Bydlinski,* Schweigen (FN 5), JBl. 1980, S. 393 (397) sowie *Busch,* Informationspflichten (FN 5), S. 149 ff.; zustimmend *Roth* (FN 47), § 241 Rn. 125.

70 Die Kritik an dem Ansatz der Systematisierung der Kriterien zur Begründung von Aufklärungspflichten in einem beweglichen System setzt denn auch vor allem an dessen nachvollziehenden Charakter an, der eine ex-post Plausibilisierung von der Rechtsprechung angenommener Aufklärungspflichten ermöglicht, ohne ex-ante die Implikationen des beweglichen Systems für den konkreten Einzelfall abschätzbar zu machen, zur Kritik *Lorenz,* Schutz (FN 4), S. 320 f., 416.

71 Grundlegend *Fleischer,* Informationsasymmetrie (FN 3), S. 277 ff.; *Lorenz,* Schutz (FN 4), S. 416 ff.

72 Etwa den Schutz vor opportunistischem Verhalten, vor der Entwertung eigener Informationsanstrengungen, vor der Offenbarung eigener Bedrängnis oder vor Persönlichkeitsrechtsverletzungen (*Fleischer,* Informationsasymmetrie (FN 3), S. 278 ff., 281 ff., 289 ff., 294 ff.) oder den Schutz vor strukturellen Informationsnachteilen, vor situationsbedingter Irreführung, vor Risikogeschäften sowie unvorteilhaften Verträgen oder den Schutz standardisierter Vertragserwartungen, ebd., S. 296 ff., 308 ff., 319 ff., 321 ff., 313 ff.

73 Überblick über die Ansätze zur Bestimmung der wohlfahrtstheoretisch optimalen Informationsproduktion im Rahmen der ökonomischen Analyse des Rechts bei *Fleischer,* Informationsasymmetrie (FN 3), S. 158 ff.

74 *Hans-Bernd Schäfer,* Ökonomische Analyse von Aufklärungspflichten, in: Claus Ott / ders., Ökonomische Probleme des Zivilrechts, 1991, S. 117 (119 ff.); *Claus Ott,* Vorvertragliche Aufklärungspflichten im Recht des Güter- und Leistungsaustausches, ebd., S. 142 (142 ff.); *Hein Kötz,* Vertragliche Aufklärungspflichten – Eine rechtsökonomische Studie, in: Jürgen Basedow / Klaus J. Hopt / ders., Festschrift für Ulrich Drobnig, 1998, S. 563 (568 ff.).

III. Explizite Informationsregeln als typisierte Regelung von Verwendungskontexten

Explizite, regelmäßig auf europarechtliche Vorgaben zum Verbraucherschutz[75] zurückgehende Informationspflichten im Zivilrecht gestalten punktuell die Marktordnung aus (1.), indem sie situativen Defiziten einer Vertragspartei bei der Willensbildung entgegenwirken. Den ausdrücklichen, verbraucherschützenden Informationspflichten liegt damit eine typisierte Bewertung der Interpretations- und Verwendungskontexte zur Marktgestaltung zgrunde (2.), deren wettbewerbsrechtliche Dimension sich auf die rechtliche Sanktionierung auswirkt (3.).

1. Verbraucherschützende Informationspflichten als punktuelle Marktgestaltung

Explizite, verbraucherschützende Informationspflichten[76] gelten nicht allgemein, sondern setzen an bestimmten Situationen des Vertragsschlusses oder der Situation des Verbrauchers an. Dazu zählen insbesondere Situationen, in denen die Vertragspartner sich bei Vertragsschluss nicht gegenüberstehen[77] oder den Vertragsgegenstand nicht vor Ort in Augenschein nehmen können[78] und sich dadurch nur eingeschränkt selber informieren können. Damit schützen die Informationspflichten die Interessen des Verbrauchers. Gleichsam als Kehrseite fördern sie damit aber zugleich auch die Attraktivität und Funktionsfähigkeit der auf die Überbrückung größerer Entfer-

---

75 Erwägungsgrund (11) sowie Art. 4 und 5 der Richtlinie 97/7/EG des Europäischen Parlaments und des Rates vom 20. Mai 1997 über den Verbraucherschutz bei Vertragsabschlüssen im Fernabsatz („Fernabsatzrichtlinie"), ABl. EG Nr. L 144 v. 4. 6. 1997, S. 19 ff.; Art. 6 und 8 der Richtlinie 2000/31/EG des Europäischen Parlaments und des Rates vom 8. 6. 2000 über bestimmte rechtliche Aspekte der Dienste der Informationsgesellschaft, insbesondere des elektronischen Geschäftsverkehrs, im Binnenmarkt („Richtlinie über den elektronischen Geschäftsverkehr"), ABl. EG Nr. L 178 v. 17. 7. 2000, S. 1 ff.; Richtlinie 94/47/EG des Europäischen Parlaments und des Rates vom 26. 10. 1994 zum Schutz der Erwerber im Hinblick auf bestimmte Aspekte von Verträgen über den Erwerb von Teilnutzungsrechten an Immobilien, ABl. EG Nr. L 280 v. 29. 10. 1994, S. 83 ff.; Richtlinie 90/314/EWG des Rates vom 13. 6. 1990 über Pauschalreisen, ABl. EG Nr. L 158 v. 23. 6. 1990, S. 59 ff.; Richtlinie 2002/65/EG des Europäischen Parlaments und des Rates vom 23. 9. 2002 über den Fernabsatz von Finanzdienstleistungen an Verbraucher („Finanzfernabsatzrichtlinie"), ABl. EG Nr. L 271 v. 9. 10. 2002, S. 16 ff.

76 Umgesetzt in §§ 312 Abs. 2 (Widerrufsbelehrung), 312c Abs. 1, 312e Abs. 1 S. 1 Nr. 2, 402, 477, 482 Abs. 2, 492 Abs. 2 S. 5, 651a Abs. 3, 666, 675a, 681, 713, 1379, 2047, 2130 Abs. 2, 2218 BGB.

77 Eingehend *Carolina Meller-Hannich,* Verbraucherschutz im Schuldvertragsrecht, S. 185 ff.; etwa zu Fernabsatzverträgen *Jürgen Schmidt-Räntsch,* in: Heinz Georg Bamberger/Herbert Roth (Hrsg.), Kommentar zum Bürgerlichen Gesetzbuch, Band 1, 2. Aufl. 2007, § 312c Rn. 4.

78 Etwa bei Teilzeit-Wohnrechte-Verträgen, *Meller-Hannich,* Verbraucherschutz (FN 77) S. 188 ff., aber auch bei Reiseverträgen.

nungen angelegten Vertriebssysteme. Zum einen gewinnen Verbraucher trotz der eingeschränkten Informationsmöglichkeiten durch die rechtlichen Rahmenbedingungen[79] Vertrauen in den Vertragsschluss. Zum anderen beugen die harmonisierten Informationspflichten durch unterschiedliche Informationspolitiken entstehenden Wettbewerbsverzerrungen im Binnenmarkt vor. Indem die Informationspflichten die Transaktionskosten verursachenden Nachteile der auf die Überbrückung räumlicher Distanzen angelegten Vertriebssysteme kompensieren, kommt ihnen eine wettbewerbsrechtliche Dimension zu[80]. Dieser marktordnungsrechtliche Charakter der Informationspflichten steht in Zusammenhang mit der Subsidiarität marktregelnder Verhaltenspflichten. Aus Sicht der europarechtlichen Vorgaben stellen die Informationspflichten gegenüber weiterreichenden sekundärrechtlichen Ansprüchen des Verbrauchers oder Verhaltenspflichten des Unternehmers das verhältnismäßigere Mittel der Marktregulierung dar[81].

Für die systematische Einordnung der marktstrukturierenden, verbraucherschützenden Informationspflichten folgt daraus, dass ihr Entstehungsgrund nicht in der Wichtigkeit oder Bedeutung der abstrakten Information, sondern in den situativen Erschwernissen des Generierungs- und Interpretationskontextes liegt[82]. Rechtliche Informationspflichten begünstigen die Funktionsfähigkeit bestimmter Vertragstypen und Vertriebsmodelle, indem sie kontextabhängige Erschwernisse der Informationsgenerierung ausgleichen. Verpflichtungen zur Informationsdistribution stimmen die Reichweite der jeweiligen Verantwortungsbereiche für Informationen auf Vertriebsmodelle ab und gestalten dadurch die jeweilige Marktordnung aus.

2. Bezugspunkte ausdrücklicher Informationspflichten

Ausdrückliche Informationspflichten gehen damit in ihrem Regelungsziel der Tendenz nach über das von impliziten Informationspflichten hinaus. Bei ihnen geht es nicht allein um den Schutz der Willensfreiheit bei der Willensbildung, sondern darüber hinaus darum, trotz räumlicher Distanz eine bestimmte inhaltliche Qualität der Entscheidung zu gewährleisten.

Inhaltlich beziehen sich die ausdrücklichen Informationspflichten auf Einzelheiten zur Identität der Vertragspartner, auf Einzelheiten zum Ver-

79 Hierzu zählt neben den Informationspflichten vor allem das Widerrufsrecht, zu dieser Verknüpfung s. unten III. 2. b).

80 Differenzierend *Christiane Wendehorst,* in: Säcker / Rixecker (FN 47) § 312c Rn. 2; *Klaus Tonner,* in: Hans-Wolfgang Micklitz / ders., Handkommentar Vertriebsrecht. Haustür-, Fernabsatzgeschäfte und elektronischer Geschäftsverkehr, 2002, § 312c Rn. 11 ff.; *Schmidt-Räntsch* (FN 77), § 312c Rn. 6: Förderung des Fernabsatzes durch Informationspflichten.

81 Für Teilzeitwohnrechtsverträge vgl. Erwägungsgrund (2) der RL 94/47/EG (FN 75).

82 *Schmidt-Räntsch* (FN 77), § 312c Rn. 5.

tragsgegenstand, aber auch auf die vom Verbraucher zu tragenden Kosten sowie schließlich auf die praktische Verwertbarkeit des Vertragsgegenstands für den Verbraucher.

a) Information über die Identität des Vertragspartners und den Vertragsgegenstand

Eine erste Gruppe der Informationspflichten sieht Angaben zum Vertragspartner, seiner wahren Identität[83], seiner ladungsfähigen Anschrift[84] sowie dem Kreis der Vertretungsberechtigten vor[85]. Diese Informationen unterstützen nicht in erster Linie die Willensbildung und Entscheidungsfindung des Verbrauchers, sondern erleichtern die Kontaktaufnahme und damit auch die Rechtsdurchsetzung[86]. Im Bereich der Finanzdienstleistungen erweitert das verbraucherschützende Fernabsatzrecht diese vertragspartnerbezogenen Informationspflichten zudem um Auskünfte, die mittelbar auf die Kompetenz des Vertragspartners schließen lassen[87]. Auch ist der geschäftliche Zweck des Kontakts von Beginn an mitzuteilen[88].

Eine zweite Gruppe von Informationspflichten gibt dem Unternehmer auf, den von ihm zu leistenden Vertragsgegenstand detailliert zu beschreiben[89]. Hierzu zählen vertragsübergreifend allgemein die wesentlichen Merkmale der Ware oder Dienstleistung[90], aber auch vertragsspezifisch be-

---

83 LG Braunschweig, GRUR-RR 2005, S. 25 (26): Angabe eines Pseudonyms genügt nicht.

84 In bewusster Abkehr von der früher ausreichenden (BGH, NJW 2002, S. 2391 [2392]) Angabe eines Postfaches, *Schmidt-Räntsch* (FN 77), § 1 BGB-InfoV Rn. 10.

85 Etwa für Fernabsatzverträge § 312c Abs. 1 BGB iVm § 1 Abs. 1 Nr. 1–3 BGB-InfoV: Angabe der Identität, Unternehmensregister einschließlich Registernummer, Identität des Vertreters in dem jeweiligen Mitgliedstaat und ladungsfähige Anschrift der maßgeblichen Kontaktpersonen; für Teilzeit-Wohnrechte-Verträge § 2 Abs. 1 Nr. 1 BGB-InfoV; Einzelheiten bei *Thomas Woitke*, Informations- und Hinweispflichten im E-Commerce, BB 2003, S. 2469 (2470); *Schmidt-Räntsch* (FN 77), § 312c Rn. 14 f. sowie *ders.*, ebd., § 1 BGB-Info Rn. 6 ff. und *Wendehorst* (FN 77), § 312c Rn. 17 ff.

86 *Gregor Thüsing*, in: Dieter Reuter (Red.) J. von Staudingers Kommentar zum Bürgerlichen Gesetzbuch, Buch 2, Recht der Schuldverhältnisse, Neubearbeitung 2005, § 312c Rn. 54; OLG Hamburg, NJW 2004, S. 1114 (1115): hinreichender Rückschluss auf Vertragspartner umfasst auch Hinweis auf Rechtspersönlichkeit des Unternehmers; dort auch zur ladungsfähigen Anschrift.

87 § 312c BGB iVm § 1 Abs. 2 Nr. 1 BGB-InfoV; *Schmidt-Räntsch* (FN 77), § 1 BGB-InfoV Rn. 18; kritisch zur praktischen Wirksamkeit im Hinblick auf das Selbstdefinitionsrecht der Anbieter *Niko Härting / Martin Schirmbacher*, Fernvertrieb von Finanzdienstleistungen an Verbraucher, DB 2003, S. 1777 (1779).

88 Einzelheiten bei *Schmidt-Räntsch* (FN 77), § 312c Rn. 13.

89 § 1 Abs. 1 Nr. 4 BGB-InfoV, zu Einzelheiten *Schmidt-Räntsch* (FN 77), § 1 BGB-InfoV Rn. 11.

90 Für Fernabsatzverträge § 312c Abs. 1 BGB iVm § 1 Abs. 1 Nr. 4 BGB-InfoV. Zur Bestimmung der Wesentlichkeit eines Merkmals greift die Literatur wiederum auf eine Verobjektivierung des Verbraucherverhaltens jenseits der Fernabsatzsituation

stimmte Angaben, die für bestimmte Verträge als wichtig bewertet werden[91]. Bei Finanzgeschäften sind das vor allem die mit dem Vertragstyp bzw. den Produkten typischerweise verbundenen Risiken[92].

Diese gegenstandsbezogenen Informationspflichten gleichen zum Teil vertragstypische informatorische Risiken einzelner Verträge aus, insbesondere bei Reiseverträgen und Verträgen über die zeitweise Einräumung von Wohnrechten. Um dieses Erschwernis auszugleichen und gleichzeitig Rahmenbedingungen für den einheitlichen Binnenmarkt für Reiseverträge und Teilzeitwohnrechteverträge zu schaffen, sieht das sekundäre Europarecht[93] überaus detaillierte harmonisierte Informationspflichten auf der Schnittstelle zwischen Verbraucherschutzrecht und Lauterkeitsrecht[94] vor. Das gegenläufige Verhältnis von Detailgrad der Regelungen[95] und praktischer Bedeutung der geregelten Vertragstypen streicht den anlassbezogenen Charakter dieser Regelungen zur Verhinderung von Wettbewerbsverzerrungen heraus[96].

b) Verkopplung von Informationspflicht und Widerrufsrecht

Im Fernabsatzrecht verstärkt die Kombination von Informationspflichten und Widerrufsrechten die Strukturierung der Entscheidungssituation[97]. Die Verkopplung zweistufiger[98] Informationspflichten des Unternehmers

---

zurück. Als wesentlich werden etwa Merkmale angesehen, „ohne deren Kenntnis ein durchschnittlicher und vernünftig denkender Verbraucher, der sich einen gewissen Überblick über den betreffenden Markt verschafft hat, die Ware bzw. Dienstleistung nicht erwerben würde.“, *Wendehorst* (FN 80), § 312c Rn. 22.

91 Vgl. etwa die detaillierten Beschreibungen des Gegenstandes von Teilzeitwohnrechteverträgen nach § 483 Abs. 1 BGB iVm § 2 Abs. 1 Nr. 2–8 BGB-InfoV oder die Anforderungen an Prospektangaben in Reiseverträgen nach § 4 Abs. 1 BGB-InfoV.

92 § 1 Abs. 2 Nr. 2 BGB-InfoV; *Niko Härting / Martin Schirmbacher*, Finanzdienstleistungen im Fernabsatz, CR 2002, S. 809 (811 f.).

93 Vgl. die Richtlinien FN 75.

94 Zum lauterkeitsrechtlichen Bezug insbesondere von Informationspflichten über den kommerziellen Charakter einer Kommunikation (vgl. § 312c Abs. 1 S. 2 BGB) *Thüsing* (FN 86), § 1 BGB-InfoV Rn. 9.

95 Vgl. die in Art. 4 iVm dem Anhang der RL 94 / 47 / EG (FN 75) für Teilzeitwohnrechteverträge geforderten Angaben, umgesetzt in § 482 Abs. 1 BGB iVm § 2 Abs. 1 BGB Info-V: Aktenzeichen der Baugenehmigung, Name und Anschrift der zuständigen Behörden, Stand der Arbeiten an Gas-, Strom-, Wasser- und Telefonanschluss, Angabe der gemeinsamen Einrichtungen wie Schwimmbad, Sauna usw., zu denen der Erwerber gegebenenfalls Zugang hat oder erhalten wird, sowie der Zugangsbedingungen. Für Reiseveranstalter sieht Art. 3 der RL 90 / 314 / EWG (FN 75), umgesetzt in § 4 Abs. 1 BGB-InfoV, unter anderem die Angabe der Transportmittel (Merkmale und Klasse), der Unterbringung (Art, Lage, Kategorie oder Komfort sowie Zulassung und touristische Einstufung), Mahlzeiten und Reiseroute vor.

96 Für Pauschalreisen vgl. Erwägungsgrund (3) der RL 90 / 314 / EWG (FN 75).

97 *Schmidt-Räntsch* (FN 77), § 312c Rn. 4.

98 Im Fernabsatzrecht wiederholt § 312c Abs. 2 Nr. 2 iVm § 1 Abs. 4 BGB-InfoV für den Zeitraum nach Vertragsschluss pauschal die vor Vertragsschluss geltenden Infor-

mit dem Widerrufsrecht des Verbrauchers verlagert die wirtschaftliche Entscheidung des Verbrauchers über die Vertragsdurchführung auf einen Zeitpunkt nach dem juristischen Vertragsschluss, zu dem die strukturellen Hindernisse der Informationsgenerierung ausgeräumt sind.

Für Fernabsatzverträge[99] sieht das Verbraucherschutzrecht sowohl im Vorfeld des Vertrages[100] als auch bei oder unmittelbar nach dem Vertragsschluss[101] Pflichten zur Information über den Vertragsgegenstand und die Vertragsmodalitäten vor. Die Funktion dieser Informationspflichten beschränkt sich nicht allein auf die Gewährleistung der Informationsvermittlung. Zwar vereinfacht die mit der Harmonisierung bewirkte Standardisierung der Informationsweitergabe die Interpretation der Information und damit den Vergleich alternativer Angebote durch den Verbraucher. Der Großteil dieser Informationen, insbesondere über die Vertragsmodalitäten, muss ohnehin kommuniziert werden, um wirksamer Vertragsbestandteil zu werden[102]. Allgemeine Geschäftsbedingungen des Unternehmers können insofern eine Doppelfunktion erfüllen, sofern sie den jeweiligen Anforderungen an Transparenz und Übersichtlichkeit der Gestaltung genügen[103].

Die darüber hinausgehende Funktion der Informationspflichten liegt vor allem darin, in Verbindung mit dem Widerrufsrecht dem Verbraucher mit dem Erhalt des versendeten Vertragsgegenstands[104] eine Gelegenheit zur endgültigen Entscheidungsfindung einzuräumen[105].

---

mationspflichten; RegE, BT-Drucks. 15 / 2946, S. 15; zur zweistufigen Ausgestaltung sowie den strengeren Vorgaben der Finanzfernabsatzrichtlinie *Schmidt-Räntsch* (FN 77), § 312c Rn. 8 f. Ähnlich die Vorgaben an die Reisebestätigung im Reisevertragsrecht § 651a Abs. 3 iVm § 6 BGB-InfoV sowie für die Informationspflichten von Kreditinstituten § 651a Abs. 1 BGB iVm § 12 Abs. 1 Nr. 2 BGB-InfoV, die vor allem der Dokumentation dienen.

99 Fernabsatzvertrag ist nach Art. 2 lit. a. Fernabsatzrichtlinie jeder zwischen einem Anbieter und einem Verbraucher unter Verwendung von Fernkommunikationsmitteln geschlossene Vertrag über Finanzdienstleistungen, der im Rahmen eines für den Fernabsatz organisierten Vertriebs- bzw. Dienstleistungssystems des Anbieters geschlossen wird.

100 § 312c Abs. 1 iVm § 1 Abs. 1 BGB-InfoV.

101 § 312c Abs. 2 BGB iVm § 1 Abs. 4 BGB-InfoV; zum Zeitpunkt nachvertraglicher Informationspflichten *Schmidt-Räntsch* (FN 77), § 312c Rn. 33 f.; Sonderregelungen gelten für Verträge über Finanzdienstleistungen, bei denen Informationspflichten ausschließlich und vollumfänglich im Vorfeld eingreifen, § 1 Abs. 2 BGB-InfoV.

102 Bei Fernabsatzverträgen etwa die Mindestlaufzeit des Vertrags oder ein Vorbehalt, eine in Qualität und Preis gleichwertige Leistung zu erbringen oder die Leistung im Falle ihrer Nichtverfügbarkeit nicht zu erbringen, oder Einzelheiten hinsichtlich der Zahlung und der Lieferung oder der Erfüllung, vgl. § 1 Abs. 1 Nr. 5, 6 und 9 BGB-InfoV.

103 *Wendehorst* (FN 80), § 312c Rn. 86 und *Schmidt-Räntsch* (FN 77), § 312c Rn. 24, auch zu den unterschiedlichen Anforderungen an die Transparenz allgemeiner Geschäftsbedingungen und fernabsatzrechtlicher Informationspflichten. Zu dem in den allgemeinen Geschäftsbedingungen enthaltenen Widerrufsrecht *Schmidt-Räntsch* (FN 77), § 312c Rn. 21.

Auf diesen Schutz der Entscheidungsfindung zielen Informationspflichten über das Bestehen eines Widerrufsrechts und die Modalitäten seiner Ausübung[106]. Die detaillierten Pflichten zur Information über die Einzelheiten des Vertrages, von den wesentlichen Merkmalen des Produkts oder der Dienstleistung[107] bis zu den Modalitäten der Lieferung oder der Bezahlung[108], dokumentieren auf der einen Seite rückblickend die Bedingungen des bereits geschlossenen Vertrages, bilden aber auf der anderen Seite eine Grundlage für die Entscheidung des Verbrauchers, sich durch Ausübung des Widerrufsrechts von dem Vertrag wieder zu lösen[109]. Diese Kopplung von Informationspflicht und Widerrufsrecht kommt in der Sanktion der Verletzung von Informationspflichten zum Tragen: Neben den allgemeinen zivilrechtlichen Folgen der Verletzung von Nebenpflichten[110] führt die Nichterfüllung der Informationspflichten vor allem dazu, dass die Frist zur Ausübung des Widerrufsrechts nicht zu laufen beginnt[111].

c) Pflicht zur Aufbereitung von Informationen

Eine weitere Gruppe ausdrücklicher Informationspflichten verpflichtet den Unternehmer über die Darstellung der Vertragsmodalitäten hinaus zur Aufbereitung von Informationen, die für den Verbraucher grundsätzlich ermittelbar wären. Solche Aufbereitungsgebote stellen nicht in erster Linie

---

104 In der überwiegenden Zahl der Fälle wird es sich um eine gekaufte Sache handeln, auch wenn das Fernabsatzrecht freilich auf eine nicht beschränkte Vielzahl von Produkten und Dienstleistungen anwendbar ist.

105 *Schmidt-Räntsch* (FN 77), § 312c Rn. 26.

106 Für das Fernabsatzrecht § 1 Abs. 1 Nr. 10 BGB-InfoV; zu den aufklärungspflichtigen Informationen zählen insbesondere die Einzelheiten und rechtlichen Folgen der Widerrufsausübung, *Schmidt-Räntsch* (FN 77), § 1 BGB-InfoV Rn. 32 und *Wendehorst* (FN 80), § 312c Rn. 42.

107 Die Pflicht zur Angabe der wesentlichen Vertragsmerkmale kann bei auf Komplexität der Informationen beruhender Intransparenz auch in der Beschränkung auf die wesentlichen Elemente liegen, *Schmidt-Räntsch* (FN 77), § 1 BGB-InfoV Rn. 11, auch zu Parallelen im Versicherungsrecht: Unternehmer muss „bei komplizierten Verträgen auch darüber informieren, was denn die wesentlichen Elemente sind".

108 § 1 Abs. 1 Nr. 9 BGB-InfoV, gemeint sind neben Liefer- und Zahlungsterminen die Art und Weise von Zahlung und Lieferung, Mitwirkungspflichten des Verbrauchers oder gewährte Skonti, *Schmidt-Räntsch* (FN 77), § 1 BGB-InfoV Rn. 17 und *Wendehorst* (FN 80), § 312c Rn. 37 ff.

109 *Christian Grüneberg,* in: Palandt (FN 20), Einf BGB-InfoV, Rn. 3.

110 Zu den Rechtsfolgen der Verletzung von Informationspflichten s. unten III. 2. c).

111 § 312 d Abs. 2 BGB; Nach *Dieter Medicus,* in: Prütting/Wegen/Weinreich (FN 4), § 312c Rn. 10 liegt hierin die wichtigste Sanktion der Verletzung von Informationspflichten im Fernabsatzrecht. Für das Erlöschen des Widerrufsrechts trotz unterbliebener oder unvollständiger Information differenziert § 355 Abs. 3 S. 1–3 BGB zwischen der unterbliebenen Widerrufsbelehrung, der unvollständigen Erfüllung der Informationspflichten sowie schließlich gegenstandsbezogen (Sonderregelung für Fernabsatzverträge über Finanzdienstleistungen).

den Zugriff auf Informationen sicher, sondern vereinfachen die Bewertung des in Rede stehenden Vertragsangebotes.

Solche Aufbereitungsgebote verschieben die grundsätzlich jeder Vertragspartei in eigener Sache obliegende Leistung der Interpretation und Kontextualisierung von Informationen[112] zu Gunsten des Verbrauchers. Sie knüpfen vor allem an der zu erbringenden Gegenleistung an. Zur Aufbereitung von Informationen über die Gegenleistung, die über die Auflistung der Preisbestandteile hinausgehen, zählt zum einen die Ausweisung eines Gesamtpreises[113], zum anderen aber auch die Information über weitere vom Verbraucher zu tragende Kosten, auch wenn diese nicht Vertragsbestandteil werden, sondern nur durch den Vertragsschluss oder die vertraglich vorausgesetzte Verwendung veranlasst werden[114]. Während nach allgemeinen Grundsätzen die Berücksichtigung solcher Nebenkosten in den Verantwortungsbereich eines jeden Vertragspartners fällt, normieren die verbraucherschützenden Informationspflichten eine Pflicht zur Zusammenstellung und Aufbereitung von Kosteninformationen, die dem Verbraucher die spontane Bewertung des Angebots, aber auch den Vergleich unterschiedlicher Angebote erleichtert. Vergleichbar mit Vorgaben zu Formaten von Preisangaben[115] senkt die standardisierte Aufbereitung der Informationen die Suchkosten als Teil der Transaktionskosten[116] des Verbrauchers und erleichtert damit die Willensbildung.

Eine ähnliche Pflicht zur Information über Umstände aus der Sphäre des Verbrauchers, die die Durchführung des Vertragszwecks gefährden, enthält das verbraucherschützende Reisevertragsrecht, das den Unternehmer zur Information über Pass- und Visumserfordernisse verpflichtet[117].

3. Rechtliche Absicherung der Informationspflichten

Die marktregulierende Funktion der ausdrücklichen Informationspflichten schlägt sich auch in der rechtlichen Sanktion ihrer Verletzung nieder[118].

---

112 s. oben II. 2. a).

113 Für Fernabsatzverträge § 1 Abs. 1 Nr. 7 BGB-InfoV, zu Einzelheiten *Wendehorst* (FN 80), § 312c Rn. 33 ff.

114 Für Fernabsatzverträge § 1 Abs. 1 Nr. 10 und 11 BGB-InfoV; für Teilzeitwohnrechteverträge § 2 Abs. 1 Nr. 9 BGB-InfoV: Angaben über geschätzten Betrag der laufenden Kosten, die vom Verbraucher für Versorgungsreinrichtungen und gemeinsame Einrichtungen zu tragen sind, sowie Beträge, die für Steuern, Abgaben, Verwaltungsaufwand, Instandhaltung, Instandsetzung und Rücklagen zu entrichten sind.

115 § 1 PreisangabenVO.

116 *Rudolf Richter / Eirik G. Furubotn,* Neue Institutionenökonomik, 3. Aufl. 2003, S. 352 ff.

117 Etwa über Pass- und Visumserfordernisse in Reiseverträgen, § 4 Abs. 1 Nr. 6 BGB-InfoV.

Während spezialgesetzlich geregelte Folgen der Verletzung lediglich den Bestand des Widerrufsrechts sichern und damit der Kopplung von Informationspflicht und Widerrufsrecht Rechnung tragen[119], ergeben sich aus den grundsätzlich anwendbaren allgemeinen zivilrechtlichen Regelungen[120] in der Praxis oftmals keine Konsequenzen. Verletzungen der verbraucherschützenden Informationspflichten berühren – im Gegensatz etwa zum Anfechtungsrecht – grundsätzlich nicht die Wirksamkeit des Vertrages[121]. Auch für einen dem Grunde nach durchaus denkbaren Schadensersatzanspruch wegen Verletzung einer vorvertraglichen Informationspflicht fehlt es angesichts bestehender Widerrufsrechte im Regelfall an einem Schaden des Verbrauchers[122], der zudem kausal durch die Verletzung der Informationspflicht verursacht und ihr zurechenbar sein müsste[123]. Der Unternehmer verliert hingegen bei fehlendem Hinweis seinen durch den Widerruf ausgelösten Wertersatzanspruch[124]. Praktisch bedeutsame Konsequenzen der Verletzung verbraucherschützender Informationspflichten finden sich hingegen im Wettbewerbsrecht. Zum einen können unter anderem qualifizierte Verbraucherschutzverbände den Verletzer auf Unterlassung in Anspruch nehmen[125]. Zum anderen verstößt die Verletzung verbraucherschützender Informationspflichten gegen Lauterkeitsrecht[126]. Auch in der Durchsetzung zeichnen sich die besonderen ver-

---

118 Überblick bei *Grüneberg* (FN 109), Einf BGB-InfoV, Rn. 3 ff.; zu den Folgen von Verstößen gegen Informationspflichten im Fernabsatzrecht *Jochen Hoffmann,* Spezielle Informationspflichten im BGB und ihre Sanktionierung, ZIP 2005, S. 829 f.

119 s. oben III. 2. b).

120 Freilich bleibt der unterschiedliche Hintergrund impliziter und ausdrücklicher Informationspflichten (s. oben II.) bei der Anwendung allgemeiner zivilrechtlicher Regelungen zu berücksichtigen, etwa bei der Möglichkeit einer schadensrechtlichen Vertragsanpassung, zum Ganzen *Hans Christoph Grigoleit,* Rechtsfolgenspezifische Analyse „besonderer" Informationspflichten am Beispiel der Reformpläne für den E-Commerce, WM 2001, S. 597 (598 ff.).

121 Für die Verletzung der Informationspflichten im elektronischen Geschäftsverkehr, § 312e, *Thüsing* (FN 86), § 312e Rn. 65; *Grigoleit,* Informationspflichten (FN 120) WM 2001, S. 597 (600).

122 *Thüsing* (FN 86), § 312c Rn. 94; *Schmidt-Räntsch* (FN 77), § 312c Rn. 51. Ein Schaden kann hingegen dadurch entstehen, dass der Verbraucher auf Grund der unterbliebenen Information vertragliche Rechte nicht geltend macht; *Thüsing,* a. a. O., Rn. 125.

123 Der Verbraucher müsste also nachweisen, bei erfolgter Aufklärung von dem Vertragsschluss abgesehen zu haben, *Robin Dörrie,* Der Verbraucherdarlehensvertrag im Fernabsatz, ZBB 2005, 121 (132); *Meller-Hannich,* Verbraucherschutz (FN 77), S. 215 f., die insoweit die Anwendung einer Kausalitätsvermutung befürwortet; strenger mit Hinweis auf die Offenheit der Entscheidung *Schmidt-Räntsch* (FN 77), § 312c Rn. 51 im Anschluss an BGH, NJW 2001, S. 2021 (2022).

124 § 312d Abs. 6 BGB; *Wendehorst* (FN 80), § 312c Rn. 135.

125 §§ 2, 3 UKlaG; *Andreas Masuch,* in: Bamberger / Roth (FN 77), § 312e Rn. 34.

126 Sittenwidriger Wettbewerbsvorsprung durch Rechtsbruch, §§ 3, 4 Nr. 11 UWG; *Schmidt-Räntsch* (FN 77), § 312c Rn. 47 und 50; für § 312e BGB *Thüsing* (FN 86), § 312e Rn. 73; *Masuch* (FN 125), § 312e Rn. 34; *Andreas Fuchs,* Das Fernabsatzgesetz im neuen System des Verbraucherschutzrechts, ZIP 2000, S. 1273 (1280).

braucherschützenden Informationspflichten durch eine Nähe zum institutionellen Wettbewerbsschutz aus[127].

IV. Fazit

Indem zivilrechtliche vorvertragliche Informationspflichten den Willensbildungsprozess konditionieren, gestalten sie die Privatautonomie auf unterschiedliche Weise mit aus. Während implizite Informationspflichten die Grenzen materiell-rechtlich zulässiger Vertragsinhalte nachziehen und an der Gewährleistung der Privatautonomie orientierte Wertungen umsetzen, strukturieren ausdrückliche Informationspflichten als Äquivalent regulierender materiell-rechtlicher Normen umgekehrt den Raum privatautonomer Willensbildung vor.

127 *Grigoleit*, Informationspflichten (FN 120), WM 2001, S. 597 (600).

Dritter Abschnitt

Institution und Wissen

Kognitive Gewaltengliederung

Christoph Möllers

I. Einführung und Fragestellung

Wissen ist Macht[1] – Macht aber ist für die klassischen Theorien der Gewaltenteilung zunächst ein Problem, keine Lösung. Trotzdem kann es sich keine Theorie der Gewaltenteilung leisten, die hoheitliche Gewalt völlig machtlos auszugestalten[2]. Die Organisation der Gewalten soll das Handeln des Hoheitsträgers ermöglichen, unter Umständen begrenzen, aber sicherlich nicht verhindern. Dazu gehört es auch, darüber nachzudenken, wie Zugang und Umgang mit Wissen in einem gewaltengegliederten System angemessen einzurichten sind. Wissen erweist sich aus dieser Perspektive – ebenso wie Macht – für eine Theorie der dreigegliederten Staatsorganisation also von vornherein als ein ambivalentes Gut[3]: Auf der einen Seite sollen die hoheitlichen Organe über Wissen verfügen, um entscheiden zu können. Auf der anderen Seite sollen sie vieles auch nicht wissen, um ihre Unabhängigkeit als Organisation voneinander nicht zu verlieren und um die Freiheit der Individuen durch Wissen nicht zu gefährden.

Die Organisationstheorie hoheitlichen Handelns, die wir mit den Begriffen wie Gewaltenteilung oder Checks and Balances verbinden, und die Frage von Wissen und Transparenz von Hoheitsträgern kennen damit eine ähnliche Antinomie in der Bestimmung ihrer Funktionen: einer skeptischen, an Blockaden und Beschränkungen orientierten Konzeption von hoheitlichem Wissen, die wir beispielsweise im Informationsrecht mit dem Datenschutz verbinden[4], und die in der Theorie der Gewaltenteilung einem herrschaftsbegrenzenden Verfassungsverständnis entspricht[5], steht eine Deutung gegenüber, die die hoheitliche Wissensorganisation positiv besetzt. Ihr ent-

---

1 Nach *Francis Bacon,* Aphorismi de interpretatione naturae et regno hominis, sec. part, III.

2 *Hannah Arendt,* Über die Revolution, 1965, S. 198.

3 s. auch *Eberhard Schmidt-Aßmann,* in diesem Bd., S. 39 f.

4 Differenziert dagegen *Hans-Heinrich Trute,* in: Roßnagel (Hrsg.), Handbuch Datenschutzrecht: die neuen Grundlagen für Wirtschaft und Verwaltung, 2003, § 2 Rn. 5.

5 Zur Unterscheidung *Christoph Möllers,* Verfassung – Verfassunggebung – Konstitutionalisierung, in: A. v. Bogdandy, Europäisches Verfassungsrecht, 2. Aufl. 2009, § 6.

spricht ein herrschaftsbegründendes, auf demokratische Handlungsermöglichung bezogenes Verständnis der drei Gewalten. Dieser Gegensatz, dies soll der folgende Beitrag belegen, lässt sich nicht ohne Verlust an ausreichender Beschreibungskomplexität aufheben, er lässt sich nur entfalten.

Unter dem Titel kognitive Gewaltengliederung sollen im Folgenden die Wechselwirkungen zwischen der Dreigliederung hoheitlicher Organisationen und dem Anspruch hoheitlicher Organisation, gezielt mit Wissen umzugehen, näher untersucht werden. Fragestellung des Beitrags ist, welche kognitiven – im Gegensatz zu normativen – Leistungen von der tradierten Form der Gewaltengliederung zu erwarten sind und inwieweit diese bestimmte Arrangements innerhalb der Gewaltengliederung rechtfertigen können. Dazu ist zunächst ein legitimationstheoretisch angeleiteter Blick auf das Verhältnis zwischen Wissen und staatlicher Rechtsordnung zu werfen (II.). Dem kann die Entwicklung eines Konzepts der Gewaltengliederung mit Blick auf hoheitliches Wissen folgen (III.), bevor im letzten Hauptteil einige neuere Entwicklungen beobachtet werden sollen (IV.).

II. Theoretische Voraussetzungen

Die Frage nach dem Zusammenhang zwischen öffentlichem Handeln, Gewaltengliederung und einer angemessenen Wissensverteilung sowohl innerhalb des Staates als auch zwischen Staat und Privaten ist keineswegs neu. Auch wenn sie in der juristischen Diskussion lange Zeit nur eine sehr begrenzte Rolle gespielt hat, begleitet sie die politische Theorie schon seit den Anfängen der Theorie des demokratischen Verfassungsstaats am Ende des 18. Jahrhunderts. Versteht man Gewaltengliederung als die organisatorische Lösung eines Konflikts zwischen individueller und kollektiver Selbstbestimmung[6] – oder, in die Sprache des deutschen Verfassungsrechts übersetzt, als organisationsrechtliche Verfugung von Rechtsstaatlichkeit und Demokratie[7], so mag diese Bestimmung eine erste Orientierung bei der systematischen Klärung unserer Fragestellung andeuten, die in diesem Abschnitt zunächst einige theoretische Vorklärungen bringen soll. Dazu wollen wir einen Blick auf die einfache Unterscheidung zwischen individuellen Rechten privater Akteure (1.) und demokratischen Entscheidungsprozessen (2.) werfen und diese nach dem legitimatorischen Wert befragen, den Wissen oder Nichtwissen für sie haben kann. Anschließend ist das Verhältnis von Recht, Politik und Wahrheit zu erörtern (3.).

6 *Christoph Möllers,* Die drei Gewalten, 2008, S. 71 ff.

7 *Konrad Hesse,* Grundzüge des Verfassungsrechts der Bundesrepublik Deutschland, 20. Aufl. 1995, Rn. 499; *Hans Detlev Horn,* Die grundrechtsunmittelbare Verwaltung, 1999, S. 260 ff.; *Eberhard Schmidt-Aßmann,* Das allgemeine Verwaltungsrecht als Ordnungsidee, 2. Aufl. 2004, S. 179 ff.

1. Gesellschaftliches Wissen: Rechte als Instrumente der Wissensgenerierung

Viele Theoretiker der Gewaltenteilung haben sich mit der Frage beschäftigt, inwieweit die Aufbereitung von Wissen überhaupt als Aufgabe des Staates verstanden werden sollte. Gerade die ökonomische Theorie hat sich in dieser Hinsicht mitunter skeptisch gezeigt und ihren strikten methodischen Individualismus auch auf das Problem der Wissensgenerierung übertragen. Insbesondere Friedrich August von Hayek vertrat in diesem Zusammenhang ausdrücklich die These, dass eine der wesentlichen Stärken einer Ordnung, die individuelle Rechte respektiert und dadurch freie Märkte ermöglicht, in ihrer leistungsfähigen, weil dezentralen Informationsaufbereitung bestehe[8]. Keine organisatorische Struktur könne mit der individuellen Entdeckungslust der Marktteilnehmer konkurrieren. Diese Annahme dürfte heute auch in der ökonomischen Theorie nicht mehr in Hayekscher Reinheit vertreten werden. Insbesondere ist mittlerweile unbestritten, dass die reine Koordination zwischen Privaten zu Informationsasymmetrien führen kann, die durch staatliche Regulierungen aufgefangen werden müssen. Haftungsgarantien im privaten Vertragsrecht sind hierfür ein klassisches Beispiel[9]. Eine weitere Einschränkung eines starken normativen Wissensindividualismus ergibt sich aus dem Begriff der Verfügungsrechte selbst. Dies zeigt sich in unserem Zusammenhang bei der Frage, inwieweit individuell erworbene Wissensbestände auf Dauer den Schutz der Rechtsordnung genießen sollen. Dieses Grundproblem des Urheberrechts ergibt sich aus dem Dilemma, dass einerseits Anreize für individuelle Wissensgenerierung gesetzt werden müssen, dass aber andererseits die gesellschaftliche Teilhabe an diesem Wissen ab einem gewissen Punkt ermöglicht werden muss, schon um ineffiziente Wissensmonopole zu verhindern[10]. Die Nutzungsdauer von Patentrechten ist in diesem Zusammenhang ein klassisches juristisches Problem. In beiden Fällen verweist der individualistische Ausgangspunkt auf demokratischen Gestaltungsbedarf.

Noch einen Schritt weiter geht die Frage, inwieweit staatliches Handeln nicht nur die Nutzung von individuellen Rechten an Wissen beschränken soll, sondern sogar dazu berechtigt sein kann, sich Wissen über die Innenseite individueller Rechtssphären zu verschaffen. Diese Frage betrifft verschiedene, durchaus unterschiedliche Rechtsgebiete: von der Zulässigkeit von Volkszählungen über die Beschränkung von Geschäftsgeheimnissen im

8 *Friedrich August von Hayek,* The Use of Knowledge in Society, American Economic Review, XXXV (1945), S. 519.

9 *George Akerlof,* The Market for „Lemons", Quarterly Journal of Economics, Vol. 84 (1970), S. 488–500.

10 Als wichtige juristische Diskussion dieses Problems vergleiche Eldred v. Ashcroft 537 U.S. 186 (2003). Zur Theorie s. die Beiträge in: Martin Eifert / Wolfgang Hoffmann-Riem (Hrsg.), Geistiges Eigentum und Innovation, 2008.

Rahmen der Regulierung ökonomischer Krisen bis zu Maßnahmen zur Terrorismusbekämpfung. Hier treten individuelle und politische Ansprüche auf Wissen in eine unmittelbare Konkurrenz zueinander.

An diesem Ort sind diese Diskussionen nur mit Blick auf ihre Bedeutung für die Struktur der Gewaltengliederung aufzunehmen: Eine erste – recht schlichte – Einsicht dürfte darin bestehen, dass der gerichtliche Schutz individueller Rechte eben auch einen Schutz gesellschaftseigener Wissenserzeugung darstellt. Das Niveau des gerichtlichen Rechtsschutzes ist eine zentrale Form staatlicher Gestaltung gesellschaftlicher Wissensermittlung, deren Pointe gerade darin besteht, dass sie nicht „steuern" will, sondern Formen der Spontaneität schützt. Aus diesem Grund entscheiden Gerichte nur auf fremde Initiative. Individualrechte erfüllen in dieser Konzeption eine gesamtgesellschaftliche Funktion – aber diese Funktion wird gerade dann *nicht* erfüllt, wenn diese Rechte von vornherein unter einen politisch angeordneten Funktionsvorbehalt gestellt werden[11]. Natürlich kann diese Einsicht nicht darüber hinwegtäuschen, dass die wissensgenerierenden Subjekte selbst vielfacher staatlicher Regulierung unterliegen – etwa durch das Organisationsrecht der Hochschulen – gegen welches Rechtsschutz nur in seltenen Fällen ein relevantes Instrument sein dürfte. Trotzdem weist der normative Individualismus demokratischer Verfassungsstaaten der Wissensorganisation durch den Staat insgesamt eher einen reaktiven Platz zu. Zugleich verdeutlicht die vorliegende Perspektive, dass die staatliche Einschränkung von Rechten auch unerwünschte kognitive Nebenwirkungen haben kann: Wenn Hayeks Intuition über den Vorrang gesellschaftlicher Wissensgenerierung[12] zwar der Relativierung bedarf, aber eben doch nicht völlig trügt, dann können Hoheitsträger durch die flächendeckende Ermittlung von Wissen auch unerwünschte Nebeneffekte für diese Wissensordnung erzeugen. Die anlasslose flächendeckende Erhebung von personenbezogenen Informationen kann zu einem allgemein vorsichtigeren Kommunikationsverhalten führen, das seinerseits Effizienzverluste im gesellschaftlichen Umgang mit Wissen verursacht.

Es ist freilich eine Sache, die kognitive Bedeutung von Individualrechten anzuerkennen und eine andere, zu klären, auf welcher Ebene diese Erkenntnis praktisch umzusetzen ist. Ein – namentlich im deutschen Verfassungsrecht verbreiteter Reflex könnte hier schnell dazu kommen, eine verfassungsrechtliche Verfestigung materieller subjektiver Rechtspositionen als Lösung anzubieten. Diesen Schluss dürften die hier angestellten Überlegungen aber nicht hergeben. Dies würde noch nicht einmal den Ambivalenzen gerecht, die sich etwa mit Blick auf das Urheberrecht bei der Anerken-

---

11 Diese Tendenz findet sich allerdings in der Rechtsprechung des Bundesverfassungsgerichts: dazu *Christoph Möllers,* Wandel der Grundrechtsjudikatur. Eine Analyse der Rechtsprechung des Ersten Senats des BVerfG, NJW 2005, S. 1973.

12 So die Formulierung bei *Schmidt-Aßmann,* in diesem Bd., S. 45.

nung von subjektiven Rechten gezeigt haben. Vielmehr wird man sich nur auf eine prozedurale Anerkennung einigen müssen, also auf die Garantie gerichtlicher Verfahren zum Schutz individueller Rechte. Denn, wie sich zeigen wird, verfehlen zu enge Konstitutionalisierungsbestrebungen auch die kognitiven Leistungen demokratischer Willensbildung.

2. Kognitive Leistungen und Grenzen der Demokratie

Für die klassischen modernen Theorien der Demokratie, wie für ihre gesellschaftsvertragstheoretischen Erneuerungen, stellt Wissen in der demokratischen Entscheidungsfindung nicht selten ein Problem dar, dessen Lösung in der Garantie bestimmter Sphären des Nichtwissens besteht: So versteht Rawls in seiner Theorie der Gerechtigkeit die Stufenabfolge vom Gesellschaftsvertrag, über die Verfassunggebung und die demokratische Gesetzgebung bis hin zur Anwendung des Gesetzes durch Verwaltung und Gerichte auch als eine notwendige Entwicklung von weniger zu mehr Wissen[13]. Das bedeutet, dass demokratische Entscheidungen, die alle betreffen, gerade nicht über all ihre konkreten Konsequenzen informiert sein sollen. Rawls geht es – durchaus wie Rousseau und Kant[14] – um eine Form kognitiver Unparteilichkeit der Entscheidung, die eben nicht so getroffen werden soll, dass individuelle Vorteile entscheidungserheblich werden können.

Bemerkenswerterweise ist diese durchaus verbreitete Sicht der Beziehung zwischen Wissen und Demokratie heute recht weitgehend in den Hintergrund getreten, im deutschen Verfassungsrecht mit einer Ausnahme[15], die eher dokumentiert, dass dieser Ansatz sich so nicht operationalisieren lässt: Auch nur teilweise blinde demokratische Prozesse erscheinen heute kaum noch wünschenswert. Anders als in den genannten Entwürfen der politischen Philosophie, werden dem demokratischen Prozess heute weniger kognitive als normative Grenzen gezogen: Die Gewährleistung diskriminierungsfreien und zweckgerechten Entscheidens erfolgt nicht mehr durch die Abschirmung des Entscheiders von bestimmten Informationen, die die Entscheidung betreffen. Sie erfolgt vielmehr durch die Bindung an bestimmte Normen, beispielsweise Diskriminierungsverbote oder Befangenheitsregeln. Solche Regeln betreffen allerdings zumeist konkretere Entscheidungen von Behörden und Gerichten, nicht den Rawls interessierenden politischen Prozess. Aus diesem Grund bleibt vom Rawlsschen Argument zumin-

---

13 Gute knappe Darstellung bei *Tobias Lieber,* Diskursive Vernunft und formelle Gleichheit, 2007, S. 103 f.

14 Vgl. den Hinweis auf die Informiertheit in *Jean-Jacques Rousseau,* Du Contrat Social, II / 3; *Immanuel Kant,* Metaphysik der Sitten, Rechtslehre, 1797, § 45 f.

15 BVerfGE 101, 158 (218), zur Diskussion *Heinrich Lang,* Gesetzgebung in eigener Sache, 2003, S. 399 ff.

dest ein Merkposten: Die Ambivalenz staatlichen Wissens ergibt sich nicht allein aus der im vorherigen Abschnitt eingenommenen individualistischen Perspektive, sondern auch aus einer demokratietheoretischen Sicht: Normative Entwürfe, die alle betreffen, sind im Prinzip nur durch eine Form der Prinzipiengeleitetheit zu bewerkstelligen, die sich bewusst nicht darauf einlässt, im Einzelnen alle Folgen einer Entscheidung zur Kenntnis zu nehmen. Unwissen kann eine demokratische Tugend sein.

Moderne Demokratietheorien scheinen den Zusammenhang zwischen Wissen und demokratischem Prozess trotz dieser Einwände in aller Regel positiv zu verstehen. Dazu bieten sich zwei Begründungszusammenhänge an: Zum einen ist demokratische Willensbildung von vornherein veränderungsoffen und damit korrekturfähig. Nicht zufällig spielt die Kategorie des Experiments gerade in der pragmatistischen Demokratietheorie eine wesentliche Rolle[16]. Kognitive Tugenden der Demokratie ergeben sich damit aus ihrer hohen Reaktionsfähigkeit, aber auch, zum anderen, aus den demokratischen Willensbildungsprozessen, in denen Entscheidungen zu rechtfertigen sind. Hier zeichnet sich die alte, allerdings durchgehend umstrittene, Verwandtschaft zwischen demokratischer Debatte und wahrheitsgenerierenden Verfahren ab, die den Anspruch demokratischer Ordnungen begründet, nicht nur demokratisch legitimierte, sondern eben auch vernünftige Entscheidungen zu treffen. Eine besondere Wendung erfährt dies in der – für die neueren Diskussionen im internationalen Recht wie im Verwaltungsrecht sehr einflussreichen – deliberativen Demokratietheorie, die den eigentlichen Wert demokratischer Verfahren in der egalitären Möglichkeit erkennt, „gute Gründe“ für Entscheidungen auszutauschen[17]. Ob man dieses Demokratieverständnis teilt oder nicht, in jedem Fall erscheint es plausibel, eine positive wissensgenerierende Funktion demokratischer Verfahren anzunehmen, wenn diese gewissen Verfahrensstandards genügen, also tatsächlich inklusiv, ergebnisoffen und transparent Entscheidungen treffen. Bemerkenswerterweise wird diese Vermutung nicht allein von der politischen Philosophie bestätigt, sondern auch von der Wissenschaftstheorie, in der entscheidungsoffene Verfahren nach dem Vorbild des Parlamentarismus nicht allein der Politik, sondern auch der Wissenschaft empfohlen werden[18]. Jenseits der Frage, inwieweit diese Empfehlung weiterhilft, dokumentiert sie jedenfalls für die Rechtswissenschaft, dass die wissenschaftsinternen Probleme bei der Erzeugung von Wissen ihrerseits das Problem der Legitimation der Wissensgenerierung auf die Tagesordnung gesetzt haben. Je abhängiger sich Gesellschaften von Wissen wähnen, desto

---

16 *Hauke Brunkhorst (Hrsg.),* Demokratischer Experimentalismus, 1998.

17 *James Bohman,* Public Deliberation, 1996, 1 ff.; *Joshua Cohen,* Deliberation and Deliberative Democracy, in: Alan Hamlin / Philip Pettit (Hrsg.), The Good Polity, 1989, S. 17.

18 *Bruno Latour,* Politiques de la Nature, 1999.

folgenreicher wird Wissenschaft und desto mehr stellt sich die Frage nach wissenschaftsinternen Legitimationsmechanismen.

3. Wahrheit – Politik – Recht

Aus der Dogmatik der Meinungsfreiheit ist uns bekannt, dass die Rechtsordnung Tatsachen und Bewertungen weniger als strikte Alternativen, denn als Kontinuum versteht, also durchaus unterscheidet, aber eben nicht strikt trennt[19]. Diese Beobachtung findet ihre Bestätigung zumindest in bestimmten Teilen einer allerdings notorisch komplexen und widerspruchsreichen philosophischen Diskussion[20], die den Begriff der faktischen Wahrheit[21] nicht selten nicht mehr als Frage richtiger Tatsachenaussagen, sondern als solche der plausiblen Rechtfertigung von Aussagen versteht[22]. Ein solches Verständnis von Wahrheit würde in einer demokratischen Verfassungsordnung letztlich Wahrheit als Funktion eines Willensbildungsprozesses verstehen können.

Doch bleibt fraglich, ob sich demokratische Rechtsordnungen mit einer solchen Sicht der Dinge zufrieden geben können, oder ob Ziele wie Wohlinformiertheit und Richtigkeit der Tatsachengrundlage einer Entscheidung nicht für hoheitliches Handeln unverzichtbar bleiben[23]. Offensichtlich hat die Unterstellung von Tatsachen auch eine sehr hohe legitimatorische Bedeutung: Mit der Aufgabe eines Richtigkeitskriteriums jenseits der eigenen politischen Weltkonstruktion wäre der Gestaltungsanspruch demokratischer Rechtssetzung nicht mehr plausibel. Die oben erörterte Korrektur- und Veränderungsoffenheit demokratischer Rechtsordnungen verlöre ohne die Unterstellung einer objektiven Außenseite, an der entlang sich demokratische Entscheidungen auch wirklich korrigieren lassen könnten, ihre Bedeutung. Demokratische Ordnungen zeichnen sich also auch dadurch aus, dass sie sich an Sachverhalten orientieren und umorientieren, über die sie selbst nicht verfügen. So scheinen demokratische Rechtsordnungen unvermeidlich eine wahrheitstheoretische Doppelstrategie einschlagen zu müssen: Auf der einen Seite wird die Frage wahren Wissens Verfahren überantwortet, die die Intensität der Ermittlungen durchaus massiv beschrän-

---

19 *Helmuth Schulze-Fielitz,* in: Horst Dreier, Grundgesetz, 2. Aufl. 2004, Rn. 62–64.

20 *Hilary Putnam,* The Collapse of the Fact/Value Dichotomyand Other Essays, 2002, S. 43 ff.

21 In Abgrenzung zur Frage nach der Wahrheit normativer Aussagen, *Georg-Heinrich v. Wright,* Norm and Action, 1961, S. 93 ff.

22 Skeptischer: *Jürgen Habermas,* Wahrheit und Rechtfertigung, 1999, S. 230 ff. (insbes. 256 f.); *Wolfgang Künne,* Conceptions of Truth, 2003, S. 375 ff.

23 So auch *Andreas Voßkuhle,* in: Trute u. a. (Hrsg.), Allgemeines Verwaltungsrecht – zur Tragfähigkeit eines Konzepts, 2008, S. 637 (655).

ken; auf der anderen Seite wird der Anspruch auf die Objektivität der verwendeten Wissensbestände aber nicht aufgegeben.

In demokratischen Rechtsstaaten stellt sich die Bewertung von Wissen zudem häufig als eine politische Bewertung, als eine Politisierung dar. Diese wird zumeist als Problem wahrgenommen, zu dessen Illustration pathologische Fälle angeführt werden können: Beispielsweise werden amtliche wissenschaftliche Berichte von der Regierung der Öffentlichkeit vorenthalten, weil ihre Implikationen politisch unerwünscht sind. Solche Phänomene sind augenscheinlich problematisch und es dürfte nicht zu den unwichtigsten Aufgaben einer staatlichen Wissensordnung gehören, derartige Interventionen zu vermeiden. Freilich verdeckt der Blick auf diese Pathologien die in der Regel positive Beziehung, die Politisierung zum hoheitlichen Umgang mit Wissen entwickeln kann. Denn versteht man Politisierung als eine weltanschaulich gesteuerte, demokratisch legitimierte Aggregation von staatlichen Handlungspräferenzen, dann hat diese auf die Organisation von Wissen eben auch eine strukturierende Wirkung. Erst politische Programme geben darüber Auskunft, welches Wissen zu welchem Ziel geschaffen oder abgefragt werden soll. Ohne Politisierung würde staatliches Wissen schnell nur noch der Archivierung dienen. Zwecke, an denen entlang Wissen generiert werden soll, würden fehlen. Dass die Probleme, die mit der Politisierung der Wissensgenerierung einhergehen, durch diesen Hinweis nicht einfach gelöst werden, versteht sich von selbst. Aber es wird auch hier deutlich, dass es auf dem hohen Abstraktionsniveau, das das Thema vorgibt, gänzlich sinnlos erschiene, nicht auch den Zusammenhang zwischen Wissensgenerierung und Politisierung als ambivalent zu verstehen.

III. Wissensverteilung in der demokratischen Gewaltengliederung

Von demokratischer Gewaltengliederung soll im Folgenden die Rede sein, soweit die alte von Montesquieu ererbte Begrifflichkeit der drei Gewalten auf einen modernen demokratischen Rechtsstaat und eventuell auch auf seine internationalen Erweiterungen angewendet wird. Der Beitrag wird sich dem Zusammenhang durch einen abfolgenden Blick auf die tradierten drei Gewalten nähern (1.-3.).

1. Legislatives Wissen

Legislatives Wissen, das Wissen, über das Parlamente verfügen sollen und verfügen können, scheint auf den ersten Blick besonders anspruchsvollen Maßstäben genügen zu müssen, denn es zeichnet legislatives Entscheiden aus, auf einem vergleichsweise hohen Abstraktionsniveau und thematisch quasi allumfassend zu operieren. Zudem agieren Legislativen im Unterschied zu den anderen Gewalten explizit zukunftsorientiert. Es geht bei der Gesetzgebung zumeist um die Gestaltung zukünftiger Wirklichkeit. Legislative Entscheidungen lassen sich damit von vornherein nur eingeschränkt durch Erfahrungswissen rechtfertigen, denn Ziel der Gesetzgebung ist ein Zustand, mit dem man noch keine Erfahrungen gemacht hat. Dass an die Stelle von Wissen Politik tritt, ist in diesem Zusammenhang, wie gesehen, nicht notwendig ein Mangel.

Versucht man diese Diskussion in juristisch vertrautere Bahnen zu überführen, so wird man die Funktion des Parlamentes weniger darin sehen, bestehende Wissensvorräte zu sammeln und zu spezifizieren, als vielmehr vorhandenes Wissen zu relativieren und mit bestimmten Prioritäten zu versehen. Zweifellos muss parlamentarische Gesetzgebung informiert sein, aber sie muss eben auch Entscheidungen darüber treffen, welches Wissen für eine Gesellschaft zu einem gegebenen Zeitpunkt von Bedeutung ist und welches nicht. Öffentlichkeit und Allzuständigkeit parlamentarischer Entscheidungen sind deswegen nicht nur legitimatorische, sondern eben auch kognitive Qualitäten[24]: Allzuständigkeit verhindert Überspezialisierung und erzwingt eine klare Setzung von Prioritäten, die die vielfältigen Anliegen von Experten mit einer eigenen Wertigkeit versieht. Öffentlichkeit sorgt dafür, dass die gesellschaftliche Wissensproduktion auf die parlamentarische Willensbildung einwirken kann. Lobbying ist in den meisten Fällen und zum größten Teil Wissensaufbereitung im Dienste bestimmter Interessen, also als solche sicherlich asymmetrisch und nur begrenzt zuverlässig, aber trotzdem unverzichtbar und immer auf das Kontrastwissen anderer Interessenten bezogen. Gegen asymmetrische Information helfen vor diesem Hintergrund nur noch mehr Informationen. Die Interessengeleitetheit des Wissens kann zudem, wenn sie transparent ist, auch dabei helfen, Wissen zu selektieren und einzuordnen. Das implizite Modell parlamentarischer Wissensorganisation beruht damit durchaus auf ähnlichen Annahmen wie wir sie oben in der Theorie Hayeks vorgestellt haben – es geht um einen Markt, in dem Interessenten um die Aufmerksamkeit des politischen Prozesses kämpfen – naturgemäß leidet dieses Modell aber auch unter denselben Schwächen. Denn natürlich kann man sich fragen, ob der Hinweis auf die Tugenden des Parlamentarismus genügt, um angemessene Wissenskonfigurationen sicherzustellen. Transparenz hinsichtlich der Beziehungen zwischen parlamentarischen Entscheidungsträgern und bestimmten gesellschaftlichen Interessen erscheint so nicht nur aus demokratietheoretischer, sondern auch aus kognitiver Perspektive extrem wünschenswert[25].

---

24 Für den deutschsprachigen Zusammenhang grundlegend: *Oliver Lepsius*, Die erkenntnistheoretische Notwendigkeit des Parlamentarismus, in: Martin Bertschi (Hrsg.) Demokratie und Freiheit, 1999, S. 123.

25 BVerfGE 118, 277 (373 ff.), zu diesem Aspekt auch *Anne van Aaken / Stefan Voigt*, Der „gläserne" Abgeordnete? Transparenzregeln für Parlamentarier und ihre Folgen, Journal für Rechtspolitik 2008, S. 160.

Eine erste Relativierung des parlamentarischen Allgemeinheitsanspruchs zeigt sich in der Binnenorganisation des Parlaments, die erkennbar auch auf Spezialisierung und eine systematischere Wissensverarbeitung angelegt ist[26]. Wie dies zu geschehen hat, bleibt aber zunächst Sache des Parlaments selbst – und wird zu größten Teilen entsprechend der gebotenen Offenheit des Prozesses ad hoc entschieden. Dass es bei diesen Entscheidungen mitunter hinsichtlich der Frage, wie das Parlament an Informations- und Wissensbestände kommt, an institutioneller Phantasie fehlt, drängt sich auf. Ritualisierte Sachverständigenanhörungen, deren Ergebnisse bereits vorher feststehen, sind dafür nur ein Beispiel. Umgekehrt finden sich in der parlamentarischen Wissensorganisation nicht selten auch Schätze, die ihrerseits gesellschaftlich wenig genutzt werden: etwa die teilweise höchst informativen Berichte von Enquete-Kommissionen des Deutschen Bundestages[27] oder auch die Berichte des House of Lords zur europäischen Rechtsetzung[28]. Zudem enthebt diese interne Ausdifferenzierung nicht von der Verpflichtung des Parlaments, seine Entscheidungen als Plenum zu treffen – eine Pflicht, die der Spezifizierung der parlamentarischen Wissensorganisation deutliche Grenzen zieht, die man aber eben, wie gezeigt, nicht nur als die Not unqualifizierter Entscheidung, sondern auch als Tugend der Komplexitätsreduktion verstehen muss: Parlamente betreiben eine gemeinwohlorientierte Wissensselektion, die die expertokratische Überschätzung des je eigenen Sachproblems notwendig institutionell beschränkt. Eine wissenschaftliche Aufbereitung bestimmter Themen dürfte – jedenfalls im parlamentarischen Regierungssystem – in aller Regel durch die Regierung vermittelt werden, die über bessere Möglichkeiten zur Aufbereitung von Wissen verfügt.

Man mag fragen, ob sich die Rechtsordnung mit diesem Zustand zufrieden geben kann, oder ob es einer zusätzlichen Regulierung der Wissensgrundlage parlamentarischen Handelns bedarf. Einigkeit scheint darüber zu bestehen, dass eine solche Regulierung weniger die eigentliche parlamentarische Entscheidung betreffen sollte als die Folgen einer solchen Entscheidung. Als ihrerseits gesetzlich obligatorische Gesetzesfolgenabschätzung sind solche Verfahren vielen Rechtsordnungen bekannt – freilich mit insgesamt eher zweifelhaften Ergebnissen[29]. Denn natürlich endet die Politisierung einer gesetzlichen Entscheidung nicht mit ihrem Beschluss, sondern sie wird mit der öffentlichen Diskussion über die Folgen der Entscheidung fortgesetzt. Solange sie andauert, solange damit auch keine Einigkeit

26 Dazu *Klaus v. Beyme*, Der Gesetzgeber, 1997, S. 152 ff., 188 ff.

27 Schlussbericht der Enquete-Kommisison Globalisierung der Weltwirtschaft, http: //www.bundestag.de/gremien/welt/glob_end.

28 http: //www.publications.parliament.uk/pa/ld/ldeucom.htm.

29 Sehr skeptisch aus der praktischen Erfahrung *Peter Blum*, Wege zu besserer Gesetzgebung, Gutachten I, 65. DJT, 2004, S. 1.

über die Kriterien hinsichtlich erwünschter und unerwünschter Folgen von Gesetzgebung besteht, sind die Chancen erfolgreicher Expertifzierung gering.

Eine besondere Form der Folgenabschätzung stellen vom Bundesverfassungsgericht an den Gesetzgeber gerichtete Beobachtungs- und Nachbesserungspflichten dar. Diese sind verfassungsrechtlich eine Konsequenz der Geeignetheitsprüfung, die das Gericht zwar stets – und zwar unter ausdrücklicher Berufung auf das damit verbundene unsichere Wissen – mit großer Zurückhaltung behandelt hat, die es aber nunmehr unter bestimmten Bedingungen dadurch prozeduralisiert, dass der Gesetzgeber dazu verpflichtet wird, sich regelmäßig des in einer gesetzlichen Entscheidung unterstellten Wissensbestandes neu zu versichern[30]. Ob diese Rechtsprechung ihrerseits „geeignet" ist, die Wissensgrundlagen politischer Entscheidungen zu erhöhen, erscheint zumindest zweifelhaft. Auch jenseits der Tatsache, dass es sich hierbei um einen bemerkenswert intensiven Eingriff in die demokratische Willensbildung handelt, stellt sich aus einer wissenstheoretischen Perspektive die Frage, inwieweit es überzeugend wirkt, die ohnehin begrenzten Aufmerksamkeitsressourcen des Gesetzgebers regelförmig zu beschränken. Grenzen der Freiheit der demokratischen Wissensorganisation scheinen sich aus dieser Sicht kaum aus dem Gesichtspunkt optimierten Wissens selbst zu ergeben. Wissen ist eben ein zu opakes Gut, um es auf diese Art und Weise sichern zu können. Wenn überhaupt, lassen sich solche Regeln nicht kognitiv, sondern nur normativ begründen: Es geht nicht um einen definierten Wissensstandard, sondern darum, welche Lasten Grundrechtsträgern unter wie viel Ungewissheit zugemutet werden können. Verpflichtungen zu Wissensorganisation erscheinen daher nur in besonderen Fällen gerechtfertigt[31].

Schließlich stellt sich die Frage nach den Informationsbeziehungen des Parlaments zu anderen Staatsorganen, namentlich zur Regierung. Aus verschiedenen Gründen wird man davon ausgehen können, dass im Regelfall Parlamente schlechter informiert sind als die Regierung. Dies hängt zunächst mit der Kontinuität der administrativen Organisation zusammen, die nicht in gleicher Weise durch Legitimationsakte wie Wahlen unterbrochen wird, wie dies beim Parlament der Fall ist. Verwaltungen sind zudem potentiell unbegrenzt wachstums- und ausdifferenzierungsfähig, sie können daher in besonderer Weise spezialisierte Wissensbestände anlegen und pflegen. Zugleich gestattet es ihre Legitimationsstruktur auch, Informationen

---

30 BVerfGE 88, 203 (309 ff.); 93, 37 (84 f.); 94, 115 (151 f.); 97, 271 (294 f.). Kritisch: *Stefan Huster*, Die Beobachtungspflicht des Gesetzgebers, ZfRSoz 24 (2003), S. 3; *Ino Augsberg / Steffen Augsberg*, Prognostische Elemente in der Rechtsprechung des Bundesverfassungsgerichts, VerwArch 2007, S. 290.

31 Dieser Zusammenhang zeigt sich deutlich in der Entscheidung zum Luftsicherheitsgesetz, BVerfGE 115, 118 (154 ff.).

geheim zu halten. Das Verständnis der Informationsbeziehungen zwischen Verwaltung und Parlament, damit aber auch zwischen Verwaltung und Öffentlichkeit, hat sich in den letzten Jahrzehnten nachhaltig verändert, darauf wird zurückzukommen sein[32]. Für das Parlament dürfte festzuhalten sein, dass es auf die administrative Aufbereitung von Informationen angewiesen ist und dass es, schon weil es in aller Regel die Kompetenz hat, Regeln zu setzen, die die Exekutive binden, nicht aber umgekehrt, auch über einen Anspruch verfügen muss, diese Informationen von der Verwaltung zu bekommen. Dass dieser Informationsfluss in parlamentarischen Systemen nicht notwendig freier fließt als in gewaltengetrennten wie dem US-amerikanischen, sei nur bemerkt. Nicht selten führen institutionelle Konkurrenzen eher als Kooperation und Koordination auch zu einer gezielteren Nachfrage und damit mittelbar auch zu einer gezielteren Aufbereitung von Wissen.

Die Rolle des parlamentarischen Gesetzgebers erscheint, alles in allem, viel komplexer als es das schlichte Modell von sachverständiger Beratung und nachfolgender Entscheidung suggeriert. Beratung ist notwendig, zugleich ist der demokratische Entscheidungsprozess aber in vielen Fällen auch konstitutiv für die Art von Beratung und Wissen, die zu seiner eigenen Beratung zur Verfügung steht: Präferenzen bei der gesellschaftlichen Wissensproduktion werden durch Gesetzgebung nicht nur rezipiert, sondern eben auch geprägt. Wissenschaftsbezogene Entscheidungen haben darauf unmittelbare Rückwirkungen; viele andere, auf den ersten Blick wissenschaftsferne, Entscheidungen – der Ausstieg aus der Kernenergienutzung oder ein militärisches Engagement – haben starke mittelbare Implikationen für das Entstehen und Vergehen von Wissen. Wechselseitige Veränderungen zwischen Wissen und Politik wirken auf Gesetzgebung am ehesten zurück.

2. Exekutives Wissen

Viele Überlegungen über den hoheitlichen Umgang mit Wissen beschränken sich auf die Exekutive. Auch wenn diese Beschränkung verschiedene Dimensionen hoheitlichen Umgangs mit Wissen verfehlt, erscheint sie nicht völlig fernliegend, weil Exekutiven über organisatorische Eigenschaften verfügen, die ihnen spezifische Möglichkeiten im Umgang mit Wissen geben, die den anderen Gewalten fehlen. Dies hängt damit zusammen, dass die Exekutive zum einen über besondere Möglichkeiten zur internen Spezialisierung, zum anderen über Eigeninitiative verfügt, die beide zu einer nachhaltigen Expertifizierung notwendig sind. Jeweils eine dieser Eigenschaften fehlt den anderen Gewalten: Die Legislative benötigt eine Rückan-

---

32 Sogleich unten 2.

bindung an Wahlen und sie ist zur Entscheidung als Plenum verpflichtet, um ihre demokratische Repräsentationsfunktion zu erfüllen. Aus diesem Grund sind, wie gesehen, ihrer Spezialisierung Grenzen gesetzt. Die Judikative kann umgekehrt, wie wir sehen werden, mangels eigener Handlungsinitiative Wissen nur in geringerem Maße systematisch integrieren. Liefert Wissen Maßstäbe, die sich gegenüber Politik und Recht verselbständigen, so liegt es nahe, dass diejenige Gewalt, die ihre Legitimation weniger eindeutig aus Politik oder Recht bezieht als die beiden anderen Gewalten, für die Wissensgenerierung eine besondere Rolle spielt. Es ist gerade die relative Ferne zu diesen beiden Legitimationsmechanismen, die der exekutiven Organisation Kontinuität und damit auch die Möglichkeit zu einem strukturierteren Umgang mit Wissen gibt, nicht allein wegen ihrer organisatorischen Ausdifferenziertheit, sondern auch wegen ihrer unvermeidlichen und für die Wissensorganisation nicht notwendig nachteiligen Politisierung.

Die Ausgestaltung der Exekutive als kollegiale gubernative Spitze mit einem weit ausdifferenzierten, hierarchisch nachgeordneten Verwaltungsunterbau kann auch als anspruchsvolle Form der Organisation von Wissen verstanden werden, die die Ausdifferenzierung komplexer Wissensbestände mit deren Reduktion verbindet. Auf der Ebene des Kabinetts werden bereits hierarchisch selektierte Informationen miteinander abgeglichen. Zugleich stehen dazu aber auch Wissensressourcen zur Verfügung, die sich aus der Verästelung der Behördenstruktur wie auch der operativen Problemnähe der Verwaltung ergeben. Wissenstransfers sollen innerhalb der Hierarchie sowohl von oben nach unten als auch von unten nach oben möglich sein: Die politische Leitung kann sich auch vermittels ihrer operativen Untergliederungen mit Informationen versorgen. Umgekehrt liefert die gubernative Spitze den Untergliederungen Selektionskriterien und definiert Aufmerksamkeitskriterien[33]. Das tradierte Modell hierarchischer exekutiver Organisation hat unzweifelhaft seine eigenen kognitiven Qualitäten.

Trotzdem steht dieses tradierte Modell der Verwaltung nicht erst seit kurzem in Frage[34]. Ein aus vielen Rechtsordnungen bekanntes Mittel, die Wissensgenerierung der Exekutive auf andere Art und Weise sicherzustellen und sie zugleich entscheidungsrelevant zu halten, besteht in der organisatorischen Verselbständigung bestimmter Behörden. Seit dem New Deal wird die Errichtung von selbstständigen Verwaltungsagenturen – nicht nur – aber auch mit der Fachkompetenz von Verwaltungsbehörden gerechtfertigt, die durch eine zu unmittelbare Anbindung an den politischen Prozess in Frage gestellt würde[35]. Wie oben gesehen, versteht sich die in dieser

---

33 Zur Funktion von Hierarchien als Selektionsmechanismus: *Niklas Luhmann,* Organisation und Entscheidung, 2000, S. 312 ff.

34 *Francois Ost,* De la pyramide au réseau, 2002.

35 *Robert Cushman,* The independent regulatory commissions (1941), 1972, S. 37 ff.; *Stephen Skowronek,* Building the New American State, 1982, S. 165 ff.

Begründung zu erkennende Unterstellung eines negativen Trade-offs zwischen Politik und Wissen nicht von selbst, denn auch positive Rückwirkungen sind kaum zu bestreiten. Trotzdem kann es Fälle geben, in denen sich umgekehrt die Verselbstständigung exekutiver Entscheidungseinheiten kognitiv rechtfertigen lässt: Das bekannteste und am meisten verbreitete Beispiel sind Zentralbanken, die ihre Geldpolitik gerade ohne politische Gestaltung programmieren sollen[36]. Die große Bedeutung dieses Beispiels kann allerdings nicht darüber hinwegtäuschen, dass die Generierung von kognitiven Kriterien und ihre Abschirmung gegenüber dem politischen Prozess nur noch selten als Motiv zur Verselbstständigung von Behörden in nationalstaatlichen Rechtsordnungen dient. Selbst in dem Land, das selbstständige Agenturen erfunden hat, den Vereinigten Staaten, ist eine stärkere Rückbindung der Behörden an die Präsidialverwaltung schon seit längerem zu beobachten[37]. Zwar finden sich weiterhin viele Agenturgründungen in verschiedenen Rechtsordnungen[38], doch liegen die Gründe für deren Errichtung weniger in der Organisation von Wissen, als in der Vermeidung von Interessenkonflikten innerhalb der Staatsorganisation. Etwas anderes gilt mit Abstrichen für die erst im folgenden Abschnitt zu betrachtende Form der supranationalen Informationsagentur.

Die Öffnung der exekutiven Organisation für Informationsbegehren der Bürger, die im deutschen Recht mit einer durchaus charakteristischen Verspätung eingeführt wurde[39], lässt sich nicht nur als eine demokratische, sondern auch als eine kognitive Errungenschaft begreifen. Wenn Exekutiven über Wissensbestände verfügen, die von vornherein einer demokratischen Gemeinwohlverpflichtung unterliegen, dann ist deren gezielte Öffnung, auf gesellschaftliche Nachfrage hin, erst einmal ein Mittel, um den potentiellen Nutzwert dieses Wissens zu vergrößern. Hier geht es nicht um die – in der deutschen Rechtswissenschaft traditionell dominierende – Perspektive der Rechtsschutzermöglichung. Es geht auch nicht allein um die Ermöglichung oder Kontrolle demokratischer Entscheidungen. Es geht vielmehr darum, die Gesellschaft an den Möglichkeiten teilhaben zu lassen, die die von ihr getragene und durch sie legitimierte Verwaltung bereitstellt.

---

36 Dazu auch rechtsvergleichend *Charlotte Gaitanides,* Das Recht der Europäischen Zentralbank, 2005, S. 41 ff.

37 *Elena Kagan,* Presidential Administration, Harvard L. Rev. 114 (2001), S. 2245.

38 *Matthias Ruffert,* Verselbständigte Verwaltungseinheiten: Ein europäischer Megatrend im Vergleich, in: Trute u. a. (Hrsg.), Allgemeines Verwaltungsrecht (FN 23), S. 431.

39 Zur Rechtfertigung der Arkanverwaltung: *Marcel Kaufmann,* Grundrechtlicher Anspruch auf Akteneinsicht als Voraussetzung der Demokratie?, in: Martin Bertschi u. a. (Hrsg.), Demokratie (FN 24), S. 41.

3. Judikatives Wissen

Judikatives Wissen muss sich in der Regel punktuell auf definierte Sachverhalte und Fragen beziehen, innerhalb dieses Rahmens aber mit vergleichsweise großer Genauigkeit zur Verfügung stehen. Dieses Wissen folgt der Logik der Fallentscheidung, die (jenseits der Verfassungsgerichtsbarkeit) die dritte Gewalt dominiert. Wie wir aus den alten Diskussionen um die Figur der prozessualen Wahrheit[40] und der Legitimation durch Verfahrensindividualisierung[41] schon lange wissen, gestalten sich auch Gerichte ihre Wissensgrundlagen mit Hilfe gesetzlicher Verfahrensregelungen selbst, indem sie aus einer Fülle irrelevanter Fakten Sachverhaltsfragen zuspitzen und diese nicht zuletzt mit Hilfe von Beweislastverfahren entscheiden: Prozedurale Modelle der Wissensgewinnung finden bereits in traditionellen Formen des Gerichtsverfahrens einen dankbaren Gegenstand. Man hat nicht selten den Eindruck, dass pragmatische Wahrheitstheorien sich die tradierte Form des Gerichtsverfahrens geradezu als Vorbild für eine Methode der Wahrheitsermittlung genommen haben[42]. Zu diesem Verfahren gehört es auch, dass Fakten regelmäßig umstritten sind, ja praktisch öfter umstritten sein dürften als Rechtsfragen. Dabei erweist sich der Umgang mit Wissen in gerichtlichen Verfahren – und auch im in manchem ähnlichen auf einen Verwaltungsakt gerichteten Verwaltungsverfahren – wiederum als durchaus ambivalent: Auf der einen Seite gebietet es der Entscheidungszwang, auch nicht aufklärbare Sachverhalte entweder als aufgeklärt zu fingieren oder sich gegenüber nicht aufklärbaren Tatsachen mit Hilfe einer Beweislastregel zu immunisieren: ein Gericht kann sich nicht weigern, eine Entscheidung zu treffen, weil keine ausreichende Tatsachengrundlage vorliegt[43]. Die Kombination aus Beweislastregel und Rechtsverweigerungsverbot garantiert, dass Gerichte immer auf einer durch die Rechtsordnung unterstellten „Tatsachengrundlage" entscheiden. Auf der anderen Seite zeigen Wiederaufnahme- und Revisionsregeln aber auch, für wie essentiell eine „richtige" Tatsachengrundlage für die Legitimation einer gerichtlichen Entscheidung gehalten wird. Trotz der wahrheitsimmunisierenden Funktion von Beweislastregeln geht das Prozessrecht von der Wahrheitsfähigkeit und Wahrheitsbedürftigkeit seiner Tatsachenunterstellungen aus.

Lassen sich diese Grundlagen gerichtlichen Entscheidens in den allermeisten Rechtsordnungen wiederfinden[44], so ist die Frage schwieriger zu

---

40 Für einen Rückfall in ein vormodernes Wahrheitsverständnis stehen die Ausführungen in BGHSt 51, 298 (310).

41 *Niklas Luhmann,* Legitimation durch Verfahren, 1975, S. 121 ff.

42 Vergleiche nur *Jürgen Habermas,* Wahrheitstheorien, in: FS *W. Schulz,* 1973, S. 211.

43 *Niklas Luhmann,* Recht der Gesellschaft, 1992, S. 310 ff. – Für das deutsche Verfassungsrecht: *Eberhard Schmidt-Aßmann,* in: Theodor Maunz / Günter Dürig, GG, Art. 19 IV, Rn. 16 f.

beantworten, inwieweit die Gerichtsbarkeit als Organisation sich spezifischer auf den Umgang mit Wissen einstellen sollte. Ein wichtiges Element einer eigenen organisatorischen Konzeption besteht im deutschen Recht in der Spezialisierung der Gerichtsbarkeiten, die anderen Rechtsordnungen, namentlich im Rechtskreis des Common Law, fremd ist. Eine solche Spezialisierung, die sich in den internen Zuständigkeitsverteilungen von Spruchkörpern fortsetzen kann, scheint sowohl Vor- als auch Nachteile aufzuweisen. Auf der einen Seite kann die Erfahrung mit bestimmtem sich ähnelnden Fallmaterial durchaus hilfreich sein, um eine kompetente Entscheidung zu treffen. Solche Erfahrungen betreffen nicht nur die normative, sondern auch die kognitive Seite des gerichtlichen Urteilens: Milieukenntnisse und Vertrautheit mit sich ähnelnden komplexen technischen oder gesellschaftlichen Zusammenhängen erscheinen geeignet, die Qualität gerichtlichen Entscheidens zu verbessern. Auf der anderen Seite erscheint auch eine bestimmte Distanz zu einem bestimmten Sachverhalt für die gerichtliche Urteilskraft nicht ungünstig. Die – theoretisch weiterhin rätselhaft bleibende[45] – Fähigkeit, Urteile zu treffen, also etwas Besonderes unter etwas Allgemeinem zu fassen[46], scheint sich der spezialisierenden Aneignung von Wissen durchaus zu widersetzen. Zudem kann die mit einer solchen Spezialisierung unvermeidlich verbundene Zuweisung zu bestimmten Rechtsgebieten und den entsprechenden Rechtswegen auch durchaus willkürlich erscheinen und – wie zwischen öffentlichem Recht und Privatrecht – die Problemlösungskapazitäten der Gerichte eher verringern. Hier stiftet der Schnitt zwischen den Gerichtszuständigkeiten mit einem Mal künstliche Wissensbarrieren, die sich auch in einer bestimmten Beschränktheit der rechtswissenschaftlichen Auseinandersetzung mit dem Rechtsstoff abbilden[47].

Der Rechtsvergleich der Entwicklung verwaltungsgerichtlicher Kontrolle dokumentiert, dass sich hinter unterschiedlichen Formen der Organisation der Gerichtsbarkeit auch unterschiedliche normative Vorstellungen von den kognitiven Anforderungen an gelungenes gerichtliches Urteilen verbergen: Das französische Modell der Verwaltungsgerichtsbarkeit entstammt der verwaltungsinternen Selbstkontrolle. Hinter diesem Modell steckt auch die Vermutung, dass eine effektive Kontrolle der Verwaltung diese von innen kennen muss. Entsprechend durchlässig sind Verwaltung und Verwaltungsgerichtsbarkeit bis zum heutigen Tag in Frankreich in beide Richtun-

44 *Mauro Cappelletti,* The Judicial Process in Comparative Perspective, 1988, S. 30 ff.; *Martin Shapiro,* Courts, 1981, S. 28 ff.

45 *Jacques Derrida,* Force de Loi, 1994.

46 Dazu aus juristischer Sicht *Stephan Meder,* Urteilen, 1999.

47 Dazu *Stephan Leibfried / Christoph Möllers* u. a., Redefining the Traditional Pillars of German Legal Studies and Setting the Stage for Contemporary Interdisciplinary Research, German Law Journal (2006), S. 661 (666 ff.).

gen[48]. Genau diese Durchlässigkeit erscheint ebenfalls bis in die Gegenwart dem englischen Rechtssystem als hoch problematisch. Hier erscheint internes Wissen um die Vorgänge der Verwaltung eher als Bedrohung für die Unparteilichkeit gerichtlichen Entscheidens. Ironischerweise hat diese Sicht der Dinge aber allem Anschein nach eine eher kontraproduktive Wirkung auf die Kontrolle der Verwaltung. Denn die Beibehaltung einer klassischen Gerichtsbarkeit und ihrer beschränkten Ressourcen führt dazu, dass ein großer Teil der Kontrolle in England nun tatsächlich verwaltungsintern erfolgt und gerichtliche Interventionen in das Verwaltungshandeln die Ausnahme bleiben. Dies gilt allerdings nicht in gleicher Weise für das amerikanische Verwaltungsrecht, das gleichfalls nur einen einheitlichen Gerichtsweg kennt[49]. So scheinen Antworten auf die Frage nach der angemessenen Gerichtsorganisation sich nicht unbedingt aus der Beobachtung der Fakten zu ergeben, sondern zuallererst aus den normativen Erwartungen an gerichtliches Entscheiden. Die Entwicklung im internationalen Recht erweist sich in gleicher Weise zwiespältig: einer allzuständigen europäischen Judikative steht eine Vielzahl hoch spezialisierter internationaler Spruchkörper gegenüber, deren Koordination mehr und mehr zum Problem wird[50].

Im Kontext des vorliegenden Bandes besonders viel diskutiert wird die Frage nach Sachverhalten, deren Beurteilung für die justitiellen Entscheidungstechniken zu komplex erscheint[51]. So ergeben sich beispielsweise im Regulierungsrecht, namentlich bei der Kalkulation von Entgeltregulierung mit Hilfe bestimmter Rechenmodelle, Sachverhaltsprobleme, die so kompliziert sind, dass sie schwerlich im Rahmen einer gerichtlichen Beweisaufnahme seriös zu entscheiden sind. Das Problem ist nicht neu, es geht schließlich um eines der großen Themen des Amerikanischen Legal Realism[52], in dem bereits Zweifel formuliert wurden, ob es gerichtsintern zu lösen ist. Vielmehr sind verschiedene Strategien der Auslagerung denkbar, um erkennbare Mängel an Wissen und Information zu kompensieren. Keine von ihnen ist unproblematisch: Zum einen kann man die Sachverhaltsklärung auf die Parteien auslagern. Das ist bis zu einem gewissen Grad die Strategie zivilprozessualer Beweislastregeln. Es ist aber auch im Verwaltungsverfahren und in dessen Konsequenz im Verwaltungsprozess üblich geworden, den Parteien Pflichten zur Klärung von Sachverhalten

---

48 Dazu *Bruno Latour*, La fabrique du droit, 2004, (es dürfte sich hierbei um die einzige wissenssoziologische Studie zur Praxis eines, wenn auch sehr speziellen Verwaltungsgerichts, des Conseil d'Etat, handeln).

49 Dazu kritisch *Richard Revesz*, Specialized Courts and the Administrative Law System, U. o. Pennsylvania L. Rev. 138 (1990), S. 1111.

50 Zurückhaltend noch *Jonathan L. Charney*, Is International Law Threatened by Multiple International Tribunals?, Recueil des Cours 271 (1998), S. 101.

51 *Sheila Jasanoff*, Science at the Bar, 1995.

52 *Neil Duxbury*, Patterns of American Jurisprudence, 1997, S. 286 ff.

aufzuerlegen[53]. Gerade in regulatorischen Dreiecksbeziehungen wird dies aber im Ergebnis nicht zu einer befriedigenden Lösung führen, weil zwei betroffene Parteien auf einem hohen Niveau sich widersprechende Sachverhaltsdarstellungen geben werden. Solche Verpflichtungen können damit einen ersten Filter liefern, aber sie werden der Gerichtsbarkeit kaum eine eigene Beurteilung ersparen. Dies legt es als zweite Strategie nahe, die gerichtliche Kontrolldichte zugunsten der Exekutive zurückzunehmen, die besser in der Lage zu sein scheint, die kognitiven Elemente des Streits zu bewältigen. Auch diese Lösung ist allerdings nicht unproblematisch, wenn die Funktion des Gerichtsschutzes eben darin besteht, die Exekutive in Hinsicht auf die Rechte des Klägers zu schützen. Die beispielsweise im Recht der Telekommunikationsregulierung häufig mit guten Gründen favorisierten Beurteilungsspielräume[54] stellen eben auch eine Verschiebung zwischen den Gewalten dar, in denen eine wesentliche Leistung gerichtlicher Kontrolle, die unparteiliche Aufklärung des Sachverhaltes teilweise an die Exekutive abgetreten wird. Es ist nicht zu erkennen, wie diese Konsequenz zu vermeiden ist, wenn man eine bestimmte Sachverhaltskomplexität als gegeben annimmt. Reduktionsleistungen, die das Verhältnis zwischen Judikative und Exekutive wieder zu einer echten Kotrollbeziehung machen, dürften sich allenfalls aus einer stärkeren reduktionistischen Maßstabentwicklung seitens der Legislative ergeben. Wenn – wie im Fall der Preisregulierung – die Simulation von Märkten durch Verfahren zu kompliziert wird, müssen Regelungsalternativen gefunden werden, die der Einfachheit und Nachvollziehbarkeit der Verfahren selbst einen Eigenwert einräumen.

4. Fazit

Die tradierte Konzeption der Gewaltengliederung kann auch als eine Form der Organisation von Wissen verstanden werden, als ein Mittel zur Organisation eines Wissensbestandes unter den Bedingungen eines Entscheidungszwanges, der sich gegenüber den Entscheidungsadressaten permanent rechtfertigen muss. Weil alle drei Gewalten Organisationen sind, die Entscheidungen treffen müssen, ist die Defizienz ihrer kognitiven Grundlage der Normalfall, die Immunisierung der Entscheidungsgrundlage durch politische Prioritätenbildung und Regeln zum Umgang mit Nichtwissen ein übliches Mittel.

---

53 Grundlegend *Jens-Peter Schneider*, Nachvollziehende Amtsermittlung bei der Umweltverträglichkeitsprüfung, 1991.

54 Für die Marktdefinition BVerwGE 131, 41, dazu bereits *Hans-Heinrich Trute*, Der europäische Regulierungsverbund in der Telekommunikation, in: FS Selmer, 2004, S. 585.

IV. Weiterentwicklungen

Wissen als Instrument neuartiger Formen des Regierens ist zu einem der großen Themen der Debatten in den Verwaltungswissenschaften wie im öffentlichen Recht geworden[55], auch wenn das Interesse für eine angemessene Informationsverteilung der Organisationstheorie[56] und den Verwaltungswissenschaften[57] seit ihren Anfängen geläufig ist. Wirklich „neu" ist an diesen Fragestellungen nichts, allenfalls die Dringlichkeit, mit der Entwicklungen namentlich im internationalen Recht eine intensivere Beschäftigung mit diesem Thema nahe legen. Die viel umstrittene Governance-Konzeption und das gewachsene Interesse an der Figur des Netzwerkes weisen beide eine besondere Affinität zu Problemen von Information und Wissen auf. Ergeben sich hier besondere Formen der Organisation, die tradierte Organisationstechniken in Frage stellen?

Die Verbreitung von Wissen hat als solche keine Rechtsform. Darin und in ihrer indirekten, aber durchaus beträchtlichen normativen Wirkung ähnelt sie strukturell der Anwendung physischer Gewalt. In beiden Fällen kann die Rechtsordnung bestimmten Handlungen und Ereignissen eine bestimmte Rechtsform einbeschreiben, zugleich lässt sich aber nicht verhindern, dass beide Medien immer auch dazu dienen können, formale Strukturen der Rechtsordnung zu unterminieren.

In Mehrebenen-Rechtsordnungen kann der amorphe Charakter der Wissensdiffusion zu einem durchaus problematischen Auseinanderfallen von formaler Kompetenzordnung und informeller Informationsverteilung durch Hoheitsträger führen – und zwar in beide Richtungen: Kompetenzgrenzen können einen Informationsfluss verhindern, der eigentlich notwendig wäre, um ebenenübergreifendes Handeln angemessen zu informieren. Informationen können aber auch die Kompetenzordnung aushöhlen und damit die rechtliche Zuweisung von Handlungskompetenzen in Frage stellen.

Ein Beispiel für den erstgenannten Fall zeigt sich in der viel diskutierten Frage nach angemessenem Rechtsschutz gegenüber individuell wirkenden Anti-Terror-Maßnahmen des Sicherheitsrates der Vereinten Nationen[58]. Mangels angemessener Schutzmechanismen auf der Ebene der Vereinten Nationen stellt sich die Frage, inwieweit andere nationale oder supra-nationale Gerichte eine entsprechende Kontrolle übernehmen können. Jenseits des Problems, wie eine solche Kontrolle juristisch zu begründen ist, und

---

55 *Voßkuhle* (FN 23) m. w. N.

56 *Arthur L. Stinchcombe,* Information and Organizations, 1990, S. 7 ff.

57 *Herbert A. Simon,* Administrative Behaviour (1946), 4. Aufl. 1997, S. 208 ff.

58 Aus der uferlosen Literatur: *Daniel Halberstam / Eric Stein,* The United Nations, the European Union, and the King of Sweden: Economic sanctions and individual rights in a plural world order, 46 CMLRev (2009), S. 13.

was sie politisch für den Zusammenhalt der Vereinten Nationen bedeuten wird, stellt sich aber auch die – deutlich seltener debattierte – Frage, inwieweit es anderen Gerichten möglich ist, entscheidungserhebliche Informationen über die zu kontrollierenden Entscheidungen des Sicherheitsrates zu bekommen. Anders als innerhalb einer definierten Rechtsordnung bestehen zwischen dem EuGH und beispielsweise der US-amerikanischen Regierung, als einem entscheidenden Mitglied des Sicherheitsrates, keine rechtlichen Informationsbeziehungen. Im Prinzip muss ein europäisches Gericht in solchen Fällen deswegen tatsachenblind entscheiden, nämlich vollständig ohne die nachrichtendienstlichen Informationen, die der Entscheidung des Sicherheitsrates – hoffentlich – zugrunde liegen. Zudem dürfte es sich bei der Entscheidung des Sicherheitsrates um eine politische Abschätzung von Risiken handeln, die als Grundlage für formelle Eingriffe jedenfalls in demokratischen Rechtsstaaten in der Regel nicht ausreicht. Das privilegierte Wissen der beteiligten Staaten dürfte nicht in die gerichtliche Überprüfung eingehen – und eine Beweislastregel, die daraus folgert, dass die zu kontrollierenden Entscheidungen rechtswidrig sind, lässt sich im internationalen Kontext auch schwer rechtfertigen. Dies spricht sehr dafür, dass die gerichtliche Kontrolle von Akten der UN durch nationale oder regionale Gerichte nur eine Notlösung sein kann. Die Informationsbeziehungen, die notwendig sind, um eine wirksame unabhängige Kontrolle solcher Handlungen zu ermöglichen, dürfte sich auf Dauer nur auf der Ebene etablieren lassen, auf der diese Entscheidungen auch getroffen werden, also auf der Ebene der UN.

Aber nicht nur Informationsbarrieren, auch die Diffusion von Wissensbeständen kann für Mehrebenen-Rechtsordnungen zum Problem werden. Im Europarecht wie auch im internationalen Recht ist ein expliziter formalisierter Umgang mit bestimmten Wissensbeständen zu einer wichtigen Regulierungstechnik geworden. Im Europarecht dient die Einrichtung von Informationsagenturen[59] nicht zuletzt dazu, die kompetenziellen Grenzen der EU sowohl in Hinsicht auf Rechtsetzung als auch mit Blick auf die Kontrolle des mitgliedstaatlichen Vollzugs zugleich zu respektieren und zu kompensieren. Der Ansatz der Kommission, die mitgliedstaatlichen Verwaltungen zu einem offenen Umgang mit Informationen zu verpflichten, ermöglicht es noch besser, die Bürger zu Agenten der Einhaltung des Europarechts zu machen. Die Einführung von Beobachtungsagenturen wie der Rassismusagentur, die Vorfälle sammelt, soll in einem politisch sensiblen Bereich, in dem die EU schon einmal spektakulär politisch versagt hat[60],

59 *Anna-Bettina Kaiser,* Wissensmanagement im Mehrebensystem, in: Gunnar Folke Schuppert/Andreas Voßkuhle (Hrsg.), Governance von und durch Wissen, 2008, S. 217; *Armin von Bogdandy,* Information und Kommunikation in der Europäischen Union: föderale Strukturen in supranationalem Umfeld, in: Wolfgang Hoffmann-Riem/Eberhard Schmidt-Aßmann (Hrsg.), Verwaltungsrecht in der Informationsgesellschaft, 2000, S. 133.

indirekte Handhaben ermöglichen, um die Mitgliedstaaten an die Einhaltung von Art. 2,6 EU n. F. zu erinnern. Auch in anderen Bereichen wie der Open Method of Coordination ist der Austausch und der Vergleich von Informationen das entscheidende Element des Regulierungsansatzes. Gleiches gilt schließlich für die PISA-Studie der OECD, in der sich Mitgliedstaaten der OECD zu einer vergleichenden Untersuchung der Leistungsfähigkeit ihrer Schulsysteme bereit erklären.

Auch wenn diese Strukturen auf einen horizontalen Austausch zwischen Mitgliedstaaten gerichtet sind, können sie angemessen nur über die vertikale Struktur verstanden werden, die ermöglicht oder erzwingt. Denn das eigentliche Regulierungsanliegen geht von der oberen Ebene aus, die sich der Information als milderem Mittel der Regulierung bedient. Die Bewertung solcher Strukturen geht weit auseinander: für die einen handelt es sich um eine neue Form der „Governance durch Wissen"[61], in der die Informationsdiffusion dafür sorgt, dass nationale Rechtsetzungsprozesse besser informierte Entscheidungen treffen können. Für die anderen handelt es sich um eine schlichte Umgehung der völker- und verfassungsrechtlich definierten Arbeitsteilung, mit der sich internationale Organisationen oder auch mächtige Staaten innerhalb der internationalen Ordnung durchsetzen. Von einer solchen Bewertung dürfte auch abhängen, wie man eine Weiterentwicklung solcher Regime konzipieren will. Ein Weg, der sich auf die kritische Perspektive einlässt, ohne damit gleich die gesamte Praxis in Frage zu stellen, könnte in einer zumindest behutsamen Verrechtlichung solcher Mechanismen bestehen[62]. Eine Gleichsetzung von informationsverbreitenden und informationsvergleichenden Verfahren mit gutem Regieren jedenfalls dürfte der starken Selektivität, die solche Mechanismen aufweisen, nicht gerecht werden.

Dies gilt umso mehr für horizontal verlaufende administrative Behördennetzwerke, die im Rahmen transnationaler Kooperation miteinander in Kontakt treten. Der Austausch von konkreten Informationen, etwa hinsichtlich bestimmter Unternehmen, als auch von allgemeineren Erfahrungen mit Regulierung, scheint zu den wesentlichsten Funktionen solcher Netzwerke zu gehören[63]. Anders als im Fall der oben beschriebenen For-

---

60 *Frank Schorkopf,* Die Maßnahmen der XIV EU-Mitgliedstaaten gegen Österreich, 2002.

61 So der Titel, ohne dass die oben vorgestellte Bewertung den Beiträgen des Bandes zugrunde läge.

62 Vergleiche den Vorschlag in *Armin v. Bogdandy / Matthias Goldmann,* The Exercise of International Public Authority through National Policy Assessment, in: International Organizations Law Review 5 (2008), S. 241.

63 *Christoph Möllers,* Transnationale Behördenkooperation. Verfassungs- und völkerrechtliche Probleme transnationaler administrativer Standardsetzung, ZaöRV 65 (2005), S. 351; *Bettina Schöndorf-Haubold,* Internationale Sicherheitsverwaltung, in: Trute u. a. (Hrsg.), Allgemeines Verwaltungsrecht (FN 23), S. 575.

men, handeln administrative Netzwerke mit Informationen und Wissen, die in der Regel der Öffentlichkeit vorenthalten werden sollen. Die Verbreitung arkaner Verwaltungskommunikation stellt auch eine Gegenseite zur zunehmenden Transparenz administrativen Handelns dar. In diesem Kontext stellt sich die Frage nach einer Verrechtlichung wohl noch dringlicher, weil solche Handlungsformen sowohl das Prinzip souveräner Staatengleichheit als auch die individuellen Rechte betroffener Privater unterlaufen können.

V. Fazit

Das tradierte Schema der Gewaltengliederung lässt sich nicht nur in Hinsicht auf seine normativen Leistungen, sondern auch mit Blick auf seine kognitiven Möglichkeiten beschreiben. Der fundamentalen Ambivalenz gesellschaftlichen Wissens entgeht auch diese Rekonstruktion nicht. Es geht auch im Organisationsrecht darum, hoheitliches Handeln mit bestimmten Formen und Gehalten von Wissen zu versorgen und es von anderen fernzuhalten.

Ressortforschung, Agenturen und Beiräte – zur notwendigen Pluralität der staatlichen Wissensinfrastruktur

Thomas Groß

I. Einleitung

„Kann man denn in der Volksversammlung über den Erlass oder die Abschaffung von Gesetzen, kann man im Senat über alle möglichen öffentlichen Angelegenheiten sprechen ohne eine tiefe Kenntnis und Wissenschaft des Politischen?“[1] – „Num apud populum de legibus iubendis aut vetandis, num in senatu de omni rei publicae genere (possit) dici sine summa rerum civilium cognitione et prudentia?“

Diese wohl rhetorische Frage stellt Cicero in seiner Anleitung für den Redner „de oratore“. Heute würde man von einer Instruktion für Politiker sprechen, denn die Redekunst wird hier als Mittel zur Erkenntnis und Verwirklichung des Gemeinwohls verstanden. Es ist also nicht neu, dass die „summa cognitio rerum civilium et prudentia“, wir würden sagen, das Wissen über die Regelungsgegenstände als unverzichtbar anerkannt wird[2]. Man könnte diese Aussage auch so umformulieren: Wer keine genaue Kenntnis von den öffentlichen Angelegenheiten hat, sollte nicht über sie entscheiden dürfen.

Der Charakter der öffentlichen Angelegenheiten und damit auch das Wissensproblem des Staates hat sich jedoch durch die wissenschaftlich-tech-

---

1 *Marcus Tullius Cicero,* de oratore, 1, 60 (Übersetzung von Hildegard Cancik-Lindemaier). Das vollständige Zitat lautet: „Quaero enim num possit aut contra imperatorem aut pro imperatore dici sine rei militaris usu aut saepe etiam sine regionum terrestrium aut maritimarum scientia; num apud populum de legibus iubendis aut vetandis, num in senatu de omni rei publicae genere dici sine summa rerum civilium cognitione et prudentia; num admoveri possit oratio ad sensus animorum atque motus vel inflammandos vel etiam exstinguendos, quod unum in oratore dominatur, sine diligentissima pervestigatione earum omnium rationum, quae de naturis humani generis ac moribus a philosophis explicantur.“

2 *Thomas Vesting,* Die Bedeutung von Information und Kommunikation für die verwaltungsrechtliche Systembildung, in: Wolfgang Hoffmann-Riem / Eberhard Schmidt-Aßmann / Andreas Voßkuhle (Hrsg.), Grundlagen des Verwaltungsrechts (GVwR), Bd. II, 2008, § 20 Rn. 1; *Pascale Cancik,* Verwaltung und Öffentlichkeit in Preußen, 2007, S. 2, 48, 368 u.ö.; *Klaus Lenk / Peter Wengelowski,* Wissensmanagement für das Verwaltungshandeln, in: Thomas Edeling / Werner Jann / Dieter Wagner (Hrsg.), Wissensmanagement in Politik und Verwaltung, 2004, S. 147 ff.

nische Entwicklung und die zunehmende Interventionstätigkeit seit dem 19. Jahrhundert verändert. Aus der Erkenntnis, dass man den Fortschritt der Technik nicht der freien, insbesondere auch ökonomisch motivierten Dynamik der Erfindungen überlassen darf, sondern Risiken für die Allgemeinheit entstehen können, aus denen sich die Notwendigkeit staatlicher Intervention ergibt, entstand so die neue Aufgabe der Innovationsbewältigung[3]. Um ihr gerecht zu werden, müssen die zuständigen staatlichen Stellen auch das notwendige Wissen erarbeiten und erhalten.

In besonders dynamischen Materien wie etwa dem Telekommunikationsrecht kann dabei nicht auf konsolidierte Bestände gesetzt werden, vielmehr muss entscheidungsrelevantes Wissen erst im Verwaltungsverfahren erzeugt werden[4]. Deshalb wäre auch eine Vorstellung falsch, dass man zwischen dem mehr oder weniger routinierten Verwaltungsvollzug als einer Form der Wissensanwendung und der Wissensermittlung als einer Aufgabe besonders spezialisierter Stellen der Ressortforschung eindeutig trennen könnte. Vielmehr ist es in vielen Bereichen der öffentlichen Verwaltung erforderlich, neues Wissen zu generieren und zu verarbeiten. Hierfür besteht eine große Vielfalt von Wissensquellen.

Dabei sind unterschiedliche Formen von Wissen relevant[5]. Wenn man das traditionelle Rechtsanwendungsmodell zugrundelegt, kommt der Unterscheidung zwischen Faktenwissen und Rechtswissen eine zentrale Bedeutung zu, wobei hier nur das erstere interessiert[6]. Allerdings wissen wir aus einer reflektierten Methodik, dass die Abgrenzung keineswegs so eindeutig ist und insbesondere die Rechtsanwendung in einer engen Rückkoppelung mit den Sachverhalten erfolgt[7]. Für den administrativen Alltag ist daneben auch das Organisationswissen über Geschäftsabläufe u.ä. praktisch wichtig[8], das hier ausgeklammert bleibt.

Eine Analyse der Struktur der staatlichen Wissensrezeption macht deutlich, dass keine klare Trennung zwischen Vollzugs- und Gesetzgebungswis-

---

3 *Peter Lundgreen / Bernd Horn / Wolfgang Krohn / Günter Küppers / Rainer Paslack,* Staatliche Forschung in Deutschland 1870–1980, 1986, S. 18; *Peter Weingart,* Wissenschaftssoziologie, 2003, S. 95.

4 *Hans Christian Röhl,* Ausgewählte Verwaltungsverfahren, in: GVwR II (FN 2), § 30 Rn. 24 ff.; *Hans-Heinrich Trute,* Die konstitutive Rolle der Rechtsanwendung, in: Hans-Heinrich Trute / Thomas Groß / Hans Christian Röhl / Christoph Möllers (Hrsg.), Allgemeines Verwaltungsrecht – zur Tragfähigkeit eines Konzepts, 2008, S. 211 (219).

5 Zu den Grundbegriffen vgl. den Beitrag von *Hans-Heinrich Trute,* in diesem Band, S. 11 ff.

6 Weiter ausdifferenzierend *Andreas Voßkuhle,* Expertise und Verwaltung, in: Trute / Groß / Röhl / Möllers (FN 4), S. 637 (645).

7 Zur praktischen Interdependenz vgl. *Friedrich Müller / Ralf Christensen,* Juristische Methodik, Bd. 1, 9. Aufl. 2004, S. 163 ff.

8 *Andreas Voßkuhle,* Das Konzept des rationalen Staates, in: Gunnar Folke Schuppert / Andreas Voßkuhle (Hrsg.), Governance von und durch Wissen, 2008, S. 13 (22 f.).

sen möglich ist[9]. Zwischen der Vorbereitung der Gesetzgebung durch die Ministerien und ihren administrativen Aufsichtsfunktionen gibt es vielmehr Überschneidungen[10]. Diese Doppelfunktion kam schon in der Denkschrift zur Gründung des Kaiserlichen Deutschen Gesundheitsamtes von 1876 zum Ausdruck. Seine Aufgaben sind dort erstens als „fortlaufende Ermittlungsarbeiten“ und zweitens als „Anwendung der Forschungsresultate ... für die Entwicklung der Medizinal- und Veterinärgesetzgebung“ beschrieben worden[11]. Auch heute ist es selbstverständlich, dass über den Einzelfall hinausweisende Erkenntnisse aus der Verwaltungstätigkeit in den Gesetzgebungsprozess eingebracht werden. Dagegen kommt der Justiz in Bezug auf das Thema der Wissensgenerierung eine Sonderrolle zu. Im Bereich der Rechtsprechung fehlt jede institutionelle Verankerung der Wissensproduktion. Vielmehr erfolgt lediglich eine einzelfallbezogene Wissensbeschaffung über Gutachten, soweit die Richter keine ausreichende Sachkenntnis aufweisen.

Ob man eine „Wissensordnung“ als dritte Grundordnung der Gesellschaft neben die Rechts- und Wirtschaftsordnung stellen kann[12], soll an dieser Stelle offen bleiben. In der modernen Wissenssoziologie wird die Pluralität der Wissensquellen und Ordnungsmuster betont und alte Gewissheitsvorstellungen sind deutlich relativiert worden[13]. Deshalb könnte eine Gesamtverantwortung des Staates für eine Wissensordnung eine Überforderung darzustellen Jedenfalls kann es aber außerhalb der Wissenschaft zumindest vorläufige Wissensordnungen in verschiedenen Feldern geben, z. B. im Bereich der Verwaltung[14].

Dabei interessiert in diesem Kontext nur der Wissensinput, während die ebenfalls relevanten Fragen der Weitergabe staatlichen Wissens nur am Rande eine Rolle spielen. Insofern kommt auch die Ordnungsaufgabe des Rechts ins Spiel, denn grundsätzlich muss ein ausreichendes Wissen für die Aufgabenerfüllung zur Verfügung stehen. Hierfür sind institutionelle Vorkehrungen zu treffen. Dies ist letztlich ein Kennzeichen der Rationalität

---

9 Beide Bereiche werden regelmäßig gemeinsam genannt, vgl. *Thomas Köstlin,* Kulturhoheit des Bundes, 1989, S. 80 f.; *Thomas Dickert,* Naturwissenschaften und Forschungsfreiheit, 1991, S. 81; *Hans-Heinrich Trute,* Die Forschung zwischen grundrechtlicher Freiheit und staatlicher Institutionalisierung, 1994, S. 99; *Thomas Köstlin,* Ressortforschungseinrichtungen, in: Christian Flämig u. a. (Hrsg.), Handbuch des Wissenschaftsrechts, Bd. 2, 2. Aufl. 1996, S. 1365 (1365 f.).

10 *Ralf Kleindiek,* Wissenschaft und Freiheit in der Risikogesellschaft, 1996, S. 299.

11 Zit. nach *Lundgreen* u. a. (FN 3), S. 61 f.

12 So *Helmut F. Spinner,* Die Wissensordnung, 1994; vgl. dazu auch den Beitrag von *Eberhard Schmidt-Aßmann,* in diesem Band S. 39 ff.

13 *Arno Scherzberg,* Wissen, Nichtwissen und Ungewissheit im Recht, in: Christoph Engel / Jost Halfmann / Martin Schulte (Hrsg.), Wissen – Nichtwissen – Unsicheres Wissen, 2002, S. 113 ff.; *Voßkuhle,* Expertise (FN 6), S. 649 ff.

14 *Spinner* (FN 12), S. 133 f.

staatlichen Handelns, eine zuletzt wieder zu Recht betonte allgemeine Anforderung[15]. Zwar wird es in vielen Bereichen nicht möglich sein, in jeder Hinsicht unzweifelhaftes und vollständiges Wissen herzustellen, da die Sachprobleme zu komplex und die Erkenntnismöglichkeiten begrenzt sind[16], doch rechtfertigt dies keine Absage an die Notwendigkeit einer zielgerichteten Wissensbeschaffung, sondern lediglich die Ergänzung durch Regeln des Umgangs mit nicht ausreichendem Wissen[17].

Im Folgenden wird zunächst ein Überblick über die Pluralität der verschiedenen Wissensquellen der Verwaltung gegeben und die Ressortforschung als ein Teilelement eingeordnet (II.). Anschließend werden einige allgemeine Ordnungsmuster dieser staatlichen Organisationsform der Forschung näher betrachtet (III.). Schließlich stellt sich die Frage, welche Gewährleistungsverantwortung den Staat für die Bereithaltung der Wissensinfrastruktur trifft (IV.).

II. Wissensquellen der Verwaltung

Die oft und auch hier gebrauchte pauschale Referenz auf „den Staat" suggeriert, dass es sich um ein quasi übernatürliches Subjekt handelt, das selbst Träger von Wissen sein kann. Das ist aber natürlich für das Wissen ebenso irreführend wie die im Staatsrecht ebenfalls verbreitete Willensmetapher[18]. Vielmehr ist das Wissen entsprechend der inhaltlichen Aufgaben auf sehr unterschiedliche Stellen der Gesamtorganisation „Staat" verteilt, ganz abgesehen von der zunehmenden Bedeutung europäischer und internationaler Institutionen. Ihre wichtiger werdenden Beiträge zur Wissensgenerierung werden deshalb in die folgende Überblicksdarstellung integriert. Damit wird deutlich, dass es auch eine organisatorische Aufgabe ist zu gewährleisten, dass die jeweils zuständigen Entscheidungsträger in Verwaltung und Gesetzgebung auf das für ihren Bereich erforderliche Wis-

15 *Helmuth Schulze-Fielitz,* Rationalität als rechtsstaatliches Prinzip für den Organisationsgesetzgeber. Über Leistungsfähigkeit und Leistungsgrenzen „weicher" Leitbegriffe in der Rechtsdogmatik, in: Paul Kirchhof u. a. (Hrsg.), Staaten und Steuern. Festschrift für Klaus Vogel, 2000, S. 311 ff.; *Arno Scherzberg,* Rationalität – staatswissenschaftlich betrachtet, in: Walter Krebs (Hrsg.), Liber amicorum Hans-Uwe Erichsen, 2004, S. 177 ff.; *Voßkuhle,* Konzept des rationalen Staates (FN 8) S. 13 ff.; *Peter-Tobias Stoll,* Wissensarbeit als staatliche Aufgabe – Wissen als Leitbegriff für Reformüberlegungen, in: Indra Spiecker gen. Döhmann/Peter Collin (Hrsg.), Generierung und Transfer staatlichen Wissens im System des Verwaltungsrechts, 2008, S. 34 (37).

16 Vgl. die Soziologie des Nichtwissens bei *Peter Wehling,* Im Schatten des Wissens?, 2006.

17 Dazu m. w. N. *Voßkuhle,* Expertise (FN 6), S. 655.

18 Zu dieser Konstruktion m. w. N. krit. *Thomas Groß,* Das Kollegialprinzip, 1999, S. 168 ff.

sen zugreifen können. Es besteht also die Notwendigkeit, eine Wissensinfrastruktur zu schaffen[19].

Diese kann aus mindestens fünf Elementen konstruiert werden, die erst gemeinsam die Basis des administrativen Wissens bilden. Zunächst sind selbstverständlich die Beschäftigten der öffentlichen Verwaltung wichtige Wissensträger (1.). Aufgrund der arbeitsteiligen und auf mehrere Ebenen verteilten Struktur der Behörden kommt dem organisierten Informationsaustausch eine große Bedeutung zu (2.). Organisatorisch verselbständigte Formen der Wissensbeschaffung sind die staatlichen Forschungseinrichtungen (3.). Eine klassische Form der institutionellen Integration externer Wissensträger sind die Beiräte (4.). Daneben kann die Verwaltung natürlich auch sonst auf externe Sachverständige zurückgreifen (5.).

1. Fachpersonal

Dass die in der Verwaltung arbeitenden Menschen die wichtigsten Wissensträger darstellen, gilt auch noch im Computer-Zeitalter[20]. Die Fachkunde des Verwaltungspersonals wird durch eine akademische oder andere staatlich institutionalisierte Ausbildung erworben. Diese Fachqualifikation hat bekanntlich Max Weber als ein wesentliches Kennzeichen des bürokratischen Verwaltungsstabs beschrieben[21]. Schon im 19. Jahrhundert sind vielfältige spezialisierte Verwaltungen geschaffen worden, für die wissenschaftlich qualifiziertes Personal der unterschiedlichen Fachrichtungen eingestellt werden musste[22]. Dabei kam es etwa im Bereich des Patentwesens zu Schwierigkeiten bei der Rekrutierung von Naturwissenschaftlern, da zunächst keine attraktiven Karrieremöglichkeiten bestanden[23]. Heute gibt es im Beamtenrecht eine Vielzahl unterschiedlicher Laufbahnen, die an die jeweilige fachliche Qualifikation anknüpfen (vgl. die Anlagen zu § 34 Bundeslaufbahnverordnung)[24].

Ungeachtet dieser Vielfalt der Ausbildungen waren die Kenntnisse des eigenen Personals wohl noch niemals umfassend genug, um alle Aufgaben der öffentlichen Verwaltung bewältigen zu können. Deshalb muss auf Wissens-

19 *Martin Eifert,* Regulierungsstrategien, in: GVwR (FN 2), Bd. I, § 19 Rn. 34; *Hans-Heinrich Trute,* Wissenschaft und Technik, in: Josef Isensee / Paul Kirchhof (Hrsg.), Handbuch des Staatsrechts (HStR), Bd. IV, 3. Aufl. 2006, § 88 Rn. 43 f.; s. auch den Beitrag von *Schmidt-Aßmann,* in diesem Bd., S. 39 ff.

20 *Lenk / Wengelowski* (FN 2), S. 149.

21 *Max Weber,* Wirtschaft und Gesellschaft, 5. Aufl. 1972, S. 127.

22 *Lutz Rafael,* Recht und Ordnung, 2000, S. 89 ff.

23 Zum Kaiserlichen Patentamt vgl. *Margret Seckelmann,* Industrialisierung, Internationalisierung und Patentrecht im Deutschen Reich, 2006, S. 287 ff.

24 Vgl. *Timo Hebeler,* Verwaltungspersonal, 2007, S. 100 f.; *Voßkuhle,* Expertise (FN 6), S. 657.

träger entweder in anderen Bereichen der Verwaltung (unten 2. und 3.) oder auf Externe (unten 4. und 5.) zurückgegriffen werden.

Eine neue und eigenartige Variante, auf die nur am Rande eingegangen werden soll, ist die Praxis insbesondere in der Bundesverwaltung, externe Berater aus privaten Unternehmen oder auch selbständigen öffentlichen Einrichtungen im Rahmen eines „Personalaustauschprogramms" als eine Art Leihpersonal einzusetzen[25]. Auch dies ermöglicht natürlich einen Wissenstransfer und kann im Einzelfall sinnvoll sein. Auf der anderen Seite sind Gefahren für die Neutralität der Amtsführung durch eine Internalisierung von Lobbyinteressen offensichtlich, so dass hier enge Grenzen zu ziehen sind. Die von der Bundesregierung angegebene interne hierarchische Kontrolle dürfte gerade bei Wissensdefiziten des Stammpersonals kein ausreichender Mechanismus zur Verhinderung von Missbräuchen sein.

2. Informationsaustausch

Zwischen den verschiedenen Behörden gibt es vielfache Informationsbeziehungen, die insbesondere auch dem Austausch von Wissen dienen[26]. Diese Aufgabe erfüllen zum Beispiel die Bund-Länder-Arbeitskreise. Hier werden vollzugsrelevante Erfahrungen ausgetauscht und für die künftige Gesetzgebung regelungsbedürftige Probleme identifiziert. Solche Strukturen sind insbesondere sinnvoll, um die föderale Aufgabenaufteilung zu kompensieren. Jüngere Tendenzen zur Reduzierung der Zahl der Gremien z. B. im Umweltsektor sind daher kritisch zu beurteilen[27]. Ebenso ist auf einer höheren Ebene die Schaffung von Informationsnetzwerken eine wichtige Funktion vieler Gemeinschaftsagenturen[28], wie der europäische Verwaltungsverbund insgesamt als „Lernverbund" charakterisiert werden kann[29]. Auch in den Gremien der kommunalen Spitzenverbände findet ein Wissenstransfer statt sowie in spezialisierten Einrichtungen wie der Kommunalen Gemeinschaftsstelle für Verwaltungsmanagement[30].

Trotz dieser verschiedenen Formen institutionalisierten Informationsaustausches gilt das staatliche Wissensmanagement als verbesserungsfähig.

---

25 Vgl. die Angaben in BT-Drs. 16/3395 u. 16/3727.

26 Vgl. den Überblick bei *Bernd Holznagel,* Informationsbeziehungen in und zwischen Behörden, in: GVwR II (FN 2), § 24.

27 Vgl. Sachverständigenrat für Umweltfragen, Umweltverwaltungen unter Reformdruck, Sondergutachten Februar 2007, Rz. 378 ff.

28 *Kristina Heußner,* Informationssysteme im Europäischen Verwaltungsverbund, 2007, S. 159; *Armin v. Bogdandy,* Die Informationsbeziehungen im europäischen Verwaltungsverbund, GVwR II (FN 2), § 25 Rn. 85 ff.

29 *Martin Eifert,* Europäischer Verwaltungsverbund als Lernverbund, in: Spiecker gen. Döhmann / Collin (FN 15), S. 159 ff.

30 http: //www.kgst.de/.

Insbesondere ist es besser zu gewährleisten, dass die vorhandenen Kenntnisse auch für andere öffentliche Stellen nutzbar sind[31]. Hierzu kann die elektronische Kommunikationsinfrastruktur wichtige Beiträge leisten[32]. Ihre sinnvolle, nutzerfreundliche, aber auch datenschutzgerechte Gestaltung ist allerdings eine durchaus nicht triviale Aufgabe.

3. Staatliche Forschungseinrichtungen

Erste Vorläufer der heute meist als „Ressortforschung“ bezeichneten staatlichen Forschungseinrichtungen finden sich schon ab 1800, z. B. ist die 1802 gegründete Berliner Impfanstalt zu nennen[33]. Im Gegensatz zur akademischen und unabhängigen außeruniversitären Forschung[34] dienen diese Forschungsanstalten zur Verarbeitung wissenschaftlichen Wissens im Kontext staatlicher Verwaltung[35]. Allerdings ist die mit dem Begriff der „Ressortforschung“ meist verbundene Verengung auf die spezialisierten Einrichtungen des Bundes nicht gerechtfertigt, wie im Folgenden zu zeigen ist.

Den staatlichen Forschungseinrichtungen werden drei Funktionen zugeschrieben[36]: Erstens beraten sie die Verwaltungsspitze und damit auch den Gesetzgeber. Zweitens erfüllen sie oft Aufgaben der Aufsicht und Kontrolle in Gebieten, in denen sich das Wissen besonders dynamisch entwickelt, wie etwa dem Gesundheitswesen oder dem Umweltschutz. Drittens dienen sie auch der Förderung und Vorsorge, sie stellen also eine Innovationsinfrastruktur für Wirtschaft, Wissenschaft und Gesellschaft zur Verfügung[37]. Viele technische Neuerungen sind nicht in der „freien Wirtschaft“ erfunden worden, sondern in staatlichen Labors entstanden.

---

31 *Lenk / Wengelowski* (FN 2), S. 147 ff.; *Lothar Beyer,* Aus dem Aktenkeller in die Wissensspirale. Brauchen öffentliche Verwaltungen ein neues Wissensmanagement?, in: Peter Collin / Thomas Horstmann (Hrsg.), Das Wissen des Staates, 2004, S. 361 ff.; *Voßkuhle,* Konzept des rationalen Staates (FN 8), S. 21 ff.

32 *Martin Eifert,* Electronic Government, 2006, S. 266 ff.; *Karl-Heinz Ladeur,* Die Kommunikationsinfrastruktur der Verwaltung, in: GVwR II (FN 2), § 21 Rn. 94; s. auch *Utz Schliesky,* Die Verwaltungszusammenarbeit nach der Dienstleistungsrichtlinie und das Verhältnis zu den nationalen Amtshilfevorschriften, in: ders. (Hrsg.), Die Umsetzung der EU-Dienstleistungsrichtlinie in der deutschen Verwaltung, Teil I: Grundlagen, 2008, S. 203 (231 ff.).

33 *Köstlin,* Ressortforschungseinrichtungen (FN 9) S. 1365 (1368 ff.); ausführlich *Lundgreen* u. a. (FN 3), S. 27 ff.

34 Zu deren Strukturen vgl. *Thomas Groß / Natalie Arnold,* Regelungsstrukturen der außeruniversitären Forschung, 2007.

35 Wissenschaftsrat, Empfehlungen zur Rolle und künftigen Entwicklung der Bundeseinrichtungen mit FuE-Aufgaben, Drs. 7702 - 07, S. 20.

36 *Lundgreen* u. a. (FN 3), S. 26, 181 ff.; Wissenschaftsrat, Empfehlungen (FN 35), S. 24 ff., unterscheidet Forschung, Informationsbeschaffung und Politikberatung, Regulierungs- und Prüfaufgaben sowie Dienstleistungen für Dritte und Öffentlichkeit.

37 *Ernst-Joachim Meusel,* Außeruniversitäre Forschung im Wissenschaftsrecht, 2. Aufl. 1999, Rn. 122; *Manfred Henneke,* Über das Selbstverständnis der Ressortforschung, Vortrag vom 24. 2. 2005, S. 7, abrufbar unter www.ressortforschung.de.

Die Wissensverarbeitung kann ihrerseits in drei Typen eingeteilt werden. Zum einen findet Routineforschung statt, etwa bei Untersuchungen von Proben im Bereich des Verbraucherschutzes. Zum zweiten erfolgt die Entwicklung neuer Technologien und Produkte, etwa von neuen Impfstoffen. Drittens findet auch in den staatlichen Forschungseinrichtungen Grundlagenforschung ohne unmittelbaren Anwendungsbezug statt[38]. Alle drei Forschungstypen sind in den einzelnen Instituten regelmäßig organisatorisch verklammert.

Auf Bundesebene sind seit 2005 über 30 Einrichtungen in der Arbeitsgemeinschaft Ressortforschung organisiert. In einem Positionspapier „Forschen – prüfen – beraten“ haben sie ihr Selbstverständnis beschrieben[39]. Eine wichtige Aufgabe wird dort in der Qualitätssicherung gesehen, eine Reaktion auf die externe Evaluation der Bundeseinrichtungen durch den Wissenschaftsrat. Gemeinsames Kennzeichen der Einrichtungen ist, dass die Forschung zu ihren Hauptfunktionen gehört, wenn auch in einigen Fällen eine Kombination mit anderen Vollzugsaufgaben besteht, z. B. beim Bundesamt für Bauwesen und Raumordnung, das auch die Bundesbauten betreut. Zugeordnet sind sie jeweils einem Bundesressort, wobei das größte Kontingent dem Verteidigungsministerium untersteht.

Daneben sind Forschungsfunktionen aber auch bei sonstigen Bundesbehörden angesiedelt, die vorrangig andere Aufgaben erfüllen[40]. So hat etwa das Bundeskriminalamt unter anderem „polizeiliche Methoden und Arbeitsweisen der Kriminalitätsbekämpfung zu erforschen und zu entwickeln“ (§ 2 VI Nr. 3 BKAG). Zu den Aufgaben des Bundesamtes für Migration und Flüchtlinge zählt seit dem Zuwanderungsgesetz das „Betreiben wissenschaftlicher Forschungen über Migrationsfragen (Begleitforschung) zur Gewinnung analytischer Aussagen für die Steuerung der Zuwanderung“ (§ 75 Nr. 4 AufenthG). Bei der Bundesnetzagentur ergibt sich die Notwendigkeit, aktuelles wissenschaftliches Wissen einzubringen, aus der Struktur ihrer Regulierungsaufgabe[41]. Es gibt also keineswegs ein Monopol der Ressortforschung i.e.S. auf wissenschaftliche Forschung für Verwaltungszwecke.

Auch auf der Landesebene besteht eine Vielzahl von Behörden, deren Aufgabe zumindest auch die Wissensgenerierung und -verbreitung ist. Sie wurden bisher jedoch nicht systematisch erfasst[42]. Ein Beispiel sind die

---

38 *Lundgreen* u. a. (FN 3), S. 244 ff.

39 Abrufbar unter www.ressortforschung.de.

40 So auch *Eva Barlösius*, Zwischen Wissenschaft und Staat? Die Verortung der Ressortforschung, WZB 2008, S. 12, abrufbar unter http: //www.wzb.eu/ag/wipo.

41 Dazu informativ *Wolfgang Spoerr*, Der Einfluss ökonomischer Modellbildung auf rechtliche Maßstäbe der Regulierung, in: Trute / Groß / Röhl / Möllers (FN 4), S. 613 ff.

42 *Meusel* (FN 37), Rn. 122.

Landesumweltämter, die vom Sachverständigenrat für Umweltfragen jüngst als „unverzichtbare Wissensmanager“ bezeichnet worden sind[43]. So wird etwa das Hessische Landesamt für Umwelt und Geologie im Errichtungsgesetz als „wissenschaftlich-technische Informations-, Beratungs- und Untersuchungsstelle des Landes Hessen“ beschrieben (§ 2 II des Gesetzes zur Errichtung des Hessischen Landesamt für Umwelt und Geologie v. 23. 12. 1999).

Besondere Erwähnung verdienen das Institut für Bienenkunde in Celle als „Kompetenzzentrum für alle Belange der Bienenhaltung und angrenzender Bereiche“[44], die Nordwestdeutsche Forstliche Versuchsanstalt Göttingen, die 2006 durch Staatsvertrag von Niedersachsen, Hessen und Sachsen-Anhalt gegründet worden ist[45], und das Institut für Medizinische Mikrobiologie der Stadt Bochum, das mikrobiologische Diagnostik durchführt und mit dem entsprechenden Universitätsinstitut personell verknüpft ist[46]. In Heidelberg hat hingegen die Gravitation der Universität die einzige staatliche Forschungseinrichtung erfasst: die Landessternwarte Heidelberg-Königstuhl, die 1898 von Großherzog Friedrich I. von Baden gegründet worden war, wurde im Jahr 2005 in das Zentrum für Astronomie der Universität Heidelberg integriert[47] und ist damit von der administrativen in die akademische Sphäre gewechselt.

In der EU werden Aufgaben der Wissensgenerierung organisatorisch verselbständigt zum einen von der Gemeinsamen Forschungsstelle (GFS) wahrgenommen, zum anderen auch von einigen Agenturen. Die GFS genießt zwar eine gewisse operative Unabhängigkeit, ihre Funktion wird aber deutlich politikbezogen definiert als „wissenschaftlich-technische Unterstützung für die Gestaltung der Gemeinschaftspolitik“[48]. Mustert man die Rechtsgrundlagen der Gemeinschaftsagenturen durch, findet man explizit geregelte Forschungsaufgaben bei der Grundrechteagentur (Art. 4 I c), der Flugsicherheitsagentur (Art. 17 I: Entwicklung und Finanzierung von Forschungstätigkeiten), der Behörde für Lebensmittelrecht (Art. 23), der Stiftung zur Verbesserung der Lebens- und Arbeitsbedingungen (Art. 3 I c: Studienverträge, eigene Studien), beim Zentrum für die Förderung der

---

43 Sachverständigenrat für Umweltfragen (FN 27), Rz. 362 ff.

44 http://www.laves.niedersachsen.de/master/C2704484_N1291689_L20_D0_I826.

45 http://www.nw-fva.de/.

46 http://www.gkd-ruhr.de/bochum/amt54.htm.

47 http://www.lsw.uni-heidelberg.de/.

48 Art. 2 der Entscheidung 2006/975/EG des Rates vom 19. Dezember 2006 über das von der Gemeinsamen Forschungsstelle innerhalb des Siebten Rahmenprogramms der Europäischen Gemeinschaft für Forschung, technologische Entwicklung und Demonstration (2007–2013) durch direkte Maßnahmen durchzuführende spezifische Programm; s. auch Joint Research Center, Annual Report 2006, S. 7 ff., abrufbar unter http://ec.europa.eu/dgs/jrc/index.cfm?id=2530&lang=en: „support to EU policies“.

Berufsbildung (Art. 3 I c: Studienverträge) und beim Krankheitspräventionszentrum (Art. 6 f.). Bei der Umweltagentur steht die Wissensverbreitung im Vordergrund, während die Funktion der Wissensgenerierung auf Widerstände der Mitgliedstaaten stößt[49].

Schließlich ist zur Vervollständigung des Panoramas der Forschungseinrichtungen darauf hinzuweisen, dass die Wissensgenerierung und -verbreitung, v.a. durch Informationssammlung und –auswertung, auch zu den Aufgaben vieler internationaler Organisationen zählt[50]. Zu nennen ist etwa die OECD, die ihre Funktion als „monitoring, analysing and forecasting"[51] bezeichnet. Ihre PISA-Studie hat auch in Deutschland für Furore gesorgt. Die OECD führt aber etwa auch eine interessante Begleitforschung zur Einführung des New Public Management durch.

4. Wissenschaftliche Beiräte

Als quasi milderes Mittel gegenüber der Gründung einer eigenen professionellen Forschungseinrichtungen greifen staatliche Behörden schon seit dem Beginn des 19. Jahrhunderts auf die kontinuierliche, aber nebenamtliche Integration wissenschaftlichen Sachverstands zur professionellen Beratung in der Form von Beiräten zurück[52]. Ebenfalls von Anfang an werden bei der Besetzung Elemente der Fachkompetenz und des Interessenausgleiches kombiniert, indem auch die Repräsentanz von Verbänden aus dem jeweiligen Feld als Auswahlkriterium herangezogen wird.

Eine eigene normative Grundlage haben z. B. die einflussreiche Monopolkommission (§§ 44–47 GWB, § 62 EnWG) oder der Sachverständigenausschuss beim Bundesamt für Verbraucherschutz und Lebensmittelsicherheit (§ 33a IV PflSchG). Bei der Bundesnetzagentur besteht nach den gesetzlichen Regelungen die Möglichkeit zur Einsetzung wissenschaftlicher Kommissionen zur Vorbereitung von Entscheidungen oder zur Beratung bei der Regulierung (§ 125 TKG, § 64 EnWG). Hierfür ist der Wissenschaftliche Arbeitskreis für Regulierungsfragen eingerichtet worden[53].

Auch in einigen Gemeinschaftsagenturen bestehen Expertenbeiräte, so etwa bei der Grundrechteagentur (Art. 14), der Drogenbeobachtungsstelle (Art. 10) und der Stiftung zur Verbesserung der Lebens- und Arbeitsbedin-

---

49 Vgl. *Anna-Bettina Kaiser*, Wissensmanagement im Mehrebenensystem, in: Schuppert / Voßkuhle (FN 8), S. 217 (230 ff.).

50 Vgl. *Claus Dieter Classen*, Die Entwicklung eines internationalen Verwaltungsrechts als Aufgabe der Wissenschaft, VVDStRL 67 (2008), S. 365 (372).

51 http: //www.oecd.org/pages/0,3417,en_36734052_36734103_1_1_1_1_1,00.html.

52 *Lundgreen* u. a. (FN 3), S. 181 ff.

53 http: //www.bundesnetzagentur.de/enid/Die_Bundesnetzagentur/Wissenschaftlicher_Arbeitskreis_fuer_Regulierungsfragen__WAR __41.html.

gungen (Art. 10 f.). Bei der Arzneimittelagentur und der Lebensmittelbehörde erfüllen Expertenkommissionen sogar weitergehende administrative Aufgaben der selbständigen Begutachtung von Anträgen[54].

5. Externe Sachverständige

Neben der in Beiräten institutionalisierten externen Beratung kann jede Behörde natürlich auch ad hoc auf externen Sachverstand zurückgreifen. Für die Heranziehung von Sachverständigen im Einzelfall bietet § 26 Abs. 2 Nr. 2 VwVfG die Rechtsgrundlage. Sie dient der Vorbereitung einer möglichst rationalen Entscheidung, sofern keine ausreichende Sachkunde in der Behörde verfügbar ist[55].

Erfolgt die Einschaltung jenseits des einzelnen Verwaltungsverfahrens, spricht man von Auftragsforschung, die durch unabhängige Forschungseinrichtungen erfolgt, die ihrerseits dem öffentlichen oder dem privaten Sektor angehören können[56]. Zum Teil erfolgt eine kontinuierliche Zusammenarbeit mit bestimmten außeruniversitären Forschungseinrichtungen[57] wie z. B. der Stiftung für Wissenschaft und Politik[58] oder dem Deutschen Jugendinstitut. Sie werden deshalb manchmal der Ressortforschung zugerechnet, obwohl sie organisatorisch von der Bundesregierung unabhängig sind.

Die bekannten Zahlen belegen, dass die externe Beratung der Bundesregierung von erheblicher Bedeutung ist. So wurden z. B. von 1999 bis 2003 rund 1700 Studien vergeben, für die ein Finanzvolumen von 128 Mio. Euro aufgewendet wurde.[59] Die Administration von externen Gutachtenaufträgen ist oft eine wichtige Aufgabe der Ressortforschungseinrichtungen, die insofern statt eigener Forschung die Projektvergabe und -begleitung durchführen. Dies erfolgt zum Teil im Rahmen von Forschungsprogrammen des jeweiligen Ministeriums, zum Teil aber auch ergänzend und aus eigener Initiative der Einrichtungen[60].

---

54 Vgl. *Dorothee Fischer-Appelt,* Agenturen der Europäischen Gemeinschaft, 1999, S. 245 ff.

55 Vgl. *Angelika Nußberger,* Sachverständigenwissen als Determinante verwaltungsrechtlicher Einzelentscheidungen, AöR 129 (2004), S. 282 ff.; *Patrick Scholl,* Der private Sachverständige im Verwaltungsrecht, 2005; *Ekkehard Hofmann,* Externer Sachverstand im Verwaltungsverfahren, in: Spiecker gen. Döhmann / Collin (FN 15), S. 179 ff.

56 Dazu *Köstlin,* Ressortforschungseinrichtungen (FN 9), S. 1365 (1366 f.); *Kleindiek* (FN 10), S. 296 ff.; unter Kompetenzgesichtspunkten *Wolfgang Jakob,* Forschungsfinanzierung durch den Bund, Der Staat 24 (1985), S. 527 ff.

57 Bundesregierung, Konzept einer modernen Ressortforschung, 2007, S. 4, 11.

58 Dazu Wissenschaftsrat, Drs. 7262 – 06.

59 *Herbert Mandelartz,* Externe Beratung und die Beratungspflicht der Beamten, DVBl. 2008, 209 (209); kritische Anmerkungen zur Praxis: Einsatz externer Berater in der Bundesverwaltung, Empfehlungen des Präsidenten des Bundesrechnungshofes als Bundesbeauftragter für Wirtschaftlichkeit in der Verwaltung zum Einsatz externer Berater in der Bundesverwaltung, 2006.

Soweit es um die Vorbereitung von Gesetzgebung geht, erfolgt gelegentlich auch die Einsetzung einer Expertenkommission, die ad hoc für ein bestimmtes Projekt Vorschläge sammelt und bewertet und das zuständige Ministerium bei der Ausarbeitung eines Entwurfs berät. Diese Praxis wurde etwa mehrfach bei Novellierungen des Baugesetzbuches gewählt.

Eine Sonderform der externen Wissensbeschaffung stellt schließlich die gesetzliche Verpflichtung Privater zur Forschung da. Solche Regelungen gibt es insbesondere im Bereich der Risikoforschung, die sozusagen als Kompensation für die Zulassung von neuen Produkten mit unklaren Wirkungen auferlegt wird, wie z. B. nach §§ 22 ff., 63b IV AMG, § 6 I GenTG. Hierbei handelt es sich um eine Form der Privatisierung der Verantwortung für unzureichendes Wissen[61].

III. Allgemeine Ordnungsmuster der Ressortforschung

Zwar ist die Ressortforschung in eine Vielfalt von Wissensquellen eingebunden, mit ihrem Organisationsauftrag der Wissensgenerierung kommt ihr aber natürlich eine herausgehobene Stellung in der Wissensinfrastruktur zu. Dabei stellen sich einige allgemeine Fragen ihrer Einbindung in den administrativen Aufbau und der Qualitätskontrolle. Sie sind nicht zuletzt vor der Folie der akademischen Forschung von Interesse, denn dadurch wurde die Evaluation der Bundeseinrichtungen durch den Wissenschaftsrat stark beeinflusst, die eine noch nicht abgeschlossene Reformdiskussion ausgelöst hat.

1. Organisation

Die meisten Ressortforschungseinrichtungen sind als Bundesoberbehörden einzuordnen (z. B. § 1 Abs. 1 Gesetz zur Errichtung eines Bundesamtes für Strahlenschutz v. 9. 10. 1989). Zum Teil handelt es sich aber auch um rechtsfähige (z. B. nach § 1 Gesetz über die Errichtung eines Bundesinstitutes für Risikobewertung v. 6. 8. 2002) oder teilrechtsfähige Anstalten (z. B. nach § 1 Abs. 1 Gesetz über den Deutschen Wetterdienst v. 10. 9. 1998). Die Rechtsform der Anstalt wurde im Fall des Bundesinstituts für Risikobewertung gewählt, um seine Unabhängigkeit „zu unterstützen"[62].

---

60 Vgl. Wissenschaftsrat, Empfehlungen (FN 35), S. 49 ff.

61 Dazu *Peter Wehling*, Ungeahnte Risiken. Das Nichtwissen des Staates – am Beispiel der Umweltpolitik, in: Collin / Horstmann (FN 31) S. 309 ff.; *Ivo Appel*, Methodik des Umgangs mit Unwissenheit, in: Schmidt-Aßmann / Hoffmann-Riem (Hrsg.), Methoden der Verwaltungsrechtswissenschaft, 2004, S. 327 (340 f.); *Scherzberg*, Wissen (FN 13), S. 136 ff.; *Indra Spiecker genannt Döhmann*, Informationsgewinnung im Umweltrecht durch materielles Recht, DVBl. 2006, S. 278 ff.

62 Vgl. Gesetzentwurf der Bundesregierung, BT-Drs. 14 / 8747, S. 2.

Ein besonderer Fall ist das 1998 geschaffene Bundesamt für Bauwesen und Raumordnung, in dem nur zwei von vier Abteilungen Forschungsaufgaben erfüllen[63]. Eine pauschal zu empfehlende Organisationsform im Hinblick auf die Kombination von Forschungsaufgaben und außerwissenschaftlichen Aufgaben gibt es jedoch nach Ansicht des Wissenschaftsrates nicht[64].

Aufgrund der Vorgaben des Art. 87 III GG besteht auf Bundesebene in der Regel eine gesetzliche Grundlage für die Ressortforschungseinrichtungen. Details des inneren Aufbaus und der Aufgabenstellung sind jedoch meist nur im Organisationserlass geregelt. Im Landesrecht kommt es darauf an, inwieweit ein institutioneller Gesetzesvorbehalt besteht[65]. Die Bundesregierung hat angekündigt, dass das geplante „Wissenschaftsfreiheitsgesetz" eine Reform der Rahmenbedingungen auch für die Ressortforschung bringen soll[66]. Die im Juli 2008 von der Bundesregierung beschlossenen Eckpunkte der Initiative „Wissenschaftsfreiheitsgesetz"[67] kündigen jedoch an, dass vorerst keine spezifische gesetzliche Regelung erfolgen soll und enthalten lediglich die allgemeine Formulierung, dass bei Ressortforschungseinrichtungen wissenschaftsspezifischen Belangen in besonderer Weise Rechnung getragen werden soll.

2. Autonomie

Die in der verfassungsrechtlichen Selbstverwaltungsgarantie[68] enthaltene Gewährung der Unabhängigkeit von der politischen Sphäre ist ein zentrales Kennzeichen der akademischen Forschung. Demgegenüber liegt mit Blick auf die in die Ressorts eingebundenen Forschungseinrichtungen der Verdacht nahe, dass sie der Legitimation vorgetroffener politischer Entscheidungen dienen und sich folglich die Wissenschaft der Politik unterordnet[69]. Neutraler spricht die Bundesregierung in ihrem Konzept für eine moderne Ressortforschung, dass diese „in diversen Spannungsfeldern, die durch unterschiedliche Rationalitäten der Wissenschaft und der Politik gekennzeichnet sind [agiert]"[70]. Bei genauerer Betrachtung ist der Grad der

---

63 Kritisch Wissenschaftsrat, Drs. 7257 – 06, S. 55 f.

64 Wissenschaftsrat, Empfehlungen (FN 35), S. 120; ebenso *Barlösius* (FN 40), S. 9.

65 Dazu ausführlich *Iwan Chotjewitz,* Die Organisationsgewalt nach den Verfassungen der deutschen Bundesländer, 1995.

66 Bundesregierung (FN 57), S. 3.

67 http: //www.bmbf.de/pub/eckpunkte_wissenschaftsfreiheitsgesetz.pdf.

68 Dazu *Thomas Groß,* Das Selbstverwaltungsrecht der Universitäten – Zusätzliches zur Wissenschaftsfreiheit, DVBl. 2006, S. 721 ff.; für die außeruniversitären Einrichtungen ist stärker zu differenzieren, vgl. *Groß / Arnold* (FN 34), S. 150 ff.

69 *Dickert* (FN 9), S. 83; *Trute,* in: HStR IV (FN 19), § 88 Rn. 44.

70 Bundesregierung (FN 57), S. 3.

Eigenständigkeit der Einrichtungen rechtlich und faktisch sehr unterschiedlich.

Der Regelfall ist die bürokratische Normalität der Fachaufsicht durch das zuständige Ministerium, wie sie in mehreren Errichtungsgesetzen auch ausdrücklich vorgesehen ist (z. B. in § 3 Gesetz über die Errichtung eines Bundesamtes für Bauwesen und Raumordnung v. 15. 12. 1997; § 3 Gesetz zur Errichtung eines Bundesamtes für Strahlenschutz v. 9. 10. 1989[71], § 2 Gesetz über den Deutschen Wetterdienst, § 3 UBAG). Es gibt aber auch eine abweichende Regelung in § 2 Abs. 3 Gesetz über die Errichtung eines Bundesinstitutes für Risikobewertung: „Bei seinen wissenschaftlichen Bewertungen und Forschungen ist das Bundesinstitut vorbehaltlich des § 8 Abs. 1 weisungsunabhängig." § 8 Abs. 1 sieht für diesen Fall eine Rechtsaufsicht vor. Eine ausdrückliche Begründung für diese Besonderheit findet sich im Gesetzentwurf nicht, doch soll offensichtlich das Vertrauen der Öffentlichkeit in die Neutralität der Risikobewertung gestärkt werden.

Auch in der Praxis bestehen durchaus unterschiedliche Spielräume bei der Festlegung von Forschungsthemen[72]. Zum Teil sind die Einrichtungen relativ frei, ihre eigenen Prioritäten zu setzen, zum Teil sind sie eng an die Vorgaben ihres Ressorts gebunden. Insbesondere wird beklagt, dass die Verfahren zur Genehmigung von Eigenforschungsanträgen durch das Ministerium in einigen Fällen sehr langwierig sind[73].

Der Wissenschaftsrat empfiehlt daher generell die Einführung einer Steuerung über Zielvereinbarungen[74]. Dieses die Dezentralisierung der Verantwortung fördernde Instrument des New Public Managements wäre mit der Fachaufsicht durchaus vereinbar[75], würde aber zu einer konsensualen Praxis führen. Letztlich kommt es darauf an, wie die politische und die wissenschaftliche Funktion der Einrichtungen im Verhältnis gewichtet werden. Steht die Aufgabe der Wissensgenerierung eindeutig im Vordergrund, gibt es keine sachliche Rechtfertigung für eine hierarchische Steuerung, so dass ihre politische Unabhängigkeit und die Beschränkung auf eine Rechtsaufsicht folgerichtig wären[76].

---

71 Nach Wissenschaftsrat, Drs. 7259 – 06, S. 70, wird sie in der Praxis sehr eng ausgelegt.

72 Wissenschaftsrat, Empfehlungen (FN 35), S. 39 ff.; *Marian Döhler,* Die politische Steuerung der Verwaltung, 2007, S. 188 ff., geht davon aus, dass „wissenschaftstypische Verselbständigungstendenzen" nicht besonders ausgeprägt sind, speziell zur Praxis beim UBA vgl. S. 292 ff.

73 Vgl. Wissenschaftsrat, Drs. 7258 – 06, S. 64, zur BfR.

74 Wissenschaftsrat, Empfehlungen (FN 35), S. 83.

75 Dazu *Veith Mehde,* Neues Steuerungsmodell und Demokratieprinzip, 2000, passim; zur Kombination horizontaler und vertikaler Relationierungsmechanismen auch *Matthias Jestaedt,* in: GVwR I (FN 19), § 14 Rn. 56.

76 Vgl. *Martin Eifert,* Das Verwaltungsrecht zwischen klassischem dogmatischem Verständnis und steuerungswissenschaftlichem Anspruch, VVDStRL 67 (2008), S. 286 (328).

3. Rechtstellung der Wissenschaftler

Mit der Autonomie der staatlichen Forschungseinrichtungen hängt die Frage zusammen, welche Rechtstellung die dort beschäftigten einzelnen Wissenschaftler haben. Trotz der Einbindung in eine hierarchische Organisation ist für sie der Normbereich der Wissenschaftsfreiheit jedenfalls außerhalb der Routineforschung grundsätzlich eröffnet[77]. Ihre individuelle Autonomie beschränkt sich aber auf Methode und Ergebnis der Forschungen, sie erfasst dagegen nicht die Formulierung der Aufgabenstellung[78]. Der Wissenschaftsrat hat zwar gefordert, den Einrichtungen einen Freiraum für eine selbständige Themenwahl im Umfang von mindestens 10 % einzuräumen, doch begründet er dies nicht mit individuellen Rechten, sondern mit der Steigerung ihrer Leistungsfähigkeit[79].

Intern sind die Einrichtungen jeweils nach dem allgemeinen Behördenaufbau hierarchisch geordnet[80]. Entsprechend der grundsätzlich unterschiedlichen Struktur gegenüber der akademischen Forschung und Lehre sind Beteiligungsrechte der Wissenschaftler in der Organisationssteuerung nicht geboten[81]. Allerdings ist es auch nicht ausgeschlossen, ihnen Mitwirkungsrechte einzuräumen[82]. Diese gab es früher in größerem Umfang, v.a. im Ressort Ernährung und Landwirtschaft. Heute sind Vertretungsorgane mit Beratungsrechten z. B. im Anstaltskollegium des Julius-Kühn-Instituts[83], das neben den leitenden Wissenschaftlern auch gewählte Vertreter umfasst, und im Präsidialkolleg des Bundesinstitutes für Risikobewertung vorgesehen, das aus Abteilungsleitern und Leitern der Arbeitsgruppen besteht[84].

Da die Beteiligung an der Kommunikation in der scientific community ein zentrales Element für die Qualität als wissenschaftliche Forschung ist, kommt der Frage, inwieweit die Ergebnisse der Ressortforschung veröffentlicht werden müssen und dürfen, eine große Bedeutung zu. In Nr. 4 der zehn

---

77 Differenzierend auch *Trute,* Forschung (FN 9), S. 99 ff.; *Claus Dieter Classen,* Wissenschaftsfreiheit außerhalb der Hochschule, 1994, S. 348 ff.; a.A. *Kleindiek* (FN 10), S. 295 ff.; *Matthias Ruffert,* Grund und Grenzen der Wissenschaftsfreiheit, VVDStRL 65 (2006), S. 146 (178).

78 *Trute,* Forschung (FN 9), S. 103 f.; *Köstlin,* Ressortforschungseinrichtungen (FN 9) S. 1365 (1376); *Henneke* (FN 37), S. 9; Wissenschaftsrat, Empfehlungen (FN 35), S. 120; ähnlich *Classen* (FN 77), S. 350 f.

79 Wissenschaftsrat, Empfehlungen (FN 35), S. 120.

80 *Meusel* (FN 37), Rn. 126; Bundesregierung, Zehn Leitlinien einer modernen Ressortforschung, 2007, S. 3.

81 *Trute,* Forschung (FN 9), S. 392 f.; wohl auch *Classen* (FN 77), S. 358.

82 Allgemein *Köstlin,* Ressortforschungseinrichtungen (FN 9) S. 1365 (1372); positive Würdigung bei Wissenschaftsrat, Empfehlungen (FN 35), S. 83.

83 http: //www.jki.bund.de/cln_045/nn_804440/DE/veroeff/jb/jb2006/org__haush. html__nnn=true.

84 Vgl. § 9 der Satzung, abrufbar unter http: //www.bfr.bund.de/cd/7465#dok.

Leitlinien einer modernen Ressortforschung, die 2007 von der Bundesregierung verabschiedet wurden, heißt es kryptisch: „Wo sinnvoll, stellen [die Einrichtungen] sicher, dass wissenschaftliche Mitarbeiterinnen und Mitarbeiter ausreichende Möglichkeiten und Freiräume erhalten, Forschungsansätze und Arbeitsergebnisse durch Veröffentlichungen zum Gegenstand wissenschaftlichen Diskurses werden zu lassen." Entscheidend ist dabei, in welchen Fällen eine Veröffentlichung nicht „sinnvoll" ist.

Grundsätzlich haben Veröffentlichungen durch Wissenschaftler in Einrichtungen der Ressortforschung unter eigenem Namen zu erfolgen, damit der individuelle Beitrag zum wissenschaftlichen Diskurs deutlich wird[85]. Soweit dabei dienstlich erworbene Erkenntnisse verwendet werden, bedarf es einer Genehmigung durch die Leitung der Einrichtung[86]. Genehmigungsvorbehalte finden sich teilweise auch in außeruniversitären Forschungseinrichtungen[87]. Sachlich gerechtfertigt werden können sie aber nur durch besonders wichtige Belange der Allgemeinheit, z. B. im Bereich der Verteidigungsforschung. Wird die Teilnahme an der wissenschaftlichen Öffentlichkeit zur seltenen Ausnahme, so schließt sich eine Einrichtung letztlich selbst aus.

4. Qualitätskontrolle

Ein Thema, das erst in den letzten Jahren größere Aufmerksamkeit erfahren hat, ist die Überprüfung der wissenschaftlichen Qualität der staatlichen Forschungseinrichtungen, wohl eine Ausstrahlungswirkung der Evaluationsbestrebungen im Bereich der akademischen Forschung. Dementsprechend werden auch ähnliche Instrumente diskutiert, insbesondere in den Evaluationsberichten des Wissenschaftsrates. Abgesehen von dieser externen Begutachtung der Bundeseinrichtungen ist die Evaluation als „wissenschaftsadäquate[] Form von Kontrolle"[88] bisher unterentwickelt.

Allerdings ist zu beachten, dass nach dem Auftrag der Ressortforschung – wenn auch in unterschiedlichem Umfang – ebenso die politische Qualität ihrer Tätigkeit zu berücksichtigen ist. Dabei kommt es auf die Verwertbarkeit der Resultate für Regierungsziele bzw. Verwaltungsaufgaben an, die sich weitgehend einer objektiven Bewertung entzieht[89]. Andernfalls entfiele die Rechtfertigung für die enge Einbindung in den staatlichen Behördenapparat. Gerade weil bekannt ist, dass unser Wissen prekär, vorläufig und

---

85 *Classen* (FN 77), S. 352 f.

86 *Classen* (FN 77), S. 356.

87 Vgl. *Groß / Arnold* (FN 34), S. 92.

88 *Eberhard Schmidt-Aßmann,* Das allgemeine Verwaltungsrecht als Ordnungsidee, 2. Aufl. 2004, Tz. 3 / 42.

89 *Barlösius* (FN 40), S. 15 ff.

jedenfalls teilweise umstritten ist, erlangt es eine soziale Bedeutung, die auch seine politische Regulierung rechtfertigt[90].

Der Wissenschaftsrat empfiehlt generell die Einrichtung von wissenschaftlichen Beiräten, die als Instrument der Qualitätssicherung angesehen werden, indem sie einerseits die Forschungs- und Entwicklungsprogramme begutachten[91] und andererseits eine Evaluation vornehmen[92]. Dies entspricht der Funktion, die solche Beiräte in vielen, aber durchaus nicht allen außeruniversitären Einrichtungen wahrnehmen[93]. Im Augenblick existieren wissenschaftliche Beiräte bei etwa der Hälfte der Ressortforschungseinrichtungen[94], z. B. das Kuratorium der Bundesanstalt für Materialforschung[95] oder der Wissenschaftliche Beirat nach § 9 Gesetz über den Deutschen Wetterdienst. Allerdings muss bei der Besetzung darauf geachtet werden, dass es nicht zu Interessenkonflikten kommt, wenn Vertreter von Kooperationspartnern der Einrichtung berufen werden[96]. Nur unabhängige Experten können die Beratungsfunktion adäquat erfüllen.

Als weitere Qualitätskriterien führt der Wissenschaftsrat die Einwerbung von Drittmitteln an, die in einigen Einrichtungen in durchaus beachtlichem Umfang stattfindet, sowie die personelle Vernetzung mit der unabhängigen akademischen Wissenschaft, etwa über die Kooperation mit Hochschulen, die Einbindung in Promotions- und Habilitationsverfahren und Rufe von Wissenschaftlern aus den Einrichtungen auf Hochschulprofessuren oder Leitungsfunktionen von Forschungseinrichtungen[97]. Auch hier ist allerdings zu beachten, dass der Anteil der theoretisch orientierten Forschung in den einzelnen Einrichtungen unterschiedlich ist, so dass eine Bewertung allein nach solchen wissenschaftssystembezogenen Kriterien mit Vorsicht zu betrachten ist.

IV. Die staatliche Gewährleistungsverantwortung

Wenn schon Cicero wusste, dass man für die verantwortliche Führung eines Gemeinwesens fundierte Kenntnisse braucht, so gilt heute erst recht, dass die Verfügbarkeit des für die Aufgabenerfüllung notwendigen Wissens

90 *Nico Stehr*, Wissenspolitik, 2003, S. 113 ff.

91 Dafür auch Bundesregierung (FN 57), S. 5; kritisch zur Praxis bei der BBR Wissenschaftsrat, Drs. 7257-06, S. 9 f.

92 Wissenschaftsrat, Empfehlungen (FN 35), S. 73 ff.

93 Vgl. *Groß / Arnold* (FN 34), S. 139.

94 Wissenschaftsrat, Empfehlungen (FN 35), S. 74.

95 Vgl. Wissenschaftsrat, Drs. 7256-06, S. 9.

96 Vgl. Wissenschaftsrat, Drs. 7258-06, S. 66, zur BfR.

97 Vgl. Wissenschaftsrat, Kriterien des Ausschusses Ressortforschung für die Begutachtung von Bundeseinrichtungen mit FuE-Aufgaben, Drs. 7693-07, S. 9 ff.; s. auch *Trute*, in: HStR IV (FN 19) § 88 Rn. 44.

nicht dem Zufall überlassen werden darf, sondern personelle, technische und organisatorische Vorkehrungen erforderlich sind, um die notwendigen Informationsressourcen zu beschaffen. Für die Gesetzgebung ergibt sich nach der Rechtsprechung des Bundesverfassungsgerichtes aus verschiedenen Grundrechten eine Pflicht zur Beobachtung der tatsächlichen Verhältnisse, weil andernfalls insbesondere Schutzpflichten nicht ausreichend wahrgenommen werden können[98]. Da es nicht sinnvoll wäre, die einzelnen Abgeordneten als Adressaten einer solchen Verpflichtung zu betrachten[99], kann sie eigentlich nur durch die Experten der Regierung erfüllt werden, und damit in erster Linie durch staatliche Forschungseinrichtungen. Für das Verwaltungsverfahren ergibt sich eine Pflicht zur möglichst umfassenden Wissensbeschaffung aus dem Grundsatz der Amtsermittlung nach § 24 VwVfG, der seinerseits im Rechtsstaatsprinzip verankert ist[100].

Andererseits hat man schon länger Abschied von der Vorstellung staatlicher Allwissenheit genommen. Angesichts der Komplexität der wissenschaftlich-technischen Sachverhalte wäre es illusorisch zu glauben, man könnte für jede Wissensfrage einen Experten im Bereich der staatlichen Verwaltung bereithalten, selbst wenn man europäische und internationale Vernetzungen einbezieht. Deshalb gilt keineswegs, dass die für die Erfüllung staatlicher Aufgaben erforderliche Forschung notwendig durch eigene Einrichtungen durchgeführt werden muss. Die thematische Abgrenzung zwischen den staatlichen Einrichtungen im engeren Sinn zu unabhängigen öffentlichen oder privaten Forschungsinstitutionen ist historisch gewachsen und damit in gewissem Umfang kontingent[101]. Es leuchtet etwa unmittelbar ein, dass rechtsmedizinische Untersuchungen für die zweifellos staatliche Aufgabe der Strafverfolgung von essentieller Bedeutung sind, trotzdem finden sie überwiegend in universitären Instituten statt. Auch ein Blick in andere Länder zeigt, dass unterschiedliche Formen der Aufgabenverteilung zwischen dem staatlichen und dem unabhängigen Wissenschaftssektor möglich sind[102].

---

98 So z. B. BVerfGE 49, 89 (143); 56, 54 (78 f.); 88, 203 (263); *Trute,* in: HStR IV (FN 19) § 88 Rn. 38 m. w. N.

99 Zur Problematik von prozeduralen Pflichten des Gesetzgebers vgl. *Thomas Groß,* Von der Kontrolle der Polizei zur Kontrolle des Gesetzgebers, DÖV 2006, S. 856 ff.

100 *Eberhard Schmidt-Aßmann,* Der Rechtsstaat, in: HStR II (FN 19), 3. Aufl. 2004, § 26 Rn. 76; *Ferdinand O. Kopp / Ulrich Ramsauer,* VwVfG, 10. Aufl. 2008, § 24 Rn. 3; *Indra Spiecker gen. Döhmann,* Die informationelle Inanspruchnahme des Bürgers im Verwaltungsverfahren: Der Amtsermittlungsgrundsatz nach § 24 VwVfG, in: dies. / Collin (FN 15), S. 196 ff.; zu den Grenzen *Jens-Peter Schneider,* in: GVwR II (FN 2), § 28 Rn. 36 ff.

101 *Wolfgang Krieger,* Forschung und Staat in der Bundesrepublik Deutschland, Aus Politik und Zeitgeschichte 1995, B 24, S. 35 (37).

102 Dazu ausführlich Wissenschaftsrat, Empfehlungen (FN 35), S. 114 u. 155 ff.; *Barlösius* (FN 40), S. 11 ff.

Man könnte deshalb auch umgekehrt nach der Rechtfertigung für die staatliche Institutionalisierung von Forschungsaufgaben fragen. Hierfür werden im Wesentlichen zwei Gründe genannt. Zum einen gibt es Daueraufgaben gerade im Bereich der Routineforschung, die an den Universitäten nicht in erforderlichem Umfang und mit der notwendigen Kontinuität durchführbar sind[103]. Zum anderen spricht für die Ressortforschung die Möglichkeit der Verringerung von Transaktionskosten, indem die Forschung mit den Dienstleistungen bei der Regulierung und Beratung der Verwaltung bzw. Regierung kombiniert wird[104]. Es ist natürlich kein Zufall, dass diese beiden Faktoren den schon genannten zentralen Charakteristika der Ressortforschung[105] entsprechen. Lediglich die Förderungs- und Vorsorgefunktion hat keine vergleichbare Legitimation durch den unmittelbaren Bezug auf staatliche Aufgaben, hier geht es im Grunde um indirekte Wirtschaftsförderung[106].

Wie ist nun aber das Verhältnis zwischen internem und externem Sachverstand? Im Verwaltungsverfahrensrecht gilt, dass die Behörde externe Sachverständige nach § 26 VwVfG einsetzen muss, wenn kein Angehöriger der Behörde den notwendigen Sachverstand besitzt[107]. Bei der Verwaltung verbleibt jedoch die Verantwortung dafür, dass der Sachverständige die erforderliche Sachkunde hat[108]. Außerdem muss sie das Gutachten nachprüfen und ist für die abschließende Bewertung und rechtliche Würdigung allein zuständig[109]. Folglich muss die Behörde immer über eine gewisse ausreichende Sachkunde verfügen, um die Sachverständigen angemessen einsetzen zu können.

Dieser Gedanke kann auch auf die einzelfallunabhängige Wissensbeschaffung für die allgemeinen Zwecke des Staates und auch für die Vorbereitung der Gesetzgebung übertragen werden. Grundsätzlich können hierfür externe Quellen eingesetzt werden, in der Regel über Gutachtenaufträge oder Expertenkommissionen. Insbesondere ist es vorteilhaft, wenn mehrere externe Stellen den erforderlichen Sachverstand bereitstellen können, da hierdurch ein kompetitives Element hinzukommt, das einerseits eine Pluralität der methodischen und inhaltlichen Zugänge gewährleistet und andererseits als Qualitätssicherungsmechanismus eingesetzt werden

---

103 Vgl. Wissenschaftsrat, Drs. 7258-06, S. 11, zur BfR.

104 Vgl. Wissenschaftsrat, Empfehlungen (FN 35), S. 115.

105 Vgl. oben II.3.

106 *Trute*, in: HStR IV (FN 19), § 88 Rn. 43 FN 100.

107 *Kopp / Ramsauer* (FN 100), § 26 Rn. 29.

108 BVerwGE 45, 235 (239 f.); *Kopp / Ramsauer* (FN 100), § 26 Rn. 31.

109 *Paul Stelkens / Dieter Kallerhoff*, in: Paul Stelkens / Heinz J. Bonk / Michael Sachs (Hrsg.), VwVfG, 6. Aufl, 2001, § 26 Rn. 68; *Jan Ziekow*, Verwaltungsverfahrensgesetz, 2006, § 26 Rn. 6; zu einzelnen Ausnahmen vgl. *Nußberger* (FN 55), S. 282 (295 ff.).

kann. Für den sachgerechten Einsatz der externen Institutionen ist jedoch wiederum eine hinreichende Steuerungskompetenz auf der Seite der Verwaltung erforderlich, die entweder in den zuständigen Ministerien auf Landes- bzw. Bundesebene oder in den ihnen zugeordneten spezialisierten Forschungseinrichtungen vorhanden sein muss. Hierauf ist bei der Gestaltung der Organisations- und Personalstruktur zu achten.

Unabhängig davon, ob das Wissen intern oder extern erworben wurde, muss zudem gewährleistet werden, dass das produzierte Wissen seine jeweiligen Adressaten innerhalb (und ggf. außerhalb) der Behörden erreicht. Eine Amtspflicht zur Unterstützung mit Wissen im deutschen (und europäischen) Verwaltungsverbund auch außerhalb von einzelnen Verwaltungsverfahren wird bisher allerdings teilweise mit Hinweis auf die Abgrenzung der Verantwortungsräume abgelehnt[110]. Eine dauerhafte Kooperation ist jedoch auf der Grundlage einer besonderen gesetzlichen Grundlage zulässig[111]. Praktisch sind integrierte Informationssysteme erforderlich[112], die in vielen Aufgabenbereichen auch bereits auf nationaler wie europäischer Ebene aufgebaut werden. Mit dem Ausbau einer solchen arbeitsteiligen Wissensinfrastruktur könnte sich auch die Zuordnung der Entscheidungsverantwortung in Verwaltungsverfahren verändern, doch ist das eine Diskussion, die erst am Anfang steht[113].

Soweit auf eine staatliche Institutionalisierung verzichtet wurde, ergibt sich eine Gewährleistungsverantwortung für die externe Wissensproduktion zumindest insofern, als es sich um notwendige Ressourcen handelt. Die Bestimmung dieser erforderlichen Wissensinfrastruktur ist im Einzelnen schwierig. Die Aufgaben der behördlich verfassten Forschung haben sich in Relation zum Staatsverhältnis historisch verändert[114]. Sicher darf es nicht dazu kommen, dass die Universitäten die Strafverfolgung teilweise lahm legen, indem sie in einer konzertierten Aktion die rechtsmedizinischen Institute schließen. Müssen aber die juristischen Max-Planck-Institute für jedes Land der Welt Experten bereit stellen, falls eine staatliche Institution entsprechenden Beratungsbedarf hat? Auch hier gilt, dass auf der staatlichen Seite, d. h. vor allem in den Ministerien, zumindest so viel Sachverstand bestehen muss, dass eventuelle wesentliche Lücken bei den externen Wissensquellen erkannt werden können, um Gegenmaßnahmen einzuleiten.

---

110 *Hartmut Bauer,* in: Horst Dreier (Hrsg.), GG, Bd. II, 2. Aufl. 2006, Art. 35 Rn. 13.

111 *Bernd Grzeszick,* in: Karl Heinrich Friauf / Wolfram Höfling (Hrsg.), BerlK-GG, Art. 35 Rn. 18 m. w. N.; allgemein zur Legitimation interadministrativer Kooperation *Thomas Groß,* Verantwortung und Effizienz in der Mehrebenenverwaltung, VVDStRL 66 (2007), S. 152 (169 ff.).

112 *Meusel* (FN 37), Rn. 125.

113 Vgl. dazu *Eifert,* Electronic Government (FN 32), S. 253 ff.

114 *Barlösius* (FN 40), S. 29.

Letztlich lässt sich auch aufgrund der Vielfältigkeit und Veränderlichkeit der staatlichen Aufgaben keine einfache Formel dafür finden, welche Wissensinfrastrukturen der Staat in Eigenregie führen muss und wo er auf externe Ressourcen zurückgreifen darf. Hier kommt es darauf an, eine sinnvolle Form der „Ko-Produktion" von Wissen durch staatliche und unabhängige Einrichtungen zu finden[115]. Dies ist eine immer wieder neu zu prüfende Frage der politischen Klugheit, also der „prudentia".

---

115 *Gunnar Folke Schuppert,* Governance durch Wissen, in: ders. / Voßkuhle (FN 8) S. 259 (267); ähnlich bereits Andreas *Voßkuhle,* Beteiligung Privater an der Wahrnehmung öffentlicher Aufgaben und staatlicher Verantwortung, VVDStRL 62 (2003), S. 266 (308).

Vierter Abschnitt

Wissen und Innovation

Wissen, Recht und Innovation

Wolfgang Hoffmann-Riem

Wenn *Eberhard Schmidt-Aßmann* die Ambivalenz des Wissens durch die Pole „Wissensfülle, Wissensübermaß und Wissensdrang“ einerseits und „Wissensmangel, Wissenslücken und Resignation“ andererseits beschreibt[1], dann verweist dies zugleich darauf, dass es angemessen ist, gegenwärtige Befindlichkeiten auch durch die beiden Pole Wissensgesellschaft und Nichtwissensgesellschaft zu kennzeichnen. Für die (Welt-)Risikogesellschaft meint *Ulrich Beck* sogar, wir hätten es eher mit der Nichtwissensgesellschaft zu tun[2]. Das Bemühen der Wissenschaft um Wissenserwerb verdeutlicht, wie groß das Nichtwissen ist, ja dass es selbst beim Erwerb neuen Wissens immer größer zu werden scheint[3].

Für das Recht bedeutet diese Situation eine große Herausforderung, baut es doch auf der Annahme auf, Normen könnten grundsätzlich auf hinreichend sicherem Grund auch in empirischer Hinsicht errichtet werden und die Rechtsanwendung auf verfügbare Tatsachen zurückgreifen. Immerhin hat die Rechtsordnung auch für die Situation von Unwissen oder doch Ungewissheit vorgesorgt, etwa durch Darlegungs- und Beweislastregeln, durch Vermutungen und Fiktionen sowie Ermächtigungen zum Handeln unter Unsicherheit, aber auch durch die Vorsorge für Fälle neuer Erkenntnisse oder durch Aufforderung zur Evaluation und gegebenenfalls Korrektur, aber auch zur Stimulation von Innovationen. Auf das Changieren zwischen Wissen und Unwissen ist die Rechtsordnung also nicht völlig unvorbereitet. Ist sie aber schon genug darauf eingestellt?

---

1 *Eberhard Schmidt-Aßmann,* Die Ambivalenz des Wissens und die Ordnungsaufgaben des Rechts, in diesem Bd., S. 39.

2 *Ulrich Beck,* Weltrisikogesellschaft, 2007, S. 211.

3 *Wolfgang Hoffmann-Riem,* Soziale Innovationen. Eine Herausforderung auch für die Rechtswissenschaft, Der Staat 2008, S. 588 ff.

I. Begriffe und konzeptionelle Grundlegungen

1. Verständigung über Begriffe: Information, Wissen, Kommunikation

Wer sich heute mit Wissen beschäftigt, kann sich nicht mit einem alltagssprachlichen Verständnis dieses Begriffs begnügen oder gar auf jedwede Definition verzichten. Dies würde die Kommunikation mit Vertretern anderer Disziplinen, die sich um präzisere Begriffsumschreibungen bemühen, erschweren, wäre aber auch einer Verständigung innerhalb der Rechtswissenschaft abträglich. Deshalb soll zunächst der Begriff „Wissen“ als Unterschied zu anderen im Kontext damit stehenden Begriffen erläutert werden. Dabei wird an Differenzierungen angeknüpft, die sich – trotz mancher fortbestehender Unterschiedlichkeiten – in der (vor allem nicht-rechtswissenschaftlichen) Fachliteratur – zunehmend als konsentiert erweisen.

a) Information und Wissen[4]

Nicht alle „Informationen“ vermitteln Wissen. Informationen sind zunächst nur Mitteilungen, die den Bestand von Kenntnissen betreffen und verändern können. Dabei vermitteln sie Sinngehalte. Die Verarbeitung von Informationen ist ein aktiver Vorgang mit Selektionen und Festlegungen. Handeln, also auch Rechtsanwendungshandeln unter Einschluss des Verwaltungshandelns, ist auf soziale Kognition und Prozesse des Verstehens der Bedeutung und des Inhalts von Informationen angewiesen, also auf Informationsverarbeitung.

Während die Information als eine Mitteilung über Kenntnisse jedweder Art verstanden werden kann, zielt der – vor allem in der fachwissenschaftlichen Diskussion maßgebende – Begriff des „Wissens“ i.e.S. auf einen Bestand von Erkenntnissen, der in dem jeweiligen sozialen Kontext der Wissensgenerierung und -verwendung aufgrund der dort angewandten Deutungsmuster und Verwendungserfahrungen als bekannt und hinreichend bewährt vorausgesetzt werden kann[5]. Der Begriff „Wissen“ i.e.S. ver-

---

4 Zum Folgenden s. statt vieler *Thomas Vesting,* Die Bedeutung von Information und Kommunikation für die verwaltungsrechtliche Systembildung, in: Wolfgang Hoffmann-Riem / Eberhard Schmidt-Aßmann / Andreas Voßkuhle (Hrsg.), Grundlagen des Verwaltungsrechts (GVwR), Bd. II, 2008, § 20 Rn 1 ff. m. w. N. und Differenzierungen; s. auch *Hans-Heinrich Trute,* Wissen – Einleitende Bemerkungen, in diesem Bd., S. 11 ff. sowie *Arno Scherzberg,* Zum Umgang mit implizitem Wissen, in: Gunnar Folke Schuppert / Andreas Voßkuhle (Hrsg.), Governance von und durch Wissen, 2008, S. 240, 242.

5 Die hier vorgenommene Begriffsverwendung ist einerseits substantialistisch, bemüht sich aber auch um die Betonung der Deutungsebene, die insbesondere aus wissenssoziologischer Sicht wichtig ist. Dazu s. etwa *Alfons Bora,* Innovationsregulierung als Wissensregulierung, in: Martin Eifert / Wolfgang Hoffmann-Riem (Hrsg.),

weist auf möglichst gleichbleibende Strukturen und Muster, die in dem maßgebenden Kontext wiederholt benutzt werden können. Ein solches Begriffsverständnis lässt sich auch für Rechtswissenschaft und Rechtspraxis nutzen. Beim Wissen in diesem Sinne handelt es sich gewissermaßen um durch Anerkennung „veredelte" Informationen[6]: Die Information ist in „konsolidiertes Wissen" übergegangen[7]. Dieses ändert aber nichts daran, dass es nur als „relatives" Wissen – dazu gleich (s. unten 2. und 3.) – angesehen werden kann, das unter bestimmten Kontextbedingungen in je spezifischer Weise bedeutsam wird; auch kann es durch neue Informationen wieder irritiert und korrigiert werden. Wissen und – als Gegenpol – Nicht-Wissen sind nicht kategorial getrennt, sondern als soziale Konstruktionen immer wieder neu konstruierbar.

Allerdings wird der Begriff „Wissen" in der fachwissenschaftlichen Diskussion zum Teil auch verwandt, wenn nicht von einem allgemeinen oder jedenfalls einem kontextgebundenen Konsens über die Deutung und Bedeutung der Information oder über die (relative) Zeitbeständigkeit der „Erkenntnisse" ausgegangen werden kann. Dies ist insbesondere bei dem Begriff des „impliziten Wissens" (s. unten II. 3.) der Fall, also im Hinblick auf Wissensbestandteile, die nicht explizit formuliert oder im bewussten Denken registriert sind. Sie können für Handeln maßgeblich werden, ohne den Prozess sozialer Konstruktion / Anerkennung durchlaufen zu haben.

Auf durch Konsens im jeweiligen Handlungskontext „konsolidiertes Wissen" können Rechtssetzer und Rechtsanwender nur in begrenztem Maße zurückgreifen. Ihre Handlungsgrundlage ist vielfach (nur) die Information oder besser: sind häufig verschiedene, miteinander nicht deckungsgleiche Informationen (etwa das Vorbringen verschiedener betroffener Parteien). Darauf sind beispielsweise die zur Handlungsentlastung geschaffenen Beweislastregeln abgestimmt, die auf ein gewisses Maß an Handlungssicherheit auch angesichts divergierender Informationen und verbleibender Ungewissheit Rücksicht nehmen, also nicht zwingend das Vorhandensein von Wissen i.e.S. einfordern. Soweit die Information Wissen in Frage stellt, aber nicht dazu taugt, „konsolidiertes" Wissen zu erschüttern, muss sie für die soziale Konstruktion von Wissen unberücksichtigt bleiben, kann aber dennoch auch für Rechtsanwendungshandeln bedeutsam sein, wenn es kein

---

Innovationsfördernde Regulierung, 2009, S. 23, 27. *Bora* behandelt den Begriff des Wissens als operative Kategorie und versteht ihn als „Schemata der Weltdeutung", also nicht als mehr oder minder große Mengen von Informationspartikeln. Für den rechtswissenschaftlichen Kontext empfiehlt es sich, die substantialistische Sichtweise nicht aufzugeben, dabei allerdings die Geltungsdimension auch nicht auszublenden. Die Geltungsdimension verdeutlicht insbesondere die Relativität von Wissen, insbesondere die Möglichkeit zur Nutzung neuer Deutungen.

6 Vgl. *Anna-Bettina Kaiser*, Wissensmanagement im Mehrebenensystem, in: Schuppert / Voßkuhle (FN 4), S. 217, 220.

7 *Thomas Vesting*, Information (FN 4), Rn 27.

Wissen i.e.S. gibt, das der Verwendbarkeit dieser Information entgegensteht. Angesichts der Subjektgebundenheit der Verbreitung, Anerkennung und Verarbeitung von Information und Wissen (i.e.S.) ist häufig die (nur) subjektive Sicherheit einer Aussage Grundlage einer Entscheidung. Die Subjektabhängigkeit einer Aussage wird durch den Begriff „Gewissheit" und seinen Gegenbegriff „Ungewissheit" ausgedrückt.

Der Versuch einer möglichst präzisen Begriffsverwendung stößt allerdings auf Akzeptanzschwierigkeiten, da Literatur und öffentliche Diskurse gelegentlich von anderen Begriffsverständnissen ausgehen. Dies ist insbesondere bei der Nutzung des Begriffs „Wissen" in der Rechtswissenschaft häufig der Fall. Der Begriff Wissen wird vielfach unausgesprochen in einem weiten Sinne verwandt und erstreckt sich dann auch manchmal auf bloße Informationen. Der Verzicht auf die Differenzierung ist für Verständigungshandeln in der Wissenschaft problematisch, kann aber in der Praxis unschädlich sein, soweit auf Wissen i.w.S. zurückgegriffen werden darf – so möglicherweise bei der Klärung, ob und wie gehandelt werden darf, wenn relevantes Wissen i.e.S. nicht verfügbar ist. Da die rechtswissenschaftliche Literatur nur höchst selten zwischen Information und Wissen i.e.S. unterscheidet, sondern beides zum Teil mit dem Begriff Information, zum Teil aber mit dem Begriff Wissen – also i.w.S. – erfasst, soll im Folgenden der unspezifische weite Wissensbegriff genutzt werden, soweit nicht von Wissen i.e.S. als (relativ) konsolidiertem Wissen gesprochen wird.

b) Kommunikation

Rechtsanwendung ist Verarbeitung von Information und von Wissen (i.w.S.). Beides wird über „Kommunikation" ausgetauscht. Dieser Begriff kennzeichnet ein mehr oder minder flüchtiges Geschehen, das die Mitteilung und deren Verstehen zu einer einheitlichen Operation verknüpft. Kommunikation ist also ein auf Verständigungshandeln angelegtes Sprechen[8], das mehr ist als ein bloßer Transfer, sondern eben ein auf Selektion und Verständigung ausgerichtetes soziales Geschehen. Rechtsanwendung unter Einschluss des Verwaltungshandelns beruht auf einer solchen Kommunikation, die regelmäßig in ein Zusammenspiel unterschiedlicher Kommunikatoren oder in je unterschiedliche Kommunikationszusammenhänge eingebunden ist; sie ist abhängig von den – etwa den in einer Verwaltungsorganisation selbst angelegten – jeweiligen Kommunikationsverhältnissen. Die im Prozess der Aufnahme von Informationen oder von Wissen durch Kommunikation erfolgende Verständigungsleistung erfolgt kontextbezogen und dabei insbesondere unter Nutzung je spezifischer Selektionsregeln, die es leisten sollen, die funktionsspezifisch „nützlichen" Informationen oder das

---

8 *Thomas Vesting*, Information (FN 4), Rn 28, 30.

entsprechende Wissen für den Prozess der Problembewältigung im jeweiligen Kontext – hier bei der Rechtsanwendung – zuzurichten.

2. Erschütterung des traditionellen Rationalitätsdenkens

Grundlage eines neuen Nachdenkens über das Verhältnis von Wissen und Unwissen im Recht ist die zunehmend verbreitete Einsicht in die Erschütterung einer Orientierung am Rationalitätsdenken, das seit der Aufklärung vielfach bestimmend geworden war: nämlich an dem letztlich mathematisch-naturwissenschaftlich geprägten, auch in andere Bereiche hineinwirkenden Glauben an die Begreifbarkeit und Beherrschbarkeit der Welt mit den Mitteln des Verstandes[9]. Aus erkenntnistheoretischer Sicht – dabei insbesondere aus konstruktivistischer[10] und skeptizistischer[11] Warte – wird die Möglichkeit rationaler, d. h. allgemein gültiger und von allen einsehbar begründeter Aussagen grundsätzlich verneint oder doch relativiert. Es werden die Grenzen intersubjektiver Verständigung oder intersubjektiv einleuchtender „Beweise" betont, ja Möglichkeiten der Allgemeinheit von Vernunft oder auch nur die Sicherung der Geltung von Wissen (insbesondere von Wissen i.e.S.) in Frage gestellt. Zumindest wird – etwa angesichts der Einsicht in die Beobachterabhängigkeit allen Erkennens – die Notwendigkeit des ergänzenden Einbezugs momentanen subjektiven Erlebens unter Rücksichtnahme auf die situativen Rahmenbedingungen, aber auch auf Wünsche, Vorurteile, Ideologien, lokale Gewohnheiten, sprachliche Konventionen, Tabus u. ä. für bestimmte Denkgebäude herausgestellt und es wird damit jedenfalls auf die Relativität des Erkannten und die Pluralität der Beobachtung verwiesen[12]. Andere kommen zur „grundsätzlichen Unhintergehbarkeit" von Ungewissheit und verstehen Rationalität – wenn sie

---

9 Dazu – unter Verarbeitung auch der nicht rechtswissenschaftlichen Literatur – aus rechtswissenschaftlicher Sicht statt vieler *Arno Scherzberg,* Wissen, Nichtwissen und Ungewissheit im Recht, in: Christoph Engel / Jost Halfmann / Martin Schulte (Hrsg.), Wissen – Nichtwissen – unsicheres Wissen, 2002, S. 113 ff.; *Andreas Voßkuhle,* Das Konzept des rationalen Staates, in: Schuppert / ders. (FN 4), S. 13 ff., jeweils m. w. N.

10 Dazu vgl. statt vieler *Jost Halfmann,* Wissenschaft, Methode und Technik. Die Geltungsprüfung von wissenschaftlichem Wissen durch Technik, in: Engel / Halfmann / Schulte (FN 9), S. 227, 232 ff.

11 Vgl. allgemein etwa *Thomas Grundmann / Karsten Stüber* (Hrsg.), Philosophie der Skepsis, 1996; *Keith DeRose / Ted A. Warfield* (ed.), Skepticism. A Contemporary Reader, 1999.

12 Diese Aussagen gelten zwar allgemein, aber überzeugen besonders für hoch komplexe Systeme, wie etwa das Klima, das menschliche Gehirn, die Wirtschaft oder das Ökosystem. Hier wird die Prognostizierbarkeit von Entwicklungen auch von solchen Wissenschaftlern zum Mythos erklärt, die das Rationalitätsdenken nicht schon im Grundsatz in Frage stellen. s. hierzu statt vieler *Andreas Voßkuhle,* Expertise und Verwaltung, in: Hans-Heinrich Trute / Thomas Groß / Hans Christian Röhl / Christoph Möllers (Hrsg.), Allgemeines Verwaltungsrecht – zur Tragfähigkeit eines Konzepts, 2008, S. 637, 646 ff., 652.

diesen Begriff überhaupt verwenden – als „variable Ordnung von Kontingenzen", also keineswegs als „die für alles und alle gleiche Vernunft"[13].

Das Reden von Gewissheit / Ungewissheit kann aber auch in eher alltagssprachlicher Weise auf die (nur) subjektive „Sicherheit" einer Aussage über empirisches Geschehen, prognostizierte Abläufe oder auch präskriptive (z. B. ethische oder moralische) Gebote verweisen, sei es, dass es sich um eine entsprechende „Information" oder um die Mitteilung über Inhalte von „Wissenschaft" handelt. Die Begriffe Gewissheit und Ungewissheit als Ausdruck der Subjektabhängigkeit einer Aussage (s. oben I. 1.) können auch als Pole auf einer Skala verbucht werden, die auf unterschiedliche Grade der Gewissheit – etwa vom bloßen Vermuten bis zur sicheren Überzeugung – verweisen[14], wohl berücksichtigend, dass auch eine „sichere" Überzeugung sich gegebenenfalls als bloßes Vermuten herausstellen kann.

3. Entlastung des Handelns trotz Unsicherheit

Juristen, die konkrete Probleme zu bewältigen und damit diese in ihrer empirisch beobachtbaren Erscheinungsform wahrzunehmen sowie die zu seiner Lösung verfügbaren normativen Vorgaben zu beachten haben und letztlich zu einer bestimmten Entscheidung kommen sollen, müssen solche Aussagen beunruhigen. Wären die Ergebnisse philosophischen und insbesondere rechtstheoretischen Reflektierens für sie mit der Folge maßgebend, dass ihnen jede Handlungssicherheit genommen würde, käme dies einem rechts- und sozialstaatlichen Desaster gleich: Die Rechtsordnung verlangt die Suche nach Wegen zur Entlastung auch angesichts von Ungewissheit. Denn der Unausweichlichkeit von Ungewissheit steht die Unausweichlichkeit der Entscheidung gegenüber. Ein Ausweg könnte darin bestehen, in pragmatischer Grundhaltung davon auszugehen, dass eine als angemessen geltende – etwa prozedural legitimierte – Verständigung darüber möglich ist, was in der konkreten Entscheidungssituation als Wissen oder als gewiss gelten darf und soll und auch konkret verfügbar ist und was den Entscheidenden entlastet, auch wenn durch diese (einstweilige) Verständigung die weitere Möglichkeit nicht ausgeschlossen wird und werden kann, dass das genutzte Wissen in einer anderen Entscheidungssituation wieder in Frage gestellt werden kann und dann neu konstruiert werden muss.

Das Wissen um die Relativität von Wissen kann, soweit rechtsnormativ eine Handlungsaufgabe vorgegeben ist, nicht als Entschuldigung für Nicht-

---

13 So etwa *Karl-Heinz Ladeur*, Postmoderne Rechtstheorie, 2. Aufl. 1992, S. 40.

14 Dies zu berücksichtigen ist insbesondere zweckmäßig, soweit Wahrscheinlichkeitsgrade – etwa im Risikorecht – wichtig werden oder über „Wissen" Beweis erhoben wird und geklärt werden muss, wann etwas zur Überzeugung der Rechtsanwender feststeht u. ä.

Handeln herangezogen werden. Der Handlungsauftrag kann aber nur auf die Nutzung von (im jeweiligen Kontext) „verfügbarem" oder verfügbar zu machendem Wissen verstanden werden. Zur Heranziehung solchen Wissens gibt es keine überzeugende Alternative[15], wenn die zu treffende Entscheidung im Rahmen des Möglichen intersubjektiv diskutierbar, hinsichtlich möglicher Erfolge hinterfragbar und bei Misserfolg revidierbar sein soll. Auch dürften durch die Nutzung verfügbaren Wissens Chancen der Akzeptanz selbst belastender Entscheidungen auch durch die Belasteten selbst verbessert werden – etwa durch Förderung von Systemvertrauen[16].

Die Handlungsentlastung durch Rückgriff auf das als „Wissen" allgemein oder auf das in der Entscheidungssituation konkret Anerkannte und dadurch besonders Legitimierte enthält aber das Risiko der Ausblendung der Relativität und der Unvollständigkeit dieses Wissens und damit der Verweigerung weiterer Beobachtung und gegebenenfalls weiteren Lernens mit der möglichen Folge der Blockierung von Anpassungsprozessen und grundlegenden Wandels, die zur Bewältigung zukünftig wahrgenommener Probleme hilfreich sein können. Dies kann das Risiko der Versteinerung und damit des Verfehlens gebotener Zukunftsflexibilität und des Unterlassens der Stimulierung von Innovationen bewirken. Angesichts der Relativität von Wissen trägt die Routinisierung bei der praktischen Nutzung „anerkannter" Wissensbausteine ein Risiko suboptimaler Wissensnutzung in sich. Deshalb ist es wichtig, dass die Einwände der Rechtstheoretiker nicht verhallen, sondern als Ermahnung verstanden werden, die Kontingenz von Wissen im Blick zu behalten – zugleich aber verbunden mit der Erwartung, sich dadurch vom Handeln nicht abschrecken zu lassen.

Die grundsätzliche Fundierung rechtlichen Entscheidungshandelns in verfügbar gemachtem Wissen schließt es allerdings nicht aus, dass die Rechtsordnung zum Teil auch darauf aufbaut, Handeln gerade angesichts von Nicht-Wissen zu stimulieren, also Nicht-Wissen produktiv zu nutzen. Beispielsweise stellt die Rechtsordnung denjenigen, der trotz Ungewissheit über Wirkungen Innovationen wagt – etwa im Arzneimittelbereich – teilweise durch Beschränkung der Haftung auf die Verschuldenshaftung (etwa Haftung nur bei einer Verletzung bestimmter Sorgfaltspflichten) oder durch Haftungshöchstgrenzen von Handlungsrisiken frei; die aus Nicht-Wissen entstehenden verbleibenden Schadensrisiken lastet sie – das ist dann die Kehrseite – dem Geschädigten auf[17].

---

15 Dazu s. *Andreas Voßkuhle,* Expertise (FN 12), S. 663.

16 Dazu vgl. statt vieler *Klaus P. Japp,* Struktureffekte öffentlicher Risikokommunikation auf Regulierungsregime. Zur Funktion von Nicht-Wissen im BSE-Konflikt, in: Engel / Halfmann / Schulte (FN 9), S. 35, 55 ff., 64.

17 Dazu s. *Anne Röthel,* Zuweisung von Innovationsverantwortung durch Haftungsregeln, in: Martin Eifert / Wolfgang Hoffmann-Riem (Hrsg.), Innovationsverantwortung, 2009, S. 335, 336 und passim. s. auch unten IX. 1.

Solche Konstellationen werden z. B. mit dem Ziel gerechtfertigt, sich durch Nicht-Wissen nicht beim Handeln lähmen zu lassen, technologischen Wandel zu ermöglichen oder weitere Einsichten über zukünftige Problembewältigungen zu gewinnen. Verbunden mit normativen Entlastungen von Haftung ist aber regelmäßig die Forderung nach dem Bemühen, „besseres" Wissen zu generieren, etwa gerade durch das normativ gestützte risikoreiche Handeln neues Wissen zu gewinnen – etwa durch Feldversuche –, um in Zukunft z. B. die Sorgfaltsanforderungen neu justieren zu können. Derartiges zielt auf Qualitätssicherung von Wissen.

4. Ungewissheit als Mittel der Aufgabenerfüllung

Es gibt aber auch Situationen, in denen Informationen nicht offen gelegt werden, etwa im Interesse des Persönlichkeitsschutzes[18]. Manchmal werden Informationen auch selektiv zurückgehalten, um bestimmte staatliche Aufgaben „besser" erfüllen zu können: Dem Kfz-Fahrer wird die Information verwehrt, wo und wann eine Radarkontrolle der Geschwindigkeit erfolgt, der Straftatverdächtige erfährt nichts über geplante Razzien und gewerbeaufsichtliche Kontrollen erfolgen meist unangekündigt. Die Ungewissheit über staatliche Kontrolle und Sanktionshandeln verfolgt dabei ein doppeltes Ziel: Sie verhindert, dass Gefährder sich opportunistisch auf solche Maßnahmen einstellen und sie kann zugleich als Stimulus der Bereitschaft zur Normbefolgung bei denjenigen wirken, die es nicht riskieren wollen, bei einem Normverstoß beobachtet zu werden.

Der Verbleib von Ungewissheit kann auch als Funktionsvoraussetzung bestimmter rechtlich geprägter Institutionen gelten. Ein Beispiel sind demokratische Wahlen: Sie erfüllen ihr Ziel, Wechsel von Mehrheiten zu ermöglichen, nur, wenn der Wahlausgang ungewiss ist. Diese Ungewissheit ist zugleich ein Stimulus für die Herrschenden, durch die Art ihrer Herrschaftsausübung die Mehrheit für sich zu gewinnen, und ein Anreiz für die Opposition, durch weitere Anstrengungen die Macht erringen zu können[19]. Ähnlich hängen Institutionen wie etwa der Markt oder die Börse von Ungewissheiten über das konkrete Verhalten der Marktteilnehmer oder die Entwicklung des Börsenkurses ab.

---

18 Dazu s. die vielen Hinweise in *Horst-Peter Götting / Christian Schertz / Walter Seitz,* Handbuch des Persönlichkeitsrechts, 2008.

19 Überlegungen dazu bei *Claude Lefort,* Die Frage der Demokratie, in: Ulrich Rödel (Hrsg.), Autonome Gesellschaft und libertäre Demokratie, 1990, S. 281 ff.

5. Rechtsgeprägte Prozesse der Informations- und Wissensverarbeitung unter Einschluss der Wissensgenerierung

Rechtsanwendung ist Verarbeitung von Wissen, einerlei ob es ein Bürger ist, der versucht, sich rechtstreu zu verhalten oder eine Norm zu umgehen, ob eine Verwaltung eine rechtlich geprägte Entscheidung trifft oder ob ein Gericht eine getroffene Entscheidung auf ihre Rechtmäßigkeit hin kontrolliert. Gleiches gilt, wenn der Gesetzgeber im Rahmen seiner verfassungsrechtlichen Möglichkeiten gesetzliche Programmierungen vornimmt und dabei Informationen und Wissen über den Realbereich und über die normativen Orientierungen aufgreift, die ihm vorgegeben sind und die er für die Problemlösung maßgebend machen will. Da die Verarbeitung von Informationen und Wissen ein aktiver Vorgang mit Selektionen und Festlegungen ist, werden die personellen, verfahrensmäßigen, organisatorischen oder sonst wie institutionellen Rahmenbedingungen und die jeweiligen situativen Gegebenheiten belangvoll[20], und zwar sowohl für die (Re-)Konstruktion der normativen Vorgaben als auch für den Umgang mit empirischem und prognostischem Wissen bei ihrer Handhabung (s. auch unten X.-XII.).

Grundsätzlich gehört zu dem Versuch, das verfügbare Wissen zu nutzen, auch die Suche nach Wegen des Umgangs mit verbleibendem Nicht-Wissen (Nochnichtwissen, Nochnichtwissenkönnen, Nichtwissenkönnen). Als Grundsatz lässt sich formulieren: Soweit es Möglichkeiten der „besseren" Fundierung einer Entscheidung anhand der für sie bestimmenden Maßstäbe durch Wissen gibt, deren Nutzung praktisch möglich und nicht unverhältnismäßig ist – hier gilt also ein spezifischer Vorbehalt des Möglichen, auch der des unter Ressourcenaspekten Vernünftigen –, enthält die Rechtsordnung regelmäßig einen Auftrag zur Nutzung dieses Wissens.

Die Anforderungen an den Erwerb und die Verwendung von Wissen – oder die Anerkennung als Wissen – sind insbesondere abhängig von dem Kontext, in dem Wissen nutzbar gemacht werden soll. Damit stimmt überein, dass die Rechtsordnung seit jeher Entlastungen, etwa Regeln zum Handeln unter Unsicherheit, kennt[21]. Beispiele sind Beweislastregeln[22] oder die rechtliche Anerkennung von Restrisiken[23]. Auch können sich unterschiedliche Anforderungen je nach den unterschiedlichen Rollen der Akteure und der ihnen zugeschriebenen rechtlichen Maßstäbe ergeben. Während Richter beispielsweise (grundsätzlich nur) an den Maßstab des Rechts – wie relativ

---

20 Dazu vgl. *Wolfgang Hoffmann-Riem,* Methoden einer anwendungsorientierten Verwaltungsrechtswissenschaft, in: Eberhard Schmidt-Aßmann / ders. (Hrsg.), Methoden der Verwaltungsrechtswissenschaft, 2004, S. 9, insbesondere 31 ff., 40 ff.

21 Dazu vgl. *Hans Christian Röhl,* Ausgewählte Verwaltungsverfahren, in: GVwR II (FN 4), § 30 Rn 28 ff.

22 Etwa in BVerfGE 49, 89 (137 f.).

23 s. unten III. 1. bei FN 54.

er auch ist und wie auch immer er zu bestimmen ist – gebunden und auf ihn auch im Hinblick auf die Suche nach Wissen dadurch begrenzt sind, haben andere Akteure, wie etwa die staatliche Verwaltung, weitere, gegebenenfalls anderes Wissen voraussetzende Maßstäbe zu beachten, so die der Zweckmäßigkeit, der Effizienz, der Akzeptabilität und Implementierbarkeit, auch soweit diese nicht (was allerdings auch möglich ist) zu rechtlichen Maßstäben geformt sind[24]. Für die Nutzung dieser Maßstäbe ist ebenfalls Wissen unabdingbar, aber gegebenenfalls auf besondere Weise zu generieren und bei seiner Anerkennung können gegebenenfalls andere Anforderungen als für das für die Anwendung rechtlicher Maßstäbe bedeutsame Wissen gestellt werden. Verbleiben Defizite hinsichtlich der Konsolidierung, so kennt die Rechtsordnung häufig Regeln über die Letztentscheidungsmacht, etwa durch die Zuerkennung einer Macht zu einer von weiteren Kontrollen entlasteten Entscheidung im Zuge der Nutzung von „Beurteilungsspielräumen“[25].

Je nach dem betroffenen Handlungsfeld und dessen Rahmenbedingungen können die normativen Anforderungen und die praktischen Möglichkeiten hinsichtlich Dichte und Tiefe von Information und Wissen unterschiedlich sein. Aufgabe einer rechtlichen Ordnung des Umgangs mit Information und Wissen ist es, auch auf diese Rahmenbedingungen Rücksicht zu nehmen, also beispielsweise auf die je spezifischen Restriktionen, aber auch Dynamiken der Informationsgewährung, der Wissensgenerierung, Wissensverteilung und Wissensverwendung. Insofern ist es hilfreich, dass die Neue Verwaltungsrechtswissenschaft[26] neben dem Recht als normiertem Verhaltensprogramm auch weitere Steuerungsmedien in den Blick nimmt, wie insbesondere die beteiligten Organisationen, das anzuwendende Verfahren, das einsetzbare Personal und die verfügbaren Ressourcen[27], über die der Zugang zu und die Nutzung von Wissen gesteuert wird, zum Teil nur implizit (s. auch unten IV.).

---

[24] Zur Maßgeblichkeit einer Vielfalt von Maßstäben vgl. *Rainer Pitschas,* Maßstäbe des Verwaltungshandelns, in: GVwR II (FN 4), § 42; *Friedrich Schoch,* Außerrechtliche Standards des Verwaltungshandelns als gerichtliche Kontrollmaßstäbe, in: Trute / Groß / Röhl / Möllers (FN 12), S. 543 ff.; jeweils m. w. N.

[25] Dazu s. *Wolfgang Hoffmann-Riem,* Eigenständigkeit der Verwaltung, in: GVwR (FN 4), Bd. I, 2006, § 10 Rn 89 ff.; z. T. abweichend *Friedrich Schoch,* Gerichtliche Verwaltungskontrollen, in: GVwR (FN 4), Bd. III, 2009, § 50. Zum Beurteilungsspielraum – hier: der Bundesnetzagentur – s. BVerwG NVwZ 2008, 1359 ff.

[26] Überblicksartig dazu *Andreas Voßkuhle,* Neue Verwaltungsrechtswissenschaft, in: GVwR I (FN 25), § 1.

[27] Vgl. dazu GVwR I (FN 25), §§ 13 ff., GVwR II (FN 4), §§ 27 ff., GVwR III (FN 25), §§ 43 f.

II. Arten von Wissen

1. Unterschiedliches rechtserhebliches Wissen und Dimensionen der Wissensgenerierung

Es gibt unterschiedliche (sich auch überschneidende) Dimensionen des Wissens, auf die sich die Rahmenbedingungen der Wissensgenerierung und -verwendung auswirken können[28]. So etwa die folgenden[29]:

- Fallwissen (bezogen insbesondere auf das Ausgangsproblem);
- Verfahrenswissen (Wissen zum weiteren Ablauf);
- Organisationswissen (Wissen über die maßgebende Organisationseinheit und ihre Strukturen, insbesondere die üblichen Entscheidungsabläufe);
- Normwissen (Wissen über Rechtsgrundlagen, -methodik und -dogmatik);
- Faktenwissen (Wissen über die dem Sachverhalt zugrunde liegenden Tatsachen);
- Bewertungswissen (Wissen zur Bewertung der Tatsachen und weiteren Kausalverläufe);
- Folgenwissen / Prognosewissen (Wissen um mögliche Folgen des Entscheidens oder Nicht-Entscheidens oder bestimmter Entscheidungen und um die Wahrscheinlichkeit des Folgeneintritts);
- Kontextwissen (Wissen über den individuellen, gesellschaftlichen und politischen Zusammenhang, in den der Vorgang eingebettet ist, und über die Bedeutung des Kontextes);
- regulierungstechnisches Wissen (Wissen über Möglichkeiten, Erfolgschancen von Regulierung, insbesondere über die Wirkungsweise verschiedener Regulierungsinstrumente);
- Regelungsstrukturwissen (Wissen um das Zusammenspiel unterschiedlicher hoheitlicher oder privater Akteure bei der Nutzung ihrer empirischen Wissensbestände und präskriptiven Orientierungen sowie um die Wirkung begleitender negativer oder positiver Anreize, auch Wissen über die Nutzung von Taktiken und Strategien, etwa im Management der Interdependenzen);
- Orientierungswissen (Wissen über die Maßgeblichkeit von angestrebten Zielen, auch solchen, die in dem Normprogramm selbst nicht ausgesprochen sind);

---

[28] Die folgende Auflistung ist eine leichte Modifikation derjenigen von *Andreas Voßkuhle,* Expertise (FN 12), S. 637, 645. s. auch *Bora,* Innovationsregulierung (FN 5), S. 38.

[29] Weitere Differenzierungen etwa bei *Hans-Heinrich Trute,* Wissen (FN 4), S. 16 ff.

- Entscheidungswissen (Wissen über die Voraussetzungen des Treffens einer bestimmten Entscheidung als Optionenwahl);
- Steuerungswissen (Wissen über die Bewirkungstauglichkeit von Steuerungsinstrumenten);
- Implementationswissen (Wissen über die Um- und Durchsetzung einer Entscheidung sowie über den Eintritt der mit einer Entscheidung verknüpften weiteren Folgen) (Outcome-Wissen).[30]

Speziell im Hinblick auf Innovationen und Innovationsprozesse können weitere Wissensformen herausgestellt werden[31]:

- Inventionswissen (Wissen, welches die geistige oder materielle Hervorbringung ermöglicht);
- emergentes Wissen (Wissen, welches mit der Hervorbringung generiert wird);
- Innovationswissen i.e.S. (Wissen, welches die Deutung einer Hervorbringung als Innovation bewirkt, also seine Durchsetzung in einem sozialen Feld, etwa dem Markt, der Politik oder der Wissenschaft ermöglicht).

Soweit Wissen grundsätzlich verfügbar ist, es aber noch nicht verfügbar gemacht ist und noch in den Prozess der Entscheidung integriert werden muss – oder soweit entschieden werden soll, es nicht zu nutzen –, sind unterschiedliche Wege des Umgangs mit Wissen zu unterscheiden. Dabei sind insbesondere folgende Dimensionen bedeutsam[32]:

- Wissensgenerierung;
- Wissensaneignung;
- Wissensverbreitung;
- Wissensregulierung (Regulierung des Umgangs mit Wissen), etwa Standardisierung oder normativer Verweis auf anerkannte Regeln der Wissenschaft und Technik;
- Wissensanwendung;
- Wissensnutzung und gegebenenfalls
- Wissensunterdrückung.

---

30 Zu den Begriffen Outcome und denen von Output und Impact s. etwa *Claudio Franzius,* Modalitäten und Wirkungsfaktoren der Steuerung durch Recht, in: GVwR I (FN 25), § 4 Rn 75 ff., 70 ff.

31 Nach *Bora,* Innovationsregulierung (FN 5), S. 23, 30.

32 In Anlehnung an *Johann Welsch,* Innovationspolitik, 2005, S. 70.

2. Explizites und implizites Wissen

Gerade im Hinblick auf den Umgang mit unsicherem Wissen bzw. mit Ungewissheit bedarf es besonderer Handlungsstrategien, die dazu beitragen, das verfugbare Wissen im Rahmen des rechtlich Gebotenen zu verwenden, d. h. aber auch, es gegebenenfalls gezielt verfügbar zu machen. Insofern ist die Unterscheidung und Unterscheidbarkeit von explizitem und implizitem Wissen von besonderer Bedeutung. Explizites Wissen ist formal darstellbar und vor allem kommunizierbar, etwa ausgedrückt in Worten und Zahlen oder mit Hilfe von wissenschaftlichen Formeln oder auch nur in hinreichend transportfähigen alltagssprachlichen Formulierungen.

Verfehlt wäre es, Wissen als einen festen Bestand oder auch Vorrat von Erkenntnissen zu begreifen und dadurch die Dynamik der Wissensgenerierung, die Relevanz der Deutung und die Relativität der Wissensbestände und Deutungsmöglichkeiten zu vernachlässigen. Speicherformen, auf die zugegriffen werden kann und zugegriffen wird, sind Wissensgrundlagen, nicht das Wissen selbst. In der Verwaltung zählen dazu beispielsweise Texte, Akten, Archive, Register, Datenbanken, Expertensysteme[33], aber auch institutionelle Arrangements und strukturierte Verfahrensabläufe. Ein in vielem neuartiger, aufgrund der Vernetzungen und seiner ubiquitären Offenheit besonders dynamischer und auf Dauer angelegter (das „Vergessen“[34] systematisch unterlaufender) Wissensträger ist das Internet. Häufig muss, insbesondere wenn die Wissensbestände komplex sind, auf „Wissen zweiter Ordnung“ zurückgegriffen werden, also auf Wissen, wie man Wissen generiert und verwendet. Auch sind Grenzen der Fähigkeit, grundsätzlich verfügbares Wissen richtig zu deuten, einzukalkulieren[35]. Notwendig wird ein Wissensmanagement, das sicherstellt, dass Wissen operabel ist und in der Form und in der Situation zur Verfügung steht, in der es benötigt wird[36].

Um explizites Wissen zu erfassen, muss es darum gehen, die maßgebenden „Wissenslieferanten“ ausfindig zu machen und deren Erkenntnisse für die Generierung expliziten Wissens einsetzbar zu machen. Dies kann z. B. unter Nutzung von Stäben, Arbeitsgruppen, Besprechungen oder projekt-

---

33 Vgl. statt vieler *Karl-Heinz Ladeur,* Die Kommunikationsinfrastruktur der Verwaltung, in: GVwR II (FN 4), § 21.

34 Dazu s. grundsätzlich *Elena Esposito,* Soziales Vergessen. Formen und Medien des Gedächtnisses der Gesellschaft, 2002.

35 Ein Teilaspekt thematisiert etwa die ökonomische Theorie, wenn sie im Rahmen von Informationsasymmetrien auf den Befund von „Hidden Information“ verweist und damit auf die bei einzelnen Akteuren gegebene begrenzte Möglichkeit zur Einschätzung der Qualität einer bestimmten Information oder von Wissensbestandteilen anspielt.

36 So *Marion Albers,* Umgang mit personenbezogene Informationen und Daten, in: GVwR II (FN 4), § 22 Rn 17.

bezogenen Workshops oder auch organisationsübergreifenden Wissensnetzwerken oder im Diskurs der Allgemeinheit, etwa in Anhörungsverfahren, geschehen[37]. Zu den Wissenslieferanten können auch „gesellschaftliche Akteure" zählen, etwa Experten, die über den Stand der Technik oder der Wissenschaft berichten. Sie können in Verfahren der Technikfolgenabschätzung[38] eingeschaltet werden oder sie können ihr Wissen in Standardisierungsprozesse[39] einbringen. Durch Vorgaben wie Beobachtungs- und Evaluationspflichten[40], durch Planungsaufgaben[41], oder Aufträge zur Konzeptentwicklung[42], aber auch durch Forschungsförderung[43] können Anreize zur Wissensgenerierung geschaffen werden.

Demgegenüber ist das implizite Wissen[44] nicht als allgemein verfügbares kommunizierbar. Es geht um ein Handlungswissen, „das eine Person aufgrund ihrer Erfahrung, ihrer Geschichte, ihrer Praxis und ihres Lernens im Sinne von Know-how" hat[45]. Es ist selten bewusst und wegen seiner individuellen Komponente meist schwer kommunizierbar, etwa aufgrund seiner Speisung aus persönlichen Erfahrungen, Einsichten, Ahnungen und Intuitionen[46] oder weil es in spezifische Organisationskulturen eingewebt ist, die ihrerseits unter spezifischen organisatorischen Rahmenbedingungen entwickelt werden (implizites Organisations- oder Dienstwissen)[47]. Angesichts der für die Neuzeit typischen Wahrnehmung gesteigerter Ungewissheit und Unkenntnis oder von Nicht-Wissen (s. oben II.), kommt dem impliziten Wissen und seiner Koppelung mit explizitem Wissen eine besondere Bedeutung bei. Explizites Wissen muss aktiviert, implizites Wissen aktualisiert werden[48].

---

37 So *Andreas Voßkuhle,* Expertise (FN 12), S. 637, 661.

38 Dazu s. statt vieler *Alexander Roßnagel,* Rechtswissenschaftliche Technikfolgen-Abschätzung, 1993; *Thomas Petermann / Reinhard Coenen* (Hrsg.), Technikfolgen-Abschätzung in Deutschland, 1999.

39 Dazu s. statt vieler *Matthias Ruffert,* Rechtsquellen und Rechtsschichten des Verwaltungsrechts, in: GVwR I (FN 25), § 17 Rn 85 ff.; *Martin Eifert,* Regulierungsstrategien, in: GVwR I (FN 25), § 19 Rn 61 ff.

40 Dazu s. unten V. 5.

41 Dazu vgl. statt vieler *Wolfgang Köck,* Pläne, in: GVwR II (FN 4), § 37.

42 Dazu s. z. B. *Eifert,* Regulierungsstrategien (FN 39), § 19 Rn 101 ff.

43 Dazu s. statt vieler *Hans-Heinrich Trute,* Forschung zwischen Freiheit und Institutionalisierung, 1994, S. 622 ff.

44 Unter „Tacit Knowledge" in die wissenschaftliche Diskussion eingeführt von *Michael Polanyi,* The Tacit Dimension", 1966; deutsch: Implizites Wissen, 1985.

45 *Helmut Willke,* Einführung in das systemische Wissensmanagement, 2004, S. 35.

46 Vgl. *Ikujiro Nonaka / Hirotaka Takeuchi,* The knowledge-creating company, 1995; deutsch: Die Organisation des Wissens, 1997, S. 18 f.

47 Zum impliziten Wissen s. etwa *Arno Scherzberg,* Zum Umgang mit impliziten Wissen – eine Disziplin übergreifende Perspektive, in: Schuppert / Voßkuhle (FN 4), S. 240 ff. m. w. N. Zum impliziten Wissen und weiteren Einteilungen und ihrem Zusammenspiel im Innovationsprozess s. *Rainer Völker / Sigrid Sauer / Monika Simon,* Wissensmanagement im Innovationsprozess, 2007, S. 61.

48 So *Albers* (FN 36), § 22 Rn 17.

Dies kann seinerseits unter Nutzung impliziten Wissens geschehen, etwa auch hinsichtlich des Wissens über die Generierung wichtigen weiteren Wissens. Anwender („Lieferanten“) impliziten Wissens sind gegebenenfalls die gleichen (oder ein Ausschnitt von ihnen), die explizites Wissen generieren helfen. Bei ihnen fließen die für die jeweils „angezapften“ Wissensakteure geltenden maßgebenden empirischen Einsichten und (sozial-)normativen Prämissen auch insoweit in den Prozess der Wissensgenerierung ein, als sie zum impliziten Wissen gehören.

Allerdings besteht das Risiko, dass Nichtwissen verborgen wird und damit nicht diskutierbar/kontrollierbar ist. Auch die impliziten Wissensbestände und deren Einsatz sind nicht diskutierbar und sie können gegebenenfalls ohne wirksame Gegenvorkehrung selektiv instrumentell oder gar „beliebig“ eingesetzt werden. Gerade angesichts des häufigen Bestehens von Informationsasymmetrien, etwa zwischen Staat und interessierten Privaten oder zwischen verschiedenen Privaten (etwa unterschiedlichen Marktteilnehmern), ist es wichtig, das genutzte Wissen zu beschreiben, den Bereich des Nichtwissens erkennbar zu machen und das Einsatzfeld von implizitem Wissen im Rahmen des Möglichen aufzuzeigen. Nur dann bestehen Chancen, dass die Informationsasymmetrien möglichst abgebaut und nicht durch selektive Informationsgabe, Überspielen des Bereichs des Nichtwissens und Tarnung der Nutzung impliziter Wissensbestände verstärkt werden. Soweit – und dies ist typisch – implizites Wissen die Wahrnehmung nur unbewusst beeinflusst, ist selbst für den Akteur nicht zu erkennen, auf welchen sozialisatorischen oder organisationellen Voraussetzungen sein Wissen beruht und ob es gegebenenfalls Produkt einer fehlleitenden Indoktrination ist[49]. Erst recht wird es dem Beobachter schwer fallen, Zugang zu diesen Grundlagen zu finden und dadurch in eigener Verantwortung die Validität von Aussagen zu überprüfen. Es kann aber versucht werden, den Bereich auszuloten, für den implizites Wissen eingesetzt wird und rechtlich – etwa durch Organisation und Verfahren, auch durch Nutzung der Wirkkraft berufsethisch fundierter Organisationskulturen – vorzusorgen, dass der Einsatz auch des unerkannten impliziten Wissens rechtlich verantwortbar bleibt.

3. Spezifisches und unspezifisches Nicht-Wissen

Allerdings wäre es ein Irrglaube zu meinen, durch Nutzung expliziten und durch einen ausgewiesenen oder doch jedenfalls durch geeignete Rahmenbedingungen legitimierten Umgang mit implizitem Wissen könne das Wissensproblem schon hinreichend bewältigt werden. Es bleibt ja noch das Problem des Unwissens oder des ungewissen Wissens. Der Versuch zur Um-

---

49 Vgl. *Scherzberg*, Implizites Wissen (FN 4), S. 250.

wandlung von Nicht-Wissen in Wissen ist nur im Hinblick auf sogenanntes spezifisches Nicht-Wissen möglich: Damit ist eine Situation gemeint, in der man weiß, dass und was man (noch) nicht weiß und in der man deshalb gezielten Wissenserwerb betreiben kann[50]. Ein besonderes Problem stellt aber das unspezifische Nicht-Wissen dar, also der Horizont kategorisch (noch oder dauerhaft) unverfügbaren Nicht-Wissens, von dem man ja nicht sagen kann, was (noch) nicht gewusst wird, sondern das sich als Ganzes der Selbstbeobachtung und Rekonstruktion entzieht, etwa weil jede Vorstellung möglicher Kausalität fehlt und auch durch sorgfältige Erforschung nicht (oder noch nicht) erworben werden kann (das „Nichtwissenkönnen", möglicherweise auch nur das „Nochnichtwissenkönnen")[51].

Auf unspezifisches Nichtwissen kann die Rechtsordnung nicht konkret eingestellt sein: Wie sollte sie normative Anforderungen an Nicht-Wissen stellen, das sich jeder Beobachtung entzieht – sei es als unspezifisches Risiko- oder als Nutzenwissen? Gleichwohl kann sie bemüht sein, Entscheidungskompetenzen auch auf die Möglichkeit unspezifischen Nichtwissens auszurichten, d. h. Entscheidungsträger und -verfahren so einzurichten, dass Handeln trotz des Einsatzes unspezifischen Nichtwissens normativ legitimierbar ist.

III. Zugang zum Wissen und Umgang mit Unwissen

1. Handeln im Wissen um Unwissen

Grundsätzlich gilt: Auch angesichts unspezifischen Nicht-Wissens muss häufig gehandelt werden, d. h. seine „Existenz" bedeutet zugleich eine (unbedingte) Stoppregel für weitere Suchprozesse nach Wissen, nicht aber eine Stoppregel für Entscheiden. Gleiches ist maßgebend, wenn praktische Schwierigkeiten der Umwandlung spezifischen Nicht-Wissens in Wissen entgegenstehen. Solche Umstände führen zu der weiteren Frage, wieweit trotz Nicht-Wissens Handeln verantwortbar ist.

Diese insbesondere im Risikorecht vielfach aufgegriffene Fragestellung[52] betrifft aber auch eine Situation, in der grundsätzlich verfügbares Wissen konkret nicht zugänglich ist. Zu darauf bezogenen Entscheidungsregeln gehören auch solche darüber, ob gehandelt werden soll / darf, weil die Risiken eines solchen Handelns geringer sind als die des Nicht-Handelns (des Unterlassens). Hier geraten „Risiken zweiter Ordnung" in den Blick, nämlich die Irrtumskosten rechtlicher Regulierung oder die ihres Unterlas-

50 Etwa *Bora,* Innovationsregulierung (FN 5), S. 23, 33.

51 Vgl. etwa *Klaus P. Japp,* Zur Beobachtung von Nichtwissen, Soziale Systeme (1997) 3, S. 289 ff.

52 Dazu s. statt vieler *Scherzberg,* Wissen (FN 9), S. 113 ff.

sens[53]. Da die Folgen eines bestimmten Handelns häufig nicht kausal sicher zurechenbar und räumlich, zeitlich und personal nicht begrenzt sind, muss die Rechtsordnung insbesondere mit dem Risiko umgehen, möglichen Nutzen, aber auch Schaden nicht rechtzeitig erkennen und einordnen zu konnen oder falsch einzuschätzen. Eine erfahrungsbasierte Strategie ist insoweit zur Bewältigung zukünftiger Risiken nur begrenzt oder gelegentlich gar nicht nutzbar; die Rechtsordnung benötigt auch eine ungewissheitsbasierte Strategie und dazu gehört es, das Risiko der Fehleinschätzung und Fehlsteuerung von Risiken einzukalkulieren, Vorkehrungen zum (möglichst rekursiven) Lernen einzubauen und zugleich normativ zu klären, welche Risiken rechtlich hinnehmbar sind oder nicht.

Hierfür gibt beispielsweise der im Atomrecht entwickelte Begriff „Restrisiko“[54] Anschauungsmaterial: Er bezeichnet ein nach versuchter Abklärung verbleibendes Risiko, das die Gesellschaft hinnimmt, offenbar, weil die Risiken einer hinreichenden Vorsorge vor dem Risiko als gewichtiger eingeschätzt werden als die Risiken des Handelns mit dem Restrisiko. Riskant kann auch das Bemühen um weitere Reduktionen der Unsicherheit oder das Abwarten sein, ob hinreichendes Wissen überhaupt generierbar ist[55]. In der Inkaufnahme des Risikos wird eine Chance gesehen, etwas grundsätzlich Erwünschtes zu erreichen.

Andere Formen des Umgangs der Rechtsordnung mit verbleibenden Risiken sind z. B. Stufungen des Zugangs auf Risiken (vgl. § 7 ff. GenTG), der Einbau von Beobachtungsvorgaben (z. B. § 29 GenTG) oder die Sicherung von Rückholoptionen, wie z. B. durch Widerrufsvorbehalte, Befristungen oder Kündigungsvorbehalte etwa bei (öffentlich-rechtlichen) Verträgen, oder Abstufungen im Haftungsregime[56].

Ein normatives Ziel – gewissermaßen der Idealzustand – könnte in der größtmöglichen Annäherung an die Erlangung möglichst kompletten Wissens bestehen – und zwar ungeachtet der Einsicht in dessen notwendige

---

53 Dazu näher *Scherzberg,* Risikosteuerung durch Verwaltungsrecht: Ermöglichung oder Begrenzung von Innovationen?, in: VVDStRL 63 (2004), S. 214, 219 ff.

54 Bei seiner Verwendung im Recht wird meist angenommen, dass nach dem derzeitigen Stand der Erkenntnis (der Wissenschaft und Technik) Schäden „praktisch“ ausgeschlossen seien (vgl. BVerfGE 49, 89, [137, 143]), so dass die Ungewissheiten sich jenseits der Schwelle der „praktischen Vernunft“ bewegten (vgl. *Wolfgang Kahl,* Risikosteuerung durch Verwaltungsrecht: Ermöglichung oder Begrenzung von Innovationen?, DVBl. 2003, S. 1105, 1109. Zum Teil wird auch darauf verwiesen, dass der Begriff statistisch als unwahrscheinlich geltende Ereignisse oder nach derzeitigem Wissensstand unbekannte und daher nicht berechenbare Schadensneigungen ausdrücke (vgl. *Michael Brenner / Anja Nehrig,* Das Risiko im öffentlichen Recht, DÖV 2003, S. 1024, 1028 f.).

55 Hier kann auch auf die parallele Vorgehensweise beim Erlass einstweiliger Anordnungen vergleichend hingewiesen werden, s. dazu *Wolfgang Hoffmann-Riem,* Risiko- und Innovationsrecht im Verbund, Die Verwaltung 38 (2005), S. 145, 148 f.

56 s. auch unten V. 5. Vgl. ferner *Wolfgang Hoffmann-Riem,* Experimentelle Gesetzgebung, in: Festschrift für Werner Thieme, 1993, S. 55 ff.

Relativität. Ein solches normatives Ideal scheidet aber weitgehend schon wegen vieler – auch zeitlicher – Handlungszwänge und der üblichen Ressourcenknappheit aus und wird etwa aufgegeben, soweit ein auf Nicht-Wissen beruhendes Restrisiko rechtlich hingenommen wird. Dies muss nicht in resignativer Haltung geschehen, sondern kann auch mit dem Blick auf die Chance erfolgen, durch (einstweilige) Inkaufnahme eines Restrisikos weitere Erfahrungen (insbesondere über Risiko- und Nutzenwissen) zu sammeln oder erwünschte Innovationen zu stimulieren. Diese aber wären mit „bloßem Sicherheitsdenken“ nicht zu gewinnen.

Soweit der Gesetzgeber spezielle Vorkehrungen im Umgang mit Unwissen vornimmt, sind dies regelmäßig zugleich Ermächtigungen, die verbleibenden Risiken des Nicht-Wissens in Kauf zu nehmen. Die dadurch erfolgende Entlastung der Rechtsanwendung kann allerdings eine nur begrenzte sein. Denn selbst wenn Rechtsnormen Einschätzungs- und Gestaltungsspielräume belassen, kommt es zu einer Entlastung der Handelnden nur, wenn ihnen nicht eine weitere Kontrolle droht, die den Entlastungseffekt durch Anwendung eines anderen Kontrollmaßstabs wieder rückgängig macht. Eine kontrollentlastende Situation ist aber beispielsweise gegeben, wenn der Verwaltung gerichtlich nicht überprüfbare Einschätzungs-, Prognose- und gegebenenfalls damit verbundene Gestaltungsspielräume eingeräumt werden[57]. Dann ist das Risiko einer gerichtlichen Kontrolle reduziert – nicht zuletzt mit Rücksicht darauf, dass dem Gericht in solchen Situationen keine oder keine in jeder Hinsicht überlegene Rechtsmacht zum Wissenserwerb und zur Risiko- und Nutzenbewertung zugeschrieben wird. Aber auch bei Anerkennung kontrollbegrenzender Beurteilungsspielräume[58] können Fehleinschätzungen mit Sanktionen verbunden werden, beispielsweise mit Folgesanktionen durch politische Verantwortungsträger: Selbst rechtlich hinnehmbare Restrisiken oder Fehlkalkulationen des Nutzens einer Maßnahme schützen nämlich nicht stets vor politischer Verantwortung.

2. Nutzung der Pluralität von Wissensträgern

Aber selbst soweit die Rechtsordnung am Ideal der Aufklärung des Realen und vor allem an dem möglichster Ausschöpfung von Wissensbeständen und größtmöglicher Anstrengung zur Wissensgenerierung orientiert ist oder

---

57 Hierzu vgl. statt vieler *Matthias Jestaedt,* Maßstäbe des Verwaltungshandelns. in: Martin Burgi et al. (Hrsg.), Allgemeines Verwaltungsrecht, 13. Aufl. 2006, § 10. Weiterführende Überlegungen bei *Wolfgang Schulz,* Beurteilungsspielräume als Wissensproblem – am Beispiel Regulierungsverwaltung, Manuskript 2009.

58 Auch bei der Anerkennung von Beurteilungsspielräumen (s. oben FN 25) gibt es rechtliche Kontrollen, etwa hinsichtlich der zutreffenden Maßstabsbildung, der Beachtung verfahrensrechtlicher Vorgaben und des Abwägungsvorgangs (Abwägungsausfall, -defizit, -fehleinschätzung, -disproportionalität). S. auch – zum Regulierungsermessen – BVerwG NVwZ 2008, 575, 578.

sein sollte, sind die schon beschriebenen Grenzen bei der (Re-)Konstruktion von explizitem Wissen, der Unvermeidlichkeit des Einsatzes impliziten Wissens und dem Umgang mit spezifischem und unspezifischem Nicht-Wissen zu beachten.

Probleme betreffen den Staat, der insbesondere vielfach nicht von der Überlegenheit seines Wissens ausgehen kann[59] und der auch das Problem des Unwissens hinsichtlich normativer Orientierungen zu berücksichtigen hat. Eine Reduktion der Problemwahrnehmung auf das dem Staat verfügbare (vielfach erkennbar oder unerkennbar suboptimale) Wissen würde ein Risiko unangemessener Problemlösung bewirken. Es gilt auch, andere Wissensträger zu nutzen.

Heute lässt sich mit dem Wissensproblem – auch dem des Regulierungswissens – nur angemessen umgehen, indem die Pluralität der Wissensträger, der Wissensbestände, der Prozesse der Wissensgenerierung und der in ihnen maßgebenden Bestimmungsfaktoren (insbesondere auch die Rekursivität von Lernen) respektiert werden. Insofern ist es kein Zufall, dass der moderne Staat sowie überstaatliche Akteure – wie die Europäische Union – immer mehr Kooperationsverhältnisse mit anderen Akteuren eingehen oder Entscheidungen auf unabhängige Stellen – etwa agencies – oder auf Private auslagern. Ein Vertrauen auf die Generierung von Wissen in ausgelagerten Bereichen betrifft nicht nur, aber insbesondere Felder, in denen der Umgang mit dem Zuwachs an technischer und naturwissenschaftlicher Komplexität und wirtschaftlicher Dynamik das Zusammenspiel unterschiedlicher Akteure oder gar die Nutzung von Handlungsnetzwerken erfordert oder praktisch entstehen lässt[60].

Auf diese Weise werden aber auch Akteure beteiligt, deren Handlungsorientierungen nur begrenzt in dem staatlich gesetzten Recht aufgehoben sind. Eine solche Lage ist typisch für weite Teile des Gewährleistungsverwaltungsrechts[61], in dem – bei Fortbestand einer öffentlichen Aufgabe trotz Privatisierung der Aufgabenerfüllung – die Kompetenz zum Handeln aus dem staatlichen Bereich entlassen wird, nur begrenzt rechtliche Vorgaben

---

59 Zur Verantwortungsteilung zwischen Staat und Gesellschaft hinsichtlich des Wissens s. *Schmidt-Aßmann,* Ambivalenz (FN 1), These 3., S. 45.

60 Vgl. hierzu als Anschauungsmaterial etwa die Feldstudien von *Matthias Groß / Holger Hoffmann-Riem / Wolfgang Krohn,* Realexperimente. Ökologische Gestaltungsprozesse in der Wissensgesellschaft, 2005, insbesondere Abschnitte 4 – 7. Zur rechtlichen Betrachtung von Netzwerken und dem Umgang mit dem Wissensproblem dort vgl. *Gunther Teubner,* „So ich aber die Teufel durch Beelzebub austreibe, …“: Zur Diabolik des Netzwerkversagens, Manuskript 2009; *ders.,* Netzwerk als Vertragsverbund: Virtuelle Unternehmen, Franchising, Just-in-time in sozialwissenschaftlicher und juristischer Sicht, 2004.

61 Dazu grundlegend *Andreas Voßkuhle,* Beteiligung Privater an der Wahrnehmung öffentlicher Aufgaben und staatlicher Verantwortung, in: VVDStRL 62 (2003), S. 266 ff.

gegeben werden und der Staat nur beschränkt – etwa über Kooperationsvorgaben oder über Auffangregelungen – Verantwortung für die Problembewältigung behält. Die Ausdehnung der Verantwortung Privater bei der Erfüllung (auch) gemeinwohlorientierter Aufgaben durch Einräumung vermehrter Wege gesellschaftlicher Selbstregulierung und durch die Rücknahme der staatlichen Verantwortung – etwa reduziert auf die Schaffung von Rahmenbedingungen gemeinwohlverträglicher Selbstregulierung – bedeutet, dass die Problembewältigung verstärkt den Eigenrationalitäten privaten, d. h. meist privatwirtschaftlichen Verhaltens überlassen wird[62]. Insofern wird auch die Nutzung des dort verfügbaren impliziten Wissens und der dort maßgebenden präskriptiven Prämissen (z. B. die der privatwirtschaftlichen Nutzenorientierung) ermöglicht.

Insbesondere in komplexen und dynamischen Handlungsfeldern kann Wissen weder innerhalb noch außerhalb der Verwaltung als stabil vorausgesetzt werden[63]. Das zur Entscheidung herangezogene Wissen wird situativ, in intra- und interorganisationalen Netzwerken, also auch in Interaktion von privaten Akteuren miteinander sowie mit der öffentlichen Hand, erzeugt. Da die Art der gegebenenfalls auf verschiedene Akteure verteilten Wissensbeschaffung keineswegs problemlösungsneutral ist, kommt dem Verfahren und damit gegebenenfalls den (insbesondere den vom Staat geschaffenen) Verfahrensregeln besondere Bedeutung zu. Verfahrensvorkehrungen kann keineswegs mehr – wie es häufig bei traditionellem Verwaltungshandeln betont worden ist und noch wird – nur eine „dienende“ und gegebenenfalls den fehlenden Rechtsschutz kompensierende Funktion zukommen. Vielmehr können Verfahren[64] zu einer eigenständigen produktiven Kraft (etwa bei der Generierung von Wissen und der Entwicklung neuartiger Problemlösungsansätze) werden[65], sollten dafür aber auch so gestaltet sein, dass sie auch den Zugriff auf implizites Wissen disziplinieren. Dazu kann der Einbau von Distanz und Neutralität schaffenden Mechanismen gehören[66], aber auch die Ermöglichung von soviel „Nähe“ zwischen Privaten und Administration, dass seitens der Verwaltung folgenreich mitgesteuert werden kann und die Entscheidungsmacht nicht faktisch an Private delegiert, zugleich aber das Risiko von „capture“ vermieden wird.

---

62 Knapp zu Risiken der Kooperation und Verwaltung *Helmuth Schulze-Fielitz*, Grundmodi der Aufgabenwahrnehmung, in: GVwR I (FN 25), § 12 Rn 76.

63 Vgl. *Thomas Vesting*, Information (FN 4), § 20 Rn 50.

64 Zu unterschiedlichen Verfahrensdimensionen vgl. etwa *Klaus F. Röhl / Hans Christian Röhl*, Allgemeine Rechtslehre, 3. Aufl. 2008, § 64, 65; umfassender zu Rechtfertigungen des Verfahrensgedankens und zu Verfahrensstrukturen und -typen die Beiträge von *Eberhard Schmidt-Aßmann und Jens-Peter Schneider*, in: GVwR II (FN 4), §§ 27, 28.

65 Vgl. dazu *Hoffmann-Riem*, in: GVwR I (FN 25), § 10 Rn 100 f.

66 Vgl. auch *Thomas Vesting*, Information (FN 4), § 20 Rn 52.

Von solchen Konstellationen muss auch die Reichweite der Kontrollkompetenz von Kontrollinstanzen wie der Gerichte beeinflusst werden, soweit eine umfassende Ergebnisüberprüfung durch Kontrollinstanzen aufgrund deren besonderen personellen und organisatorischen Rahmenbedingungen Gefahr liefe, die Wirkungskraft der vorangehend eingesetzten Steuerungsfaktoren zu konterkarieren. Die Kontrolle des Verfahrens ist in solchen Lagen – neben anderem – eine besonders wichtige Aufgabe für Gerichte. Im Übrigen aber ist Kontrollzurückhaltung hinsichtlich der in den Gerichtsentscheidungen vorgeschalteten Verfahren gefundenen Ergebnissen – also auch der dort erfolgten Generierung von Wissen – zu üben[67].

IV. Auswirkungen auf die Rechtsbindung, die rechtswissenschaftliche Methodik und Dogmatik

1. Erweiterung der rechtswissenschaftlichen Methodik

Erlaubt oder fordert die Rechtsordnung die Nutzung und gegebenenfalls Vernetzung der Wissensbestände und Fähigkeiten der Wissensgenerierung von unterschiedlichen Akteuren (Organisationen, Personen) und sieht sie dafür bestimmte Verfahren vor, dann legitimiert sie dadurch zugleich den so in Gang gesetzten Prozess der Wissensgenerierung und -verwendung, auch soweit implizites Wissen betroffen ist. Allerdings besteht auch insoweit das Risiko, dass die auf implizitem Wissen basierende Orientierung und gegebenenfalls Routinisierung des Verhaltens oder der unbekümmerte Umgang mit Nichtwissen zu nicht hinnehmbaren Verlusten der Problemwahrnehmung und damit z. B. zu der Verstärkung von Beharrungstendenzen[68] oder zu Beliebigkeiten führen.

Auf den Umgang mit implizitem Wissen sowie mit Nichtwissen aber ist die Rechtswissenschaft bisher nicht hinreichend eingestellt. Die mögliche Steuerungskraft impliziten Wissens sowie der Strategien im Umgang mit Nichtwissen werden durch die überkommene juristische Vorgehensweise ausgeblendet, da – bzw. soweit – deren Methodik und Rechtsdogmatik auf die Verarbeitung expliziten Wissens ausgerichtet ist. Entsprechend erfolgt regelmäßig eine Konzentration etwa der gerichtlichen Kontrolle von Entscheidungen auf die der Ergebnisrichtigkeit, für deren Überprüfung als Maßstab grundsätzlich nur die explizit verfügbaren, gegebenenfalls sogar – so bei Revisionsentscheidungen – nur die in früheren Verfahrensstadien explizit gemachten Wissensbestände maßgeblich sind. Allerdings ist nicht auszuschließen, dass die Richter ihrerseits auf implizite Wissensbestände

---

67 Vgl. dazu *Wolfgang Hoffmann-Riem*, Eigenständigkeit der Verwaltung, in: GVwR I (FN 25), § 10 Rn 61 ff., 83 ff. s. auch unten V. 5.

68 Vgl. dazu auch *Scherzberg*, Implizites Wissen (FN 4), S. 240, 251.

zurückgreifen, aber vermutlich vielfach auf andere als etwa die Verwaltung.

Wenn die (Ergebnis-)Rationalität einer juristischen Entscheidung allein daran gemessen wird, ob alle Schritte auf dem Weg zur Bildung des Endergebnisses unter Einsatz der verfügbaren expliziten Wissensbestandteile und in dieser Hinsicht über intersubjektiv nachvollziehbare Argumentationen erfolgt sind und insofern in methodengerechter Weise auf als „legitim" anerkannte Gründe gestützt werden[69], dann besteht das Risiko der Vernachlässigung der Relevanz weiterer Umstände, so des Einsatzes impliziten Wissens und des Umgangs mit Nichtwissen im Rechtsanwendungsvorgang. Hinsichtlich des Nichtwissens kann gefordert werden, es kenntlich zu machen und darzulegen, wie mit ihm umgegangen worden ist und warum dies rechtlich gerechtfertigt ist. Die Forderung der Berücksichtigung impliziten Wissens in der Rechtsanwendung ist vom herkömmlichen Verständnis her nur insoweit realisierbar, als es zunächst zu explizitem Wissen gemacht werden kann und dann dieses genutzt – also beispielsweise auf seine Verwendbarkeit überprüft – wird. Da implizites Wissen aber dadurch geprägt ist, dass es stark individualisiert ist, aus persönlichen Erfahrungen, Ahnungen und Intuitionen oder spezifischen Organisationskulturen gespeist ist[70], ist die Forderung nach durchgängiger Explizifizierung unrealistisch. Hier sind andere Wege angezeigt.

Auf Problemlagen des Umgangs mit implizitem Wissen reagiert etwa *Scherzberg*[71] durch die Forderung, die Wirkungskraft auch solcher auf den Herstellungsprozess wirkenden Faktoren wie Intuition und Emotionalität anzuerkennen, die den Umgang mit implizitem Wissen prägen. Erforderlich sei es, „ein neues Leitbild rechtsstaatlich angemessenen Entscheidens einzuführen, dass die (im tradierten Sinne) rationale und die emotionale Komponente der Entscheidungsfindung integriert und damit auch den angemessenen Umgang mit den Chancen und Risiken des impliziten Wissens indiziert". Er schlägt vor, insoweit auf den in neuerer Zeit verstärkt diskutierten übergreifenden Begriff der Klugheit – verstanden als „praktische Urteilskraft"[72] – zurückzugreifen. „Kluges" Verhalten sei responsiv zur gesellschaftlichen Umwelt auch hinsichtlich des Einsatzes solcher Faktoren wie Intuition und Emotionalität[73].

---

69 Vgl. dazu *Delf Buchwald,* Der Begriff der rationalen juristischen Begründung, 1990, S. 58 ff., 115 ff.

70 s. oben die Hinweise in FN 44–48.

71 *Scherzberg,* Implizites Wissen (FN 4), S. 252.

72 So *Arno Scherzberg* im Vorwort S. V, in: Arno Scherzberg et al. (Hrsg.), Klugheit, 2008; vgl. auch *Wolfgang Kersting,* Einleitung: Rehabilitierung der Klugheit, in: ders. (Hrsg.), Klugheit, 2005, S. 7 ff.

73 Ansatzpunkte für eine solche Weiterung des Blicks finden sich schon in dem Standardwerk von *Josef Esser,* Vorverständnis und Methodenwahl in der Rechtsfindung. Rationalitätsgarantien der richterlichen Entscheidungspraxis, 2. Aufl. 1972.

Die Ausweitung der Blickrichtung auf eine Vielzahl von Entscheidungsfaktoren – etwa unter Nutzung der mit dem Leitbild der Klugheit erfassten Faktoren – wird seit langem von einer Reihe von Wissenschaftlern gefordert, etwa solchen, die einen stärkeren Praxisbezug, eine ausdrückliche Folgenberücksichtigung und die Interdisziplinarität fordern und diese Sichtveränderung zur Orientierung nicht nur der juristischen Ausbildung, sondern auch der Rechtswissenschaft insgesamt nehmen wollen. Bei diesen werden auch andere Entscheidungsfaktoren als die handlungsleitenden Rechtsnormen in die Analyse einbezogen[74]. Damit geraten beispielsweise die Bedeutung des personalen Faktors, des Organisationsbezugs oder die Wirkkraft gesellschaftlicher Konventionen nicht als Störfaktor in den Blick, sondern sie werden für eine produktive Nutzung im Rahmen der Rechtswissenschaft herangezogen[75]. Diese Vorgehensweise ist bemüht, das rechtsstaatliche Erfordernis der Sicherung von Regelhaftigkeit und Wiederholbarkeit sowie demokratischer Legitimation – also der Bindung an Recht[76] – auch angesichts der Wirkkraft solcher Faktoren zu bewahren. Dies bedeutet aber auch, das traditionelle Konzept von Rechtsbindung problemangemessen zu modifizieren[77].

Zwar sind auch die Rechtfertigung und Darstellung einer Entscheidung[78] wichtige Faktoren der Binnensteuerung der Rechtmäßigkeit, die Vor- und Rückwirkungen auf die Art und das Ergebnis der Herstellung bewirken

74 Diese Sichtweise war beispielsweise für die Befürworter einer reformierten (einstufigen) Juristenausbildung zentral. Vgl. dazu – statt vieler – den für die Hamburger einstufige Juristenausbildung erarbeiteten sog. „Zweiten Bericht“, s. Arbeitsgruppe „Einstufige Juristenausbildung“, 2. Bericht gem. Art. 2 Abs. 1 Abs. 4 des Gesetzes zur Einführung der Einstufigen Juristenausbildung vom 30. 04. 1973; s. ferner die Darstellung bei *Alfred Rinken*, Einführung in das juristische Studium, 3. Aufl. 1996, S. 290 ff.

75 Vgl. dazu schon die ausbildungs- und rechtswissenschaftsbezogenen Überlegungen bei *Wolfgang Hoffmann-Riem*, Rechtswissenschaft als Rechtsanwendungswissenschaft. Lernzielthesen zur Integration von Rechts- und Sozialwissenschaft, in: *ders.* (Hrsg.), Sozialwissenschaften im Studium des Rechts, Bd. II, Verfassungs- und Verwaltungsrecht, 1977, S. 1, 3 f., 5 ff., insbesondere S. 7 ff.; *ders.*, Sozialwissenschaftlich orientierte Rechtsanwendung in öffentlich-rechtlichen Übungs- und Prüfungsarbeiten. Vorüberlegungen und praktische Hinweise, in: ders. (Hrsg.), Sozialwissenschaften im öffentlichen Recht, 1981, S. 3, 12 ff.

76 Vgl. dazu etwa die Überlegungen bei *Wolfgang Hoffmann-Riem*, Sozialwissenschaftlich orientierte Rechtsanwendung (FN 75), S. 3, 10 f. sowie später *ders.*, Methoden (FN 20), S. 31 ff. sowie S. 20 ff.; s. ferner unten IV. 2.

77 Zu den Parallelen zwischen den Reformanliegen der einstufigen Juristenausbildung und der gegenwärtigen Bemühungen um eine Neue Verwaltungsrechtswissenschaft s. *Wolfgang Hoffmann-Riem*, Zwischenschritte zur Modernisierung der Rechtswissenschaft, JZ 2007, S. 645 ff. Auch in der einstufigen Juristenausbildung ging es darum, die Gesetzesbindung zu bewahren, ja sie gerade durch Explizitmachen der impliziten Entscheidungsfaktoren zu verstärken.

78 Zur Unterschiedlichkeit dieser Ebenen vgl. etwa *Hans-Heinrich Trute*, Methodik der Herstellung und Darstellung verwaltungsrechtlicher Entscheidungen, in: Schmidt-Aßmann / Hoffmann-Riem (FN 20), S. 293 ff.

können. Bei der Darstellung der Rechtmäßigkeit wird aber regelmäßig nur ein Teil der in dem Entscheidungsprozess real wirksam werdenden und damit gegebenenfalls für das Entscheidungsergebnis folgenreichen Einflussfaktoren thematisiert. Obwohl etwa § 39 Abs. 1 Satz 2 VwVfG vorschreibt, dass in der Begründung einer Verwaltungsentscheidung die wesentlichen tatsächlichen und rechtlichen Gründe mitzuteilen sind, die die Behörde zu ihrer Entscheidung bewogen haben, wird dies durchgehend so verstanden, dass (nur) explizites Wissen anzugeben ist, ohne dass auch dessen Grenzen durchgängig thematisiert werden. Üblicherweise werden bei der Darstellung der Entscheidungsrichtigkeit die herstellungsrelevanten Faktoren nur insoweit thematisiert, als sie in den Formeln der darstellungsorientierten Rechtfertigungskunst – als „rechtlich einwandfrei" – darstellbar sind. Diese aber begnügt sich mit der Verarbeitung des verwendeten expliziten Wissens und greift allenfalls mittelbar – etwa bei der Prüfung der Fairness des Verfahrens – auch mittelbar auf entscheidungserhebliche Elemente bei der Nutzung impliziten Wissens zurück.

2. Rechtsbindung

Die Beschränkung auf die Darstellung der Entscheidungsrichtigkeit insbesondere mit Bezug auf explizites Wissen wäre juristisch kein Problem, wenn Rechtsbindung dahin gehend verstanden werden dürfte, dass die Richtigkeit einer Entscheidung sich allein danach misst, ob sie solchen eingeschränkten Darstellungserfordernissen gerecht wird. Die herrschende Rechtswissenschaft dürfte dies (immer noch) bejahen und darauf hinweisen, dass mehr und anderes realistischerweise nicht verlangt werden kann und dass die dadurch bewirkte Disziplinierung des Rechtsanwendungsvorgangs – auch wenn sie vergröbernd erscheinen mag – jedenfalls ausreicht, um Handlungsfähigkeit und eine hinreichende demokratische Legitimation durch Rechtsbindung zu sichern. Eine brennende Frage aber lautet, ob diese Sicht – deren rechtsstaatliche Prägung in Zeiten vergleichsweise weniger Einsichten in die Komplexität von Entscheidungssituationen erfolgt ist – gegenwärtig auch dann ausreicht[79], wenn Problemlagen zu bewältigen sind, für die sicheres Wissen oder gar sicheres explizites Wissen nicht erkennbar oder nur begrenzt verfügbar ist, und wenn dabei berücksichtigt wird, dass die Konstruktion empirischer und rechtsnormativer Wirklichkeiten nicht als Akt der „Erkenntnis", sondern als prozesshafter und vom Kontext abhängiger Konstruktionsvorgang verstanden werden muss. Würde in solchen Lagen etwa zur Vermeidung der Schwierigkeiten das Maß der Ungewissheit bagatellisiert und würden die beim Umgang mit Ungewissheit genutzten impliziten Wissensbestände vertuscht und darum die auf diese Weise zur

---

79 Zur Notwendigkeit differenzierender Analyse vgl. etwa *Hans-Heinrich Trute*, Klugheit in juristischen Entscheidungen, in: Scherzberg, Klugheit (FN 72), S. 129 ff.

Entscheidungsentlastung genutzten „nicht rechtlichen“ Steuerungsfaktoren nicht legitimiert, dann bestände das Risiko einer Scheinsteuerung durch Rechtsnormen: sie gäben in der Art des Umgangs mit ihnen eine andere Art der Bindungs- und damit auch Steuerungskraft vor, als ihnen im Prozess der Rechtsanwendung real zukäme.

Die konstruktivistische Sicht auf den Vorgang der Rechtsanwendung – wie auch auf die Entwicklung der Rechtswissenschaft – beruht auf der Annahme, dass die jeweils für die Entscheidung maßgebenden empirischen und normativen Bausteine im konkreten Entscheidungsprozess und damit unter Beachtung seiner jeweiligen Kontextbedingungen „konstruiert“ werden müssen. Rechtsbindung verwirklicht sich unter den Bedingungen des konkreten Falls, und zwar in einem prozesshaften Geschehen, in dem auch situativ verfügbares implizites Wissen bedeutsam wird. Dies gilt allgemein, wird aber besonders deutlich, wenn Entscheidungen unter Ungewissheit getroffen werden, insbesondere solche, die eine besondere, nicht rechtliche (technische, künstlerische u. ä.) Sachkunde voraussetzen oder bei der die Höchstpersönlichkeit oder Situationsbezogenheit eines Fachurteils oder die mangelnde Wiederholbarkeit der Entscheidungssituation zur Begrenzung der Kontrollkompetenz führen, ebenso bei der Benutzung eines in Zusammensetzung, Organisation und Verfahren besonderen (bei der Kontrolle durch Gerichte dort so nicht vorfindlichen) Handlungsträgers, etwa bei gruppenplural gebildeten Gremien oder sektorspezifischen Sonderbehörden[80].

Rechtsanwendungsentscheidungen als je besondere Prozesse der Informations- und Wissensverarbeitung sind durch je spezifische Selektivitäten gekennzeichnet[81]. Ihre Kontextabhängigkeit bedeutet, dass die jeweils relevanten Entscheidungsfaktoren der je unterschiedlichen Entscheidungsträger angesichts der je unterschiedlichen Problemlagen im Herstellungsprozess nicht je identisch sein müssen, auch wenn jeweils der gleiche Kanon anerkannter Orientierungsbausteine (etwa die der Rechtsdogmatik) genutzt und nicht in Frage gestellt wird.

3. Rechtsdogmatik

Die Notwendigkeit, die Vielfalt der auf der Herstellungsebene maßgebenden Faktoren von Entscheidungen verstärkt in den Blick zu nehmen, muss auch Konsequenzen für die Aufmerksamkeitsfelder von Rechtswissenschaft und insbesondere deren Verständnis von Rechtsdogmatik haben. Rechts-

80 Zu diesem Typ mit besonderem Blick auf die Nutzung impliziten Wissens *Schulz* (FN 57).

81 Vgl. dazu schon *Wolfgang Hoffmann-Riem*, Rechtsanwendung und Selektion, JZ 1972, S. 297 ff.

dogmatik wird meist verstanden als der Bestand von normativen Instituten und Sinnzusammenhängen, die auf der Grundlage des positiven Rechts entwickelt werden, die aber nicht von dem jeweiligen Inhalt einzelner Rechtssätze abhängen[82]. Gelegentlich werden Dogmatik und Systematik allerdings identisch gesetzt; der Anspruch auf Systematik und Systembildung, nämlich auf weitestgehende Widerspruchsfreiheit und axiomatische Reduzierbarkeit der Rekonstruktion des geltenden Rechts, muss aber richtigerweise von dem Anspruch auf Formulierung von Rechtsdogmatik unterschieden werden[83]. Im herkömmlichen Verständnis ist Rechtsdogmatik auf die Erarbeitung eines in Wissenschaft und Praxis konsentierten – allerdings möglichst in einen systematischen Zusammenhang geordneten – Bestandes der für die Darstellung der Richtigkeit einer Entscheidung zugelassenen Argumentationsfiguren gerichtet, soweit sie nicht schon in einzelnen Rechtssätzen enthalten sind. Wird aber ernst gemacht mit der Einsicht, dass die Weichen für die Richtigkeit einer Entscheidung – etwa für die Art der Wissensgenerierung und -verarbeitung – schon auf der Herstellungsebene gestellt werden, müsste die Aufgabe der Rechtsdogmatik entsprechend erweitert und auf die Erarbeitung auch der die Steuerung auf der Herstellungsebene erfassenden Faktoren und ihrer normativ gestützten Strukturierung sowie deren Relationierung gerichtet werden. Dabei müsste versucht werden, auch die Weichenstellungen und -orientierungen herauszuarbeiten, die den Zugang zu implizitem Wissen und den Umgang mit Nichtwissen eröffnen sowie den Einsatz der nicht im Normprogramm ausdrücklich benannten Faktoren der Wissens(re)konstruktion ermöglichen.

Unbeantwortet ist aber bisher die Frage, wieweit Wissen über die Wirkungsweise derartiger Steuerungsfaktoren und damit über die mit deren Hilfe aktivierbaren Wissensbestände in normative Orientierungen eingebracht werden kann und in dem Sinne „dogmatisierbar" ist, dass es routinehaft abrufbar wird. Kann der Einsatz solcher Faktoren, wie es Rechtsdogmatik anstrebt, davon entlasten, sie in jeder Rechtsanwendungssituation je neu konstruieren zu müssen? Geht das so, dass die Dogmatik dennoch für Überraschungen offen bleibt – etwa solche, in die die Akteure situativ hineingeraten und die sie besonders irritieren, weil sie sich durch Dogmatik allzu sicher fühlen?

„Kodifiziertes" Gefahrenwissen gibt es allerdings schon jetzt. Es ist beispielsweise vielfach in Standardisierungen, etwa ISO-, CEN- oder DIN-Normen enthalten[84]. Bezugnahmen der staatlichen Rechtsordnung und

---

[82] Vgl. *Christoph Möllers,* Methoden, GVwR I (FN 25), § 3 Rn 35. Dort befindet sich auch die zutreffende Forderung, Rechtsdogmatik auf Wissenschaft und Praxis zu beziehen.

[83] So *Möllers,* Methoden (FN 82), Rn 36.

[84] Vgl. *Michael Kloepfer,* Instrumente des Technikrechts, in: Martin Schulte (Hrsg.), Handbuch des Technikrechts, 2. Aufl. 2010 (i. E.); *Martina Müller-Foell,* Die

-praxis auf nicht kodifizierte, aber anerkannte Regeln der Technik, des Standes der Technik oder des Standes von Wissenschaft und Technik u. ä. verweisen auf dogmatisiertes Risikowissen oder auf Wissen, wie dieses generierbar ist. Demgegenüber gilt die Aufmerksamkeit meist weniger der Suche nach praktizierten Wegen der Dogmatisierung von Nutzenwissen, das für Rechtsanwendungsentscheidungen in Spielraumbereichen ebenso wichtig ist wie Risikowissen. Grundsätzlich ausgeschlossen ist die Routinisierung auch hier aber nicht.

Andererseits muss berücksichtigt werden, dass Routinisierungen und Dogmatisierungen, also auch die Dogmatisierung von Wissen, das Risiko von Versteinerungen des Wissensstandes in sich trägt[85]. Das hat die Rechtswissenschaft aber nicht gehindert, zur Entscheidungsentlastung und zur Sicherung einer einheitlichen Rechtsanwendung und damit der Gewährleistung von Rechtssicherheit eine ausgefeilte – wenn auch weitgehend nur darstellungsorientierte – Rechtsdogmatik zu entwickeln. Für diese wie aber auch für Dogmatisierungen von Wissensbeständen ist es im Interesse gebotener Anpassungsflexibilität gleichwohl wichtig, sie durch eingebaute Lernfähigkeit (insbesondere durch Erhalt der Bereitschaft zur Reaktion auf veränderte Kontextbedingungen und Deutungsmuster) so zu flexibilisieren, dass die Dogmatik in der Lage ist, sich durch neuartige Informationen irritieren zu lassen und gegebenenfalls die verwendeten Wissensbestände zu überprüfen und zu modifizieren.

V. Beispiele des innovationsrelevanten Umgangs mit dem Wissensproblem

Die Wahrnehmung einer solchen Aufgabe betrifft die gesamte Rechtswissenschaft, ist also nicht etwa nur ein Thema des Umgangs mit dem Wissensproblem und erst recht nicht des Unterthemas des Bezugs von Wissen und Innovation.

Für die rechtswissenschaftliche Innovationsforschung, die sich mit der Relevanz von Recht für gesellschaftliche (etwa technologische oder soziale) Innovationen befasst, insbesondere die Möglichkeiten der Innovationsförderung bei gleichzeitiger Sicherung des Gemeinwohlbezugs von Innovationen (Innovationsverantwortung) auslotet, ist das Wissensproblem oder besser das Problem der Relativität vorhandenen Wissens und der Lückenhaftigkeit zugänglichen Wissens von hervorragender Bedeutung. Im Folgenden

---

Bedeutung technischer Normen für die Konkretisierung von Rechtsvorschriften, 1987; *Ruffert*, Rechtsquellen (FN 39), § 17 Rn 89 ff.

85 Vgl. auch – aus psychologischer Sicht – *Tilmann Betsch*, Klugheit im Umweltbezug: Die Balance zwischen Routinisierung und Kontextualisierung, in: Scherzberg, Klugheit (FN 72), S. 153, 159 ff.

soll an einzelnen Beispielen gezeigt werden, auf welche unterschiedliche Weise mit Problemen der (Re-)Konstruktion von Wissen, des fehlenden Wissens oder der Ungewissheit und des Bestandes von implizitem Wissen in innovationsgeneigten Feldern umgegangen werden kann. Es handelt sich nur um Illustrationen der Vielfalt der Vorgehensweisen.

Wissensregulierung ist häufig zugleich Innovationsregulierung und Innovationsregulierung ist im Kern Wissensregulierung. Innovationsregulierung ist vorausblickende Regulierung (nicht etwa Nachsorge)[86]. Damit setzt sie sich Problemen aus, die mit jedweder Regulierung verbunden sind, nämlich der entscheidungstheoretisch begründeten Unhintergehbarkeit der Unzulänglichkeit von Diagnosen und Prognosen, die gleichwohl als Grundlage von Rechtsanwendung eingesetzt werden (müssen), und insbesondere dazu führen können, dass ein – unvermeidliches – Regulierungsrisiko eingegangen wird[87]:

(1) Am ersten Beispiel – dem Haftungsrecht – soll gezeigt werden, wie Risiken „unvollkommenen" Risikowissens durch Haftungsregeln – also durch Zurechnung der Folgen risikoreichen Handelns – begegnet wird[88]: dies geschieht hier nicht in umfassender Weise, sondern nur im Hinblick auf Innovationsrisiken durch Haftungsbeschränkung und Verlagerung der Folgen der Risikoverwirklichung auf die Geschädigten.

(2) Die Wissensgenerierung in dem Projekt REACH soll neuartige komplexe Verfahren und institutionelle Arrangements des Umgangs mit Wissen, Nicht- oder unvollständigem Wissen bei der Chemikalienregulierung beschreiben. Für REACH ist kennzeichnend, dass der Staat den Anspruch, über überlegenes Wissen zu verfügen, nicht erhebt, sondern sich auch insoweit lediglich auf eine Art Rahmen- und Auffangverantwortung zurückzieht, insofern aber das Feld den privaten Akteuren überlässt.

(3) In einem weiteren Beispiel geht es um kollektive Wissensgenerierung, insbesondere in weitgehend spontan gebildeten Netzwerken.

(4) Am Beispiel geistigen Eigentums wird illustriert, dass ein herkömmlich ausgebildetes Rechtsinstitut zum Innovationshemmnis werden kann, wenn es nicht problemangemessen modifiziert wird.

(5) Schließlich wird darauf eingegangen, wie die Rechtsordnung die laufende Evaluation fördert und gegebenenfalls für eine Revision einmal getroffener Entscheidungen sorgt.

---

86 Vgl. *Bora,* Innovationsregulierung (FN 5), S. 23, 31.

87 Dazu vgl. *Bora,* Innovationsregulierung (FN 5), S. 23, 40.

88 Die folgenden Ausführungen folgen stark der Analyse von *Röthel,* Haftungsregeln (FN 17). s. auch *Erik Gawel,* Haftung und Innovation aus ökonomischer Sicht, UFZ-Diskussionspapiere, Leipzig, 2009.

1. Haftungsregeln als Beispiel zum Umgang mit Nichtwissen / Ungewissheit

Haftungsregeln sind Regeln der Risiko-Allokation. Sie werden in der Rechtsordnung auch eingesetzt, um mögliche negative externe Effekte (Schäden) aus grundsätzlich erwünschten (sozial nützlichen) Aktivitäten in dem Sinne zu berücksichtigen, dass möglichst risikovermeidend gehandelt wird oder dass, wenn Schäden eintreten, deren Verursacher zu Kompensationen verpflichtet werden. Im Kontext von innovationsbezogenen Prozessen ist Haftungsrecht auch ein Mittel zur Schaffung von Anreizen zur Aufdeckung und zum Abbau von Risikowissen und der Steuerung durch Internalisierung von negativen externen Effekten der Wissensdefizite.

Die deutsche Rechtsordnung kennt insbesondere die Verschuldenshaftung, die an Sorgfaltsverletzungen anknüpft und die Zumutbarkeit der Einstandspflicht berücksichtigt. In einzelnen Bereichen gilt eine Gefährdungshaftung, die vom Verschuldensnachweis unabhängig Risiken demjenigen zurechnet, bei dem es vertretbar erscheint, ihm angesichts des von ihm angestrebten Nutzens Risikofolgen aufzuerlegen, und dem die Rechtsordnung die Fähigkeit zuschreibt, Risiken zu beherrschen, also etwa über entsprechendes Wissen zu verfügen oder es aufdecken zu können und dieses zur Orientierung für das weitere Verhalten zu nehmen[89]. Da die Verschuldenshaftung von der Verletzung von Sorgfalts- bzw. Verkehrssicherungspflichten abhängt, die nur Zumutbares zu verlangen pflegen, kann sie lediglich an die fehlerhafte oder unterbliebene Nutzung expliziten oder explizit zu machenden Wissens, ausnahmsweise auch die Nichtberücksichtigung spezifischen Unwissens anknüpfen. Demgegenüber wäre die Annahme einer Pflichtverletzung durch Nichtberücksichtigung unspezifischen Nicht- Wissens ein Widerspruch in sich[90]. Allenfalls ausnahmsweise kann die Rechtsordnung auch hierauf bezogene Vorkehrungen vorsehen, etwa Produktbeobachtungspflichten, die auch darauf gerichtet sein können, unspezifisches (Noch-)Nicht-Wissen überwinden zu helfen.

Der Umgang mit Risikowissen ist dem potenziellen Gefährder in freier Entscheidung, wenn auch unter dem geschilderten Haftungsrisiko, überlassen. Die Erlangung von Risikowissen, etwa des für Innovationen bedeutsamen Wissens über Entwicklungsrisiken, aber wird durch das Haftungsregime mittelbar gesteuert. Allerdings kennt das Recht der unerlaubten Handlung (§ 823 Abs. 1 BGB) praktisch keine deliktische Verschuldungshaftung für unbekannte Entwicklungsrisiken: Eine Verkehrspflichtverletzung wird verneint, wenn ein umsichtiger Hersteller im Zeitpunkt des In-

89 Als Überblick über unterschiedliche Gestaltungen von Haftungsregeln s. statt vieler *Nils Jansen,* Die Struktur des Haftungsrechts, 2003. Eine soziologische Analyse (aus Anlass des Umwelthaftungsgesetzes) geben *Uwe Hapke / Klaus O. Japp,* Prävention und Umwelthaftung, 2001.

90 Vgl. *Röthel,* Haftungsregeln (FN 17), S. 340 f.

verkehrbringens eines Produkts nicht erkennen konnte, dass das Produkt bei zweckgemäßer Verwendung Schäden verursacht[91]. Ist Risikowissen nicht verfügbar, lässt sich ein drauf bezogenes Verhaltensgebot zwecks Schadensvermeidung also nicht an den Produkthersteller adressieren[92]. Dieser Grundsatz gilt auch im Rahmen des Produkthaftungsgesetzes, dessen § 1 Abs. 2 Nr. 5 eine Produkthaftung ausschließt, wenn ein Fehler nach dem Stand der Wissenschaft und Technik, in dem Zeitpunkt, in dem der Hersteller das Produkt in den Verkehr brachte, nicht erkannt werden konnte. Hinsichtlich der Erkennbarkeit von Risiken – und insofern der Notwendigkeit entsprechender Wissensgenerierung – kann aber eine Obliegenheit zu Anstrengungen zwecks Aufklärung des Risikopotenzials sowie einer nachfolgenden Risikoerforschung im Rahmen der Pflicht zur sogenannten Produktbeobachtung bestehen[93]. Allerdings verlangt die Rechtsprechung nur zumutbare Gefahrvermeidungsanstrengungen[94].

Die nur in einzelnen Normen vorgesehene (verschuldensunabhängige) Gefährdungshaftung[95] gilt beispielsweise beim Betrieb einer Kernanlage (§ 25 AtG) oder von gentechnischen Anlagen oder bei der Herstellung gentechnisch veränderter Produkte (§ 32 Abs. 1 GenG) oder für den Betrieb eines Kraftfahrzeugs (§ 7 StVG). Gefährdungshaftung bedarf nach der Rechtsprechung einer ausdrücklichen gesetzlichen Anordnung; die bisher geschaffenen Tatbestände gelten als nicht analogiefähig[96]. Wie die historische Erfahrung zeigt, werden solche Tatbestände allenfalls (am ehesten) geschaffen, wenn sich ein aufsehenerregendes Schadensereignis ergeben hat und insofern besonderes Risikowissen verfügbar wurde[97].

Ohne Schaffung eines Gefährdungshaftungstatbestandes besteht kein besonderer Anlass für die potenziellen Schadensverursacher zur Generierung von Risikowissen, zumal sich Nicht-Wissen letztlich zugunsten des risikoreich handelnden Innovateurs auswirkt: Deshalb hat der potenzielle Verursacher eher ein Interesse, solches Risikowissen gar nicht erst entstehen zu lassen oder, wenn es ihm dennoch verfügbar ist, es vor Dritten möglichst zu verbergen, damit ihm keine Sorgfaltspflichtverletzung nachweisbar ist. Zwar ist die Verschuldenshaftung grundsätzlich in allen Fällen der Risikoverwirklichung einschlägig, aber sie verfügt aufgrund des Verschuldenserfordernisses nur begrenzt über eine Anreizwirkung zur gezielten Wissens-

---

91 Vgl. statt vieler *Rüdiger Krause,* Entwicklungsrisiken und Produkthaftung, in: Klaus Vieweg (Hrsg.), Risiko – Recht – Verantwortung, 2006, S. 451, 456 f.

92 s. *Krause* (FN 91), S. 456 f.

93 Zur aktiven Produktbeobachtung s. etwa BGHZ 80, 199 (202 f.).

94 Vgl. BGHZ 58, 159 (156); 108, 273 (274 f.); 112, 74 (75 f.).

95 Zu Gefährdungshaftungstatbeständen s. *Florian Dietz,* Technische Risiken und Gefährdungshaftung, 2006, S. 42 ff.

96 So schon RGZ 78, 171 f. und später etwa BGHZ 54, 332 (336); 122, 363 (367).

97 Näher dazu *Röthel,* Haftungsregeln (FN 17), S. 344 f.

generierung. Unterstützend könnte insoweit allerdings die Verschärfung des Fahrlässigkeitsmaßstabs wirken, insbesondere wenn eine Haftung für Entwicklungen wegen Verletzung einer Produktbeobachtungspflicht[98] oder gar einer Innovationserforschungspflicht angenommen wird. Auch das Kriterium der Zumutbarkeit kann im Sinne eines Anreizes zur Wissensgenerierung genutzt werden, etwa wenn die Zumutbarkeit der Aufklärung spezifischen Nicht-Wissens umso eher bejaht wird, je größer die Ungewissheit über die Risiken und je spezifischer das Risiko-Nicht-Wissen ist[99].

Soweit aber eine Haftung ausscheidet – oder der Höhe nach begrenzt ist (wie z. B. nach § 10 ProdHaftG) – werden Schäden durch Risikoverwirklichung letztlich dem Geschädigten auferlegt, von dem seinerseits praktisch keine Anreize zur präventiven Wissensgenerierung ausgehen können. Entsprechende negative Innovationsfolgen werden nicht den Innovateuren, sondern den Geschädigten auferlegt.

Ob Wissen als Risiko und Unwissen als Chance verbucht wird[100], hängt insofern vom Standpunkt ab: Für den Innovateur kann es ein Risiko darstellen, zu viel über Risiken zu wissen, während die Rechtsordnung ihm auch angesichts von Nicht-Wissen über Risiken die Chance der Innovation ohne Haftungsfolgen einräumt, soweit nicht ausnahmsweise eine Gefährdungshaftung eingerichtet worden ist. Umgekehrt sieht die Zuordnung aus der Sicht der Geschädigten aus. Ohne Wissen über Fehlverhalten oder die Vernachlässigung von Beobachtungspflichten u. ä. des Innovateurs hat er praktisch keine Chance, eine Kompensation für Schäden zu erhalten; einen Vorteil aus Handeln trotz Nicht-Wissens hat er nicht, allenfalls mittelbar und diffus als Mitglied der Allgemeinheit insofern, als die Rechtsordnung Haftungsfreistellungen zwecks Innovationsförderung vorsieht und die möglicherweise stimulierte Innovation dem Geschädigten als Mitglied der Allgemeinheit zugute kommen kann.

2. Chemikalienregulierung im System REACH

REACH ist ein Beispiel eines komplexen und in Teilen selbst innovativen Wegs der Wissensgenerierung und ihrer Verbindung mit der Wissensanwendung im Rechtsanwendungskontext. Bei REACH geht es um die staatlich angeordnete Registrierung, Evaluation, Autorisierung und Begrenzung von Chemikalien im Interesse der Risikobewältigung[101]. Zugrunde liegt ein

98 Vgl. BGH NJW – RR 1995, 342 (343); BGHZ 99, 167 (170 f.); 80, 199 (202 ff.).

99 So *Röthel*, Haftungsregeln (FN 17), S. 355.

100 Zu diesem Gegenüber s. *Wolfgang Hoffmann-Riem*, Wissen als Risiko – Unwissen als Chance, in: Ino Augsberg, Unwissen als Chance, 2009 (i. E.).

101 Die folgende Darstellung basiert im Wesentlichen auf der Beschreibung von *Kilian Bizer / Martin Führ*, Innovationen entlang der Wertschöpfungskette: Impulse

Paradigmenwechsel bei der Regulierung von chemischen Stoffen: Nicht mehr hoheitliche Prüfprogramme stehen im Mittelpunkt des Regulierungsansatzes, sondern die Stärkung der Eigenverantwortung der wirtschaftlichen Akteure. Sie selbst haben die Aufgabe, die stoffbezogenen Risiken angemessen zu beherrschen. Dazu enthält die REACH-Verordnung der *EG*[102] verschiedene Mechanismen, die in erster Linie auf Information, Kommunikation und Kooperation (IKuK-Instrumente) der wirtschaftlichen Akteure abzielen und ihnen bei der Ausfüllung der angemessenen „Risikobeherrschung" in nicht unbeträchtlichem Maße Freiheitsgrade einräumen. Alle Akteure entlang der Wertschöpfungskette sollen ihren spezifischen Beitrag leisten, um Risikopotenziale erkennen und vermeiden zu können. Unwissen, das andernfalls zum Verbot der Verwendung von Chemikalien führen könnte, soll als Chance genutzt werden, einen Prozess der Wissensgenerierung zu initiieren. Implizites Wissen soll an der richtigen Stelle eingesetzt werden. Der Umgang mit Nichtwissen und die Generierung von Wissen werden nicht dem Markt überlassen, sondern einem Prozess überantwortet, an dem die an der Wertschöpfung Beteiligten als Wissensspeicher und -generierer eingesetzt und die Wissensbereitstellung in einem staatlich regulierten Rahmen organisiert wird. Dabei sollen nicht nur vorfindliche Wissensbestände und Optionen der Nutzung expliziten Wissens entdeckt und neue im Zusammenwirken mehrerer erzeugt werden, sondern das Vorgehen beruht auch auf Regeln über die Zuteilung der Rechtsmacht zum Einsatz des (jeweils nutzbaren) impliziten Wissens.

Der Staat gibt sein Nicht-Wissen über Risikopotenziale von Stoffen und bestimmten Arten der Stoffverwendung zu und verzichtet auch darauf, das bei den Trägern der staatlichen Handlungsmacht verfügbare implizite Wissen unmittelbar einzusetzen. Bei Stoffen, die sich nicht durch eine hohe bekannte Gefährlichkeit auszeichnen und deshalb keiner Genehmigung unterliegen, entfällt das klassische administrative Prüfprogramm, insbesondere die Eröffnungskontrolle. Die Risikoermittlung wird stattdessen weitgehend einem Outsourcing unterworfen, allerdings ergänzt um staatliche Auffangvorkehrungen. Die Eröffnungskontrolle wird gewissermaßen durch eine Begleitkontrolle ersetzt, die den privaten Akteuren die Hauptverantwortung zuschreibt, aber gleichwohl deren angemessene Wahrnehmung kontrolliert und vor allem Anreize schafft, dass schädliche Stoffe möglichst nicht eingesetzt und auch nicht durch andere schädliche ersetzt

---

aus der REACH-Verordnung, in: Eifert / Hoffmann-Riem (FN 5), S. 273 ff. s. aber auch aus der nicht juristischen Literatur *Christian Hey / Klaus Jacob / Axel Volkery,* REACH als Beispiel für hybride Formen von Steuerung und Governance, in: Gunnar Folke Schuppert / Michael Zürn (Hrsg.), Governance in einer sich wandelnden Welt, in: PVS Sonderheft 41 / 2008, S. 430 ff. Kritisch zu einer Reihe von Regelungen *Jan Boris Ingerowski,* Die REACH-Verordnung, Diss. iur. Hamburg, 2009.

102 Abl. Nr. L 136 / 3 280 vom 29. Mai 2007. REACH steht für Registration, Evaluation, Authorization and Restriction of Chemicals.

werden. Das Verwaltungsrecht etabliert eine stoffbezogene „Informations- und Kommunikationsordnung“, die aber vorrangig nicht darauf zielt, die Informationslage staatlicher Stellen zu verbessern, sondern in erster Linie die wirtschaftlichen Akteure zu veranlassen, Informationslücken zu schließen, neu gewonnene Informationen mit dem im Unternehmen bereits vorhandenen, wenngleich oftmals in mehreren Abteilungen verteilten Wissen zu verknüpfen, um so mittels inner- und überbetrieblicher Kooperation neue stoffliche, technische und organisatorische Risikominderungsoptionen zu erschließen[103]. Diese Informations- und Kommunikationsordnung regelt auch die Rechtsmacht zur Nutzung impliziten Wissens.

Der Staat eignet sich also nicht alles verfügbare Wissen und weitere verfügbare Informationen zunächst selbst an, um sie dann in administrative Handlungsumweisungen umzusetzen (angesichts der Stoff- und Informationsvielfalt ein fast aussichtsloses Unterfangen), sondern beschränkt sich (jenseits der besonders problematischen, der Einzelzulassung oder generellen Beschränkung unterworfenen problematischen Stoffe) auf die Rolle, mittels des Registrierungsverfahrens eine begrenzte Mitwirkung an der Etablierung und Nutzung der IKuK-Instrumente zu ermöglichen. Die weitere inhaltliche Ausfüllung liegt dann in den Händen der Unternehmen, die damit weitgehend selbst in die Lage versetzt werden sollen, ein effektives und effizientes Risikomanagement zu organisieren. Dabei sind sie insbesondere aufgefordert, auch Prozessinnovationen auszulösen oder Alternativen bereitzustellen, die zu geringeren schädlichen Wirkungen führen. Das begleitende Rechtssystem soll entsprechende Anreize setzen.

Dies alles setzt das Auffinden oder den Neuerwerb von Wissen zu den Wirkungen der eingesetzten Stoffe auf Mensch und Umwelt voraus, erlaubt aber auch die Nutzung des jeweils verfügbaren impliziten Wissens. Da die rechtserheblichen Risiken meist / häufig nicht von den Stoffen selbst, sondern von der Art ihres Einsatzes ausgehen, muss auf allen Stufen des „Lebensweges“ eines Stoffes ein angemessenes Risikomanagement betrieben werden. Dazu bedarf es insbesondere der Information über die Einsatzgebiete sowie über die Freisetzungsraten und Freisetzungsgrade. Um das zu ermöglichen, soll das Recht bestimmte Anforderungen erfüllen, nämlich einerseits eine klare Handlungsorientierung vermitteln und andererseits eine Anreizsituation so ausgestalten, dass die Anforderungen mit den Interessen der Betroffenen hinreichend kompatibel sind oder zumindest, dass Gestaltungsspielräume bereit gestellt werden, die solche Kompatibilität auffinden helfen.

Die Akteure sind verpflichtet, die mit den Stoffen verbundenen Risiken in angemessener und transparenter Weise zu beschreiben, zu dokumentieren und mitzuteilen, d. h. in der Wertschöpfungskette zu kommunizieren. Dafür gibt es ein standardisiertes Kommunikationsformat, das Sicherheits-

---

103 Vgl. etwa *Kilian Bizer / Martin Führ*, REACH-Verordnung (FN 101), S. 274.

datenblatt. Einkalkuliert werden aber auch informale Kommunikationswege, etwa zwischen Beschäftigten im Vertrieb auf Lieferantenseite und gewerblichen Stoffanwendern auf der anderen Seite.

Da die Stoffproduktion letztlich auf die Verwertung der Produkte auf dem Markt zielt, wird der Marktzugang nicht durch ein Zulassungssystem, sondern durch die Erfüllung entsprechender Informationspflichten eingeleitet: Erst die fristgerechte Registrierung – unter Beifügung der Risikoinformationen – erlaubt die weitere Vermarktung von Altstoffen.

Allerdings: Stoffe mit bestimmten Gefährdungsmerkmalen bzw. Besorgungspotenzialen unterliegen (ausnahmsweise) einer Zulassungspflicht. Das Entstehen einer solchen Zulassungspflicht wollen die Produzenten und Anwender regelmäßig möglichst vermeiden. Ansatzpunkte dafür schafft das gestufte Verfahren zur Ermittlung, ob eine Zulassungspflicht geboten ist. Für diese Ermittlung geeignete „potenzielle Kandidaten" werden in einer Kandidatenliste aufgeführt; die bereitzustellenden Informationen über Verwendung und Expositionen sind in ein Dossier aufzunehmen, darunter auch Informationen über Alternativstoffe und Alternativtechnologien. Das schärfere Zulassungsverfahren entfällt, wenn Wege aufgezeigt werden, wie das geforderte Schutzniveau auf andere Weise erreicht werden kann (Grundsatz der Erforderlichkeit), etwa wenn ein angemessenes und wirksames Risikomanagement angeboten und seine Funktionsfähigkeit gesichert werden. Hier gibt es gewissermaßen eine Weiterentwicklung der lange im Polizeirecht entwickelten Institution des vom Betroffenen angebotenen Austauschmittels.

Soweit Stoffe nur registrierungspflichtig sind, wird verlangt, dass alle Akteure der gewerblichen Wertschöpfungskette (bzw. Lieferkette) zusammenwirken und jeweils spezifische Rollen ausfüllen[104]:

- Sie müssen Daten gewinnen, bewerten und dokumentieren (Information),
- sie müssen sich über diese Daten austauschen (Kommunikation) und
- sie müssen mit den anderen Akteuren gemeinsam Konzepte zum Risiko-Management entwickeln (Kooperation).

Zentral kommt es auf die Mitwirkungsbereitschaft der Akteure an. Insofern ist deren Motivationslage von besonderer Bedeutung (motivation matters). Die Anreize werden nicht in erster Linie durch Folgenanlastung im Sinne von hoheitlichen Sanktionen geschaffen. REACH verzichtet sogar auf eine flächendeckende Umsetzungskontrolle. Angestrebt wird vielmehr ein proaktives kommunikatives Zusammenwirken entlang der Wertschöpfungskette. Durch die Informationsbereitstellung in eigener Verantwortung der privaten Akteure soll die Möglichkeit einer Nachfrage nach sicheren

---

104 *Kilian Bizer / Martin Führ*, REACH-Verordnung (FN 101), S. 285.

Produkten stimuliert werden, die bisher etwa an mangelnden Informationen scheiterte. Diese Nachfrage beruht auf einer Beurteilung durch die Marktteilnehmer und kann Substitutionsprozesse auslösen oder verstärken. Insofern soll der Markt – nach staatlich induzierter Informationsbereitstellung – den Innovationsprozess in Bezug auf die Entdeckung / Verwendung weniger gefährlicher Chemikalien steuern. Die Idee lautet: Für die Akteure sei es nicht mehr rational, sich gegenüber möglichen Gefahren als nicht wissend (ignorant) zu stellen, sondern sie können sogar zusätzliche Erträge dadurch erwirtschaften, dass sie weniger gefährliche Stoffe herstellen und verwenden und diese verringerten Risiken auch offen kommunizieren. Wissensgenerierung und -bereitstellung sollen also auch als Anreiz dienen, um einen Wettbewerbsvorteil zu erlangen.

Folgerungen für ein auf Kommunikation und Wissensgenerierung ausgerichtetes innovationsorientiertes Verwaltungsrecht sind u. a.[105]:

- Die Gewinnung, Verteilung und Nutzung von Informationen konzentriert sich nicht auf den Antragsteller, sondern wird auf die verschiedenen unterschiedlichen Akteure zerstreut. Aufgrund ihrer unterschiedlichen Interessen – aber auch der unterschiedlich verfügbaren Bestände an explizitem und implizitem Wissen – soll ein größeres Informations- und Wissenspotenzial erschlossen werden als bei einer Konzentration auf den Antragsteller.
- Da angenommen wird, dass entscheidungserhebliches Risiko- und Nutzenwissen erst durch die kreative Interaktion und Kooperation der Akteure konkretisiert und für weitere Entscheidungsschritte bereitgestellt wird, konzentriert sich das Verwaltungsrecht darauf, diesen Prozess zu initiieren und darauf hinzuwirken, dass die Akteure dessen Ergebnisse dokumentieren und entlang der Wertschöpfungskette kommunizieren. Das Recht „umhegt" die Prozesse der Wissensgenerierung und -weitergabe, steuert sie aber nicht im Einzelnen
- Soweit es zu Überwachungen kommt, wird auch der Überwachungsmaßstab teilweise erst von den Akteuren im Rahmen ihrer Eigenverantwortlichkeit generiert. Hier kommt es also gewissermaßen zu einem teilweisen Outsourcing hinsichtlich der Maßstabbildung und dabei auch des Zugriffs auf implizites Wissen.
- Es wird angestrebt, eine hoheitliche Durchsetzung der verwaltungsrechtlichen Vorgaben nur punktuell und keineswegs als Regelfall vorzunehmen. Hier zeigt sich das Konzept einer nur auf den Reservefall begrenzten staatlichen Intervention.
- Zentral sind maßgeschneiderte institutionelle Arrangements, die auf die Anreiz- und Hemmnissituation der Akteure abgestimmt sind, aber auch folgenreich für die Art des Einsatzes impliziten Wissens sind.

---

105 Angelehnt an *Kilian Bizer / Martin Führ*, REACH-Verordnung (FN 101), S. 294 ff.

– Auf diese Weise soll die Innovationsoffenheit ausgebaut, aber mit einer rechtlich weiterhin zugeschriebenen Innovationsverantwortung[106] kompatibilisiert werden.

Dies ist zunächst nur eine Konzeptbeschreibung, die nichts über die Bewirkungsdimension in der Praxis sagt. Insofern müssen Erfahrungen abgewartet und gegebenenfalls mit anderen aus – keineswegs stets „positiv" arbeitenden (s. unten 4.) – Netzwerkkonstellationen verglichen werden[107]. Konzeptionell gesehen handelt es sich hier jedenfalls um eine zum Teil neuartige Variante der vielen Möglichkeiten des Gewährleistungsverwaltungsrechts[108] in dem Bereich der Gefahrenvorsorge, das dem Informations- und Wissensaspekt unter Berücksichtigung der Schwierigkeiten staatlicher Wissensgenerierung gerecht zu werden sucht und zugleich als optionenorientiertes Recht[109] den Wissenspotenzialen der Betroffenen möglichst weitgehend entgegenkommen und sie zur Problembewältigung und dabei auch der Ermöglichung von Innovationen nutzen will. Dadurch, dass die staatlichen Handlungsträger nicht als zentrale Akteure der Generierung expliziten und impliziten Wissens und der Definition bestimmten Wissens als entscheidungserheblich agieren, wird besonders anschaulich, dass die Generierung und Feststellung eines im jeweiligen Kontext „erheblichen" Risiko- und Nutzenwissens ein gesellschaftliches Konstrukt ist, das in kooperativem Zusammenwirken mehrerer privater und staatlicher Akteure erstellt wird. Das sequenzielle Vorgehen ist auf Lernprozesse im Ablauf ausgerichtet. Auch geht REACH davon aus, dass einmal zugrunde gelegtes Wissen wieder revidierbar ist. Die Wissensgenerierung in dem durch REACH organisierten Wissensmanagement ist nicht Selbstzweck, sondern Mittel zur Risikovermeidung bei gleichzeitig möglichst hoher Innovationsoffenheit, und zwar in einer Weise und Qualität, die sich der Staat allein nicht zutraut.

3. Kollektive Wissensgenerierung

Die in dieser Abhandlung insbesondere aus analytischen Gründen vorgenommene Kategorisierung von Wissen allein in den Rubriken Nutzenwis-

---

106 Zum Konzept von Innovationsoffenheit und Innovationsverantwortung s. etwa *Wolfgang Hoffmann-Riem,* Immaterialgüterrecht als Referenzgebiet innovationserheblichen Rechts, in: Martin Eifert / ders. (Hrsg.), Geistiges Eigentum und Innovation, 2008, S. 15, 18 f. Zu einer Operationalisierung des Konzepts der Innovationsverantwortung aus Sicht der institutionenökonomischer Sicht s. *Erik Gawel,* Innovationsverantwortung durch Gemeinwohlverpflichtung rationaler Innovatoren – Ansätze der Institutionenökonomik, in: Martin Eifert / Wolfgang Hoffmann-Riem (Hrsg.), Innovationsverantwortung, 2009, S. 69 ff.

107 Aufschlussreich insoweit die Kritik von *Ingerowski* (FN 101).

108 Dazu s. oben FN 51.

109 Dazu vgl. als ein Beispiel *Wolfgang Hoffmann-Riem,* Von der Antragsbindung zum konsentierten Optionenermessen, DVBl. 1994, S. 605 ff.; *Andreas Voßkuhle,* Das Kompensationsprinzip, 1999, S. 206 f., 312 f.

sen und Risikowissen bedeutet eine erhebliche Verkürzung. Die Bestandteile von Wissen sind häufig ambivalent oder multifunktional. Insbesondere bei der Aktualisierung von implizitem Wissen oder gar bei Bemühungen um die Verringerung des Nichtwissens – auch des Bereichs unspezifischen Nicht-Wissens – ist nicht vorhersehbar, welche Art von Wissen generiert wird und damit welche positiven oder negativen Effekte mit seiner Verwendung verbunden sein können. Inventionen können zielgerichtet verlaufen – auch dies garantiert aber nicht, dass nur zieladäquates Wissen generiert wird –, sie können aber auch ungezielt, gewissermaßen in freier Kreativität, erfolgen. Sie können das Produkt des Nachdenkens und Experimentierens einer einzelnen Person, einer Organisation oder eines festen oder losen Netzwerks sein. Neues Wissen setzt altes voraus und es können auch kleine Beiträge sein, die den Wissensfortschritt befruchten. Dies zeigt sich besonders bei der Generierung von Wissen in Netzwerken.

a) Nutzung kollektiver Intelligenz

(1) Ein Beispiel für eine offene Netzwerkkonstellation mit vielen dezentralen „Knoten" sind die über das Internet „organisierten" Kreationen der Free and Open Source Software (FOSS) oder des Open Content (etwa WIKIS). Motivierend für die Aktivitäten entsprechender (meist) global agierender Communities sind weder rechtliche Vorgaben noch Risikovermeidungswünsche oder monetäre Nutzenanreize. Vielmehr wirken als kreativitätsfördernd dort etwa der Spaß an der Kreation selbst, Neugier, der Erwerb von Reputation in der Community oder auch nur die Hoffnung, durch Bereitstellung eigenen neuen Wissens anderen Personen den Erwerb von Wissen zu ermöglichen, das seinerseits die Grundlage für weiteres eigenes kreatives Tun sein wird usw.[110]. Derartige Anreize werden nicht durch das Recht selbst gesetzt, obwohl auch das Recht Rahmen setzend wirkt und gegebenenfalls als Auffangordnung zur Sicherung der Funktionsfähigkeit des Kreationsprozesses genutzt wird. Auf keinen Fall werden Anreize durch Ausschließlichkeitsrechte, also die Versteinerung und Abschottung von Wissen etwa in Gestalt von Urheberrechten oder Patenten, gesetzt, wohl aber durch die der Allgemeinheit eingeräumten Verwertungsrechte. Deren Besonderheit liegt darin, dass sie mit dem Verbot der Schließung der Kette weiteren Erwerbs durch Erlangung von Urheberrechten u. ä. gekoppelt sind. Dem dienen die Copyleft-Klauseln[111]. Diese sind gewissermaßen eine „Innovation im Recht", die das traditionelle Urheberrecht als Hülle nutzen,

---

110 s. dazu die Beiträge von *Margit Osterloh / Roger Luethi; Axel Metzger* und *Bernd Lutterbeck,* in: Eifert / Hoffmann-Riem, Geistiges Eigentum (FN 106), S. 145 ff., 187 ff., 207 ff. m.w.Hinw.

111 Dazu s. etwa *Till Jaeger / Axel Metzger,* Open Source Software, 2. Aufl. 2006, S. 4, 98–111.

aber den in ihm enthaltenen Gestaltungsspielraum dafür einsetzen, die Abschottung weiteren Wissenserwerbs – auch die Nutzung des weltweit verfügbaren impliziten Wissens – durch Ausschließlichkeitsrechte zu verhindern.

(2) Open (Source)-Communities sind nur ein Beispiel unter vielen neuen Formen der netzwerkorganisierten Wissensgenerierung, sei es in kommerziellen oder in nicht kommerziellen Kontexten[112]. Immer neue Stichworte kennzeichnen den Möglichkeitsraum. Genannt seien nur die des Crowd Sourcing[113] und die des Prosuming (das Zusammenfallen von Produzent und Konsument), insbesondere die Animierung von Anwendern / Konsumenten eines Produkts zur Mitarbeit an seiner Konzeption, Konfiguration und Entwicklung, beim Marketing oder bei der Evaluation[114]. Hier geht es – anders als bei Open Content-Projekten – um gezielte Nutzung und direkte ökonomische Verwertung von kreativen Ideen und Arbeitsleistungen der Nutzer / Konsumenten. Beides sind Unterfälle der Nutzung kollektiver Intelligenz. Für solche Erscheinungen ist in der Literatur auch der Begriff der „Schwarmintelligenz" geprägt worden[115], der an Parallelen dazu anknüpft, wie Bienen beim Nektarsammeln oder Ameisen bei der „Staatenbildung" im Sinne einer sozialen Gemeinschaft zwar weitgehend autonom, aber doch im Ergebnis zielgerichtet zusammenwirken.

(3) Auf viele Arten ändern sich gegenwärtig die Produktionsweisen von Wissen[116]: Lose oder projektartig aufgebaute Netzwerke, heterarchische und dynamische Verknüpfungen statt stabiler Hierarchien, strategische Partnerschaften, flexible Kooperationen werden gerade für innovationsabhängige Sektoren gebildet. „Neues Wissen ist Produkt einer relationalen (nicht mehr: personalen oder organisationalen) Intelligenz, die innerhalb strategisch und situativ agierender Communities of Creation erzeugt wird"[117].

---

112 Dazu vgl. etwa die Beiträge in *Olga Drossou / Stefan Krempl / Andreas Poltermann* (Hrsg.), Die wunderbare Wissensvermehrung. Wie Open Innovation unsere Welt revolutioniert, 2006; *Ralf Reichwald / Frank Piller*, Interaktive Wertschöpfung. Open Innovation, Individualisierung und neue Formen der Arbeitsteilung, 2006; *Hans J. Pongratz / Günter G. Voß*, Arbeitskraftunternehmer – Erwerbsorientierungen in entgrenzten Arbeitsformen, 2003; *Arno Rolf*, Mikropolis 2010. Menschen, Computer, Internet in der globalen Gesellschaft, 2008 (etwa S. 46 ff., 69 ff., 89 ff.); *Günter G. Voß / Kerstin Rieder*, Der arbeitende Kunde, Wenn Menschen zu unbezahlten Mitarbeitern werden, 2005.

113 Dazu vgl. etwa *Frank Kleemann / Günter G. Voß / Kerstin Rieder*, Crowdsourcing und der arbeitende Konsument, in: Arbeits- und industriesoziologische Studien 2008, Heft 1, S. 29 ff. mit Beispielen S. 35 f., abrufbar unter: http: //www.ais-studien.de/home/veroeffentlichungen-08.html.

114 Vgl. etwa *Günter G. Voß / Kerstin Rieder*, Der arbeitende Kunde (FN 112).

115 Vgl. *Peter Miller*, Schwarm-Intelligenz: Weisheit der Winzlinge, in: National Geographic Deutschland, 2007, Heft 8.

116 Dazu sowie zum Folgenden vgl. *Karl-Heinz Ladeur / Thomas Vesting*, Geistiges Eigentum im Netzwerk – Anforderungen und Entwicklungslinien, in: Eifert / Hoffmann-Riem, Geistiges Eigentum (FN 106), S. 123, 132 ff.

Die innovationsfördernde Verknüpfung von Wissen mit anderem Wissen – zum Beispiel von Open Source-Kreationen unter Ausschluss von Exklusivität – sowie das Sammeln und der Austausch verstreuten Wissens über Netzwerke (auch und insbesondere ermöglicht durch das globale Internet) zeigen, dass Wissen in seiner Erneuerungsbedürftigkeit und -möglichkeit eine andere Qualität hat als etwa das mit Ausschließlichkeitswirkung versehene Sacheigentum, an dessen Strukturen aber das Recht geistigen Eigentums in vielem noch immer ausgerichtet ist.

b) Entstehung und Nutzung von Netzwerkwissen

Die Möglichkeit kollektiver Wissenserzeugung und der dabei typischen Entstehung von Netzwerkwissen führt zu vielen weiteren Fragen und Problemen, auf die im Folgenden – insbesondere im Anschluss an Überlegungen von *Teubner*[118] – eingegangen werden soll. Thema sind Netzwerkorganisationen[119], mit deren Hilfe komplexes Wissen innerhalb von multilateralen privaten oder öffentlichen Wissensnetzwerken ausgetauscht, genutzt oder „weiterverarbeitet" werden soll. Die Verteilung von Wissen zwischen den formal zwar selbstständigen, aber durch kooperative Aktivitäten und entsprechende soziale Verbindlichkeiten mehrseitig verknüpften Akteuren über die etwa im Recht des geistigen Eigentums (s. unten V.) ermöglichten unpersönlichen und preisbasierten (Einzel-)Tauschakte würde einen unverhältnismäßig hohen Transaktionskostenaufwand erfordern. Dies gilt insbesondere dann, wenn – wie etwa bei unternehmerischen FuE-Kooperationen oder interorganisationalen Risikomanagement-Zusammenschlüssen die Beziehung zwischen den Akteuren primär im Austausch von Informationen besteht. Angesichts des zu verzeichnenden kontinuierlichen, multilateralen und offenen Abstimmungsbedarfs komplexerer Motivationslagen und einer entsprechenden Entwicklungs- und Verhaltensunsicherheit stellen marktliche Übertragungs- bzw. Vertragsformen hierfür keinen geeigneten Koordinationsmechanismus dar[120]. Dasselbe gilt in Anbetracht der Tatsache, dass das für das oben [a)] beispielhaft benannte kooperative Zusammenwirken austauschrelevante Wissen oft erst im multilateralen

117 So *Ladeur / Vesting*, Geistiges Eigentum im Netzwerk (FN 116), S. 137.

118 *Teubner*, Diabolik (FN 60).

119 Überlegungen sind übergreifend auf diverse Typen von Netzwerken bezogen und können auch einschlägig sein, soweit Netzwerke in den oben 2. und 3. a) beschriebenen Beispielsfeldern genutzt werden.

120 Vgl. für die transaktionstheoretische Bewertung der Adäquanz von Governanceformen *Oliver E. Williamson*, Comparative Economic Organization: The Analysis of Discrete Structural Alternatives, in: Administrative Science Quarterly 36 (1991), Vol. 2: 269–296 sowie aus der jüngeren Literatur *Andreas Wald / Dorothea Jansen*, Netzwerke, in: Arthur Benz / Susanne Lütz / Uwe Schimank / Georg Simonis (Hrsg.), Handbuch Governance, 2007, S. 93, 94 ff. (insbesondere auf S. 103).

Kommunikationsgeschehen selbst sowie mittels der Beobachtung und wechselseitigen Verarbeitung (Rekonstruktion) der dezentralen Wissensbestände identifiziert oder auch generiert werden kann[121]. Horizontal konstruierte, interorganisationelle Wissensnetzwerke weisen dementsprechend einen netzwerkspezifischen Koordinationsmechanismus auf, den Teubner als konditioniertes und relationales Netz- oder Systemvertrauen beschreibt[122]. Sein Ursprung liegt in der angestrebten Dauerhaftigkeit des interorganisationellen Beziehungsgefüges und in den sich gegenseitig stabilisierenden Selbstbindungen der Akteure aufgrund faktischen Handelns.

Vor dem Hintergrund von Wissenszersplitterung und Ungewissheits-Bewusstsein werden vertrauensbasierte Netzwerke als adäquates, gegenüber Markt und Hierarchie zum Teil überlegenes Sozialsystem im Umgang mit den Herausforderungen der (Nicht)Wissensgesellschaft[123] behandelt. Netzwerke gelten insbesondere als angemessene Organisationsform für die Nutzung von dezentral verteiltem gesellschaftlichem Wissen[124]. Ihre heterarchische Struktur ermöglicht es, die Umweltbeobachtungen zu vervielfältigen, die Varietät zu erhöhen, die Organisation lebensnäher zu machen, ihre Responsivität zu steigern und sie in ihrer Anpassung zu flexibilisieren[125]. Netzwerken fällt es leichter als hierarchisch organisierten Entscheidungsträgern, problembezogen die verschiedenen Dimensionen des expliziten und impliziten Wissens ihrer Akteure – etwa Sach-, Handlungs- und Steuerungswissen, individuelles Wissen und Organisationswissen[126]– zu amalgieren und so handlungsbezogen neue Erkenntnisse zu generieren. Dies gilt gleichermaßen für Policy-Netzwerke wie für vernetzte Verwaltungsbürokratien, für Unternehmensnetzwerke, öffentlich-private Forschungsverbünde oder die oben [a) (1)] beschriebenen Open-Source-Communities oder die vielfältigen Vernetzungen beim „Prosuming" [a) (2)].

Euphorie über die Leistungsfähigkeit der Netzwerke im Umgang mit Wissen ist schon deshalb nicht angebracht, weil das strukturelle Potenzial der Netzwerke zur multiplen Informationsgewinnung und zur Wissensgenerierung, -aneignung und -verbreitung durch netzwerkinterne iterative Infor-

---

121 Diese Bewältigungsstrategien im Umgang mit wissensbezogener Unsicherheit als Strukturmerkmal der Netzwerkorganisation herausarbeitend s. *Teubner,* Diabolik (FN 60), Manuskript, S. 10 (dort auch weitere Hinweise zum Folgenden).

122 *Teubner,* Netzwerk als Vertragsverbund (FN 60), 2004, S. 41. Grundlegend zu Vertrauen als Mechanismus der Reduktion von Komplexität und der Überbrückung von Wissens- bzw. Informationsgrenzen vgl. *Niklas Luhmann,* Vertrauen. Ein Mechanismus der Reduktion von Komplexität, 3. Auflage, 1989.

123 *Ulrich Beck,* Weltrisikogesellschaft (FN 2), S. 211.

124 *Karl-Heinz Ladeur,* Negative Freiheitsrechte und gesellschaftliche Selbstorganisation, 2000, S. 204 ff.

125 *Teubner,* Diabolik (FN 60), Manuskript, S. 2

126 *Arno Waschkuhn,* Regimebildung und Netzwerke. Erfurter Beiträge zu den Staatswissenschaften Heft 5, 2005, S. 25. s. ferner oben V.

mationsverarbeitung nicht automatisch nutzbar ist, sondern bestimmte Ausgangsbedingungen gegeben sein müssen. Insbesondere muss die Binnenkoordination der Netzwerke eine hinreichende Stabilität aufweisen. Sie muss in der Lage sein, die in Netzwerken aufgrund der durch die Einbeziehung verschiedener (pluraler) Akteure bedingten untereinander widersprüchlichen internen und externen Verhaltensanforderungen existierende Spannung zwischen Kooperation, Konkurrenz und Konflikt auszuhalten und zu verarbeiten. Solche Konflikte können sich auch aus der unterschiedlichen Zugänglichkeit von Wissen ergeben. Der Hybridcharakter, den Netzwerke aufweisen[127] und der die Leistungsfähigkeit der Netzwerke im Umgang mit widersprüchlichen und komplexen Umweltanforderungen einerseits gerade erst begründet, kann zugleich den Auslöser für selbstdestruktive Entwicklungstendenzen von Netzwerken bilden. Jüngere Netzwerkuntersuchungen berichten von opportunistischem Verhalten der Netzakteure, von asymmetrischen Machtbeziehungen, Vertrauens- und Interessenkonflikten sowie von negativen Externalitäten für Außenstehende in Folge der binnenstruktureller Koordinationsschwäche von Netzwerken[128]. Blockadeeffekte im Umgang mit Wissen, Informationsmissbrauch und eine im Netzwerk angelegte, also gewissermaßen „organisierte[129] Unverantwortlichkeit“[130] sind einige der zu beobachtenden Konsequenzen. Die Bildung von Netzwerken als Weg zur Bewältigung von Unsicherheitsbedingungen, als omnipräsente Problemlösungsstrategie der (Nicht)Wissensgesellschaft kann so selbst zum Risiko werden, zum Nährboden neuer Ungewissheit.

Diese Feststellung deutet auch auf ein Versagen des Rechts im Umgang mit Netzwerkbildungen[131]. Es ist daher eine Zukunftsaufgabe, rechtliche Organisations- und Verantwortungsformen für Netzwerke zu entwickeln, welche die Vorteile der dezentralen Knotenorganisation beibehalten, aber die Mechanismen ihrer wechselseitigen Integration entscheidend stärken. So kann versucht werden, die sozialen Vertrauensrisiken der Netzwerk-

---

127 Zu einem darauf bezogenen systemtheoretischen Verständnis von Netzwerken s. *Gunther Teubner*, Die vielköpfige Hydra: Netzwerke als kollektive Akteure höherer Ordnung, in: Wolfgang Krohn / Günter Küppers (Hrsg.), Emergenz: Die Entstehung von Ordnung, Organisation und Bedeutung, 1992, S. 189, 190 f.

128 Vgl. allgemein *Johannes Weyer* (Hrsg.), Soziale Netzwerke: Konzepte und Methoden der sozialwissenschaftlichen Netzwerkforschung, 2000, S. 76 ff., 98 ff., 166 f. sowie für Unternehmensnetzwerke etwa *Hartmut Hirsch-Kreinsen*, Unternehmensnetzwerke – revisited, ZfS 31 (2002), S. 106, 111 ff.

129 So bereits *Hugh Collins*, Ascription of Legal Responsibility to Groups in Complex Patterns of Economic Integration, in: Modern Law Review 53 (1990): 731 – 744. Vgl. daneben etwa *Teubner*, Netzwerk als Vertragsverbund (FN 60), S. 209 ff.; *Dirk Messner*, Fallstricke und Grenzen der Netzwerksteuerung, Zeitschrift für kritische Sozialwissenschaft 24 (1994), S. 563, 566 ff. und *Georg Krücken / Frank Meier*, „Wir sind alle überzeugte Netzwerktäter“. Netzwerke als Formalstruktur und Mythos der Innovationsgesellschaft, Soziale Welt 54 (2003), S. 71, 89.

130 *Teubner*, Diabolik (FN 60), Manuskript, S. 3.

131 *Teubner*, Diabolik (FN 60), Manuskript, S. 3.

organisation durch juristische Zurechnungsregeln und haftungsrechtliche Normen einzudämmen und abzufedern[132]. Angesichts der Bedeutung netzwerkbasierter Prozesse der Wissensgenerierung, ihrer Chancen und Risiken kommt dem Recht eine maßgebende, komplementäre Unterstützungsfunktion bei der Stabilisierung der Binnenstruktur von Netzwerken zu, deren Wahrnehmung zumindest dann der Gewährleistungsverantwortung des Staates zuzuordnen ist, wenn im Rahmen regulierter Selbstregulierung auf die Koordinationsleistung von Netzwerken vertraut wird.

4. Umgang mit geistigem Eigentum[133]

Die Rechtsordnung verfügt über bestimmte Instrumente, um Wissen zu schützen und zugleich die Entstehung von Wissen zu stimulieren. Ein klassisches Beispiel ist das Recht geistigen Eigentums. Wird seine Entwicklung betrachtet, wird deutlich, dass auch tradierte Instrumente ihrerseits stets auf den Prüfstand gehören: Genügen sie auch unter heutigen Anforderungen zur Erreichung der mit ihnen verfolgten Ziele[134]? Vieles spricht dafür, dass neue Formen der Wissensgenerierung / -verwendung tradierte rechtliche Konzepte ins Wanken bringen, wie die Erosion der umfassenden Anerkennung des bisherigen geistigen Eigentums zeigt. Das herkömmliche Recht des geistigen Eigentums wirkt zum Teil selbst innovationshemmend.

Werden neue Wissensbestandteile in Form von klassischen Urheberrechten oder anderen Arten geistigen Eigentums einzelnen Rechtsträgern exklusiv zugeordnet, verwirklicht sich ein Risiko: Der Kreativitätsvorrat des Gemeinwissens ist nicht mehr hinreichend zugänglich; Wissen wird, gegebenenfalls unter Verspielen von Innovationschancen, durch die Rechtsordnung zumindest auf Zeit unzugänglich gemacht oder nur durch Überwindung finanzieller Hürden anderen bereitgestellt. Das Zugangsproblem ist ein Freiheits- und ein Innovationsproblem zugleich. Wird der Zugang zu den Wissensvorräten einer Gesellschaft gefiltert oder gar blockiert, entsteht das Problem, dass etwas wie Nicht-Wissen zu behandeln ist, obwohl Wissen grundsätzlich verfügbar ist. Dies hat Konsequenzen auf vielen Ebenen – es kann etwa Lock-In-Effekte mit Risiken der Oligopol- oder Monopolbildung, das Festhalten an veralteten Technologien und Diensten und die Verunmöglichung von Innovationen bewirken. Durch die Sperrung des Zugangs zu Wissen droht diese Art Wissen in gewisser Weise zu einem Risiko – dem Risiko des Verstreichenlassens von Chancen – zu werden, nämlich insofern, als evtl. bei Nutzung dieses Wissens individuelle oder gemeinwohlori-

132 *Teubner,* Diabolik (FN 60), Manuskript, S. 12.

133 Dazu s. auch *Schmidt-Aßmann,* in diesem Bd., S. 51 ff.

134 Zur Diskussion hierzu vgl. etwa die Beiträge in *Eifert / Hoffmann-Riem,* Geistiges Eigentum (FN 106).

entierte Ziele hätten verwirklicht werden können, gegebenenfalls auch unter Vermeidung von Schäden für andere.

Grundsätzlich müsste es das Ziel auch der Rechtsordnung sein, den Vorrat verfügbaren Wissens und in der Entstehung befindlichen Wissens (insoweit) potenziellen Innovateuren allgemein zugänglich zu machen oder jedenfalls Anschlussfähigkeit für weiteres Wissen zu ermöglichen und die Blockade des Erwerbs neuen Wissens etwa durch Vorenthalten einzelner dafür wichtiger Wissenselemente zu verhindern. Dagegen steht aber die in vielem theoretisch (insbesondere ökonomietheoretisch) durchaus plausible und in der Praxis bestätigte Befürchtung, ohne rechtliche Absicherung von Innovationen – etwa durch Gewährung von Patenten oder Urheberrechten zwecks Sicherung der Marktverwertbarkeit, die zumindest die Investitionskosten für die Innovation wieder hereinholen helfen soll – würden Inventionen und darauf aufbauende Innovationen verbaut. Dabei ist zu berücksichtigen, dass Wissen durch seine Nutzung grundsätzlich nicht „verbraucht" wird (Nichtrivalität im Konsum) und dass die Verbreitung von Wissen regelmäßig keine oder nur geringfügige Kosten verursacht (strukturelle Erlösschwächen bei der Verwertung von Wissen). Durch diese und andere Faktoren fällt es dem Innovateur schwer, das durch die Invention geschaffene Wissen exklusiv zu halten und auf diese Weise mit hinreichenden Erlöschancen zu nutzen. Es gibt daher Anreize für ihn, sein Wissen für sich zu behalten und in der Folge, weitere Innovationen zu bremsen. Auch darauf muss die Rechtsordnung Rücksicht nehmen. Hier gibt es – wie so häufig bei rechtlicher Regulierung – keine Königswege[135]. Die in der Rechtsordnung auf verschiedene Weise erfolgte Sicherung der Marktverwertung neuer Kreationen sichert den Innovateuren Aussichten auf die grundsätzlich legitime Reamortisation von Investitionen. Soll dies gesichert bleiben, muss gegebenenfalls in Kauf genommen werden, dass weitere auf den bisherigen Innovationen aufbauende Innovationen nicht stattfinden. Die Verweigerung des Wissenszugangs im Interesse individuellen Rechtsgüterschutzes kann dann auch aus gesamtgesellschaftlicher Sicht als Ursache für Innovationsdefizite und daraus resultierende Schäden bzw. die Nichtnutzung von Chancen der Schadensvermeidung verbucht werden.

In den geschilderten offenen communities der kollektiven Wissensgenerierung [3. a)] wird daher vielfach ein abweichender Weg gewählt, der gerade deshalb nahe liegt, weil die Wissensgenerierung in diesen communities nicht oder nur begrenzt kommerziell motiviert ist, so dass auf die oben erwähnten anderen Stimuli der Wissensgenerierung [s. oben 3. a) (1)] vertraut werden kann. Das tradierte Urheberrecht wird aber dennoch als Hülle genutzt, wenn auch durch die erwähnte Copyleft-Klausel[136] modifi-

---

135 Zu der Problematik s. statt vieler *Erik Gawel* (FN 106), S. 83 ff.

136 s. oben FN 111 .

ziert, und damit das Risiko der Schließung des Wissenserwerbs ausgeschlossen.

Diese Vorgehensweise passt allem Anschein allerdings nur unter bestimmten Bedingungen[137], insbesondere dann, wenn Möglichkeiten feingliedriger Arbeitsteilung (die sog. Granularität) bestehen und größere Investitionen verzichtbar sind (im sog. Kleinkostenbereich).

Auch in anderen Bereichen gibt es Anlass, das Dilemma zwischen der Absicherung der Ergebnisse geistiger Leistung und der Ermöglichung weiterer Innovationen durch veränderte Vorgehensweisen aufzunehmen. So scheint es angezeigt, stärkere Differenzierungen im Recht geistigen Eigentums vorzusehen. Dies betrifft etwa die Zuordnung kollektiv erzeugten Wissens auf die Beteiligten und die Vorsorge dafür, dass sie nicht nur einzelnen Rechtsträgern zugute kommen. Aber auch im Übrigen kann bei der Ausgestaltung der jeweiligen Schutzrechte und insbesondere ihres Schutzumfangs differenziert werden, auch hinsichtlich des institutionellen Rahmens, unter denen Schutzrechte nutzbar sind (etwa Erhöhung der Anforderungen an die Erfindungstiefe, Begrenzung der Schaffung von Patentdickichten, die durch Vernetzung von Patentrechten erfolgt, oder die Beschleunigung der Patenterteilung)[138].

Innovationsfördernd wie -beschränkend kann es aber auch – wie schon erwähnt – sein, wenn gewonnenes Wissen zu Standards gerinnt, sei es, dass diese sich auch ohne rechtliche Unterstützung praktisch durchsetzen[139] oder dass der Staat deren Durchsetzung unterstützt, sei es, dass ihnen der Status anerkannter Regeln der Technik u. ä. zugesprochen wird[140] und ihre Befolgung in der Rechtsordnung in der Folge als Entlastung vor Risiken bewertet wird, oder gar, dass privat gesetzte Standards direkt rechtlich ver-

---

137 s. statt vieler *Margit Osterloh / Roger Luethi* (FN 110), S. 155 ff.

138 Zu den Dilemmata vgl. unter (den allerdings engen) Annahmen der Spieltheorie *Christoph Engel*, Geistiges Eigentum als Anreiz zur Innovation – Die Grenzen des Arguments, in: Eifert / Hoffmann-Riem, Geistiges Eigentum (FN 106), S. 43 ff., zusammenfassend 71 f. sowie aus ökonomietheoretischer Sicht differenzierend die Anmerkung von *Dietmar Harhoff* mit demselben Thema, in: Eifert / Hoffmann-Riem, Geistiges Eigentum (FN 106), S. 73 ff.

139 Über entsprechende Strategien, dies schon im Vorfeld der Innovationsentwicklung zu sichern, s. *Alexander Gerybadze*, Innovationspartnerschaften, Patentpools und Standardsetzungsgemeinschaften: Verteilung und Zuteilung der Rechte und neue Organisationsformen, in: Eifert / Hoffmann-Riem, Geistiges Eigentum (FN 106), S. 165 ff.

140 Vgl. dazu *Peter Marburger*, Die Regeln der Technik im Recht, 1979; *Andreas Rittstieg*, Die Konkretisierung technischer Standards im Anlagenrecht, 1982; *Erhard Denninger*, Verfassungsrechtliche Anforderungen an die Normsetzung im Umwelt- und Technikrecht, 1990; *Irene Lamb*, Kooperative Gesetzeskonkretisierung, 1994, S. 93 f.; *Christoph Gusy*, „Antizipierte Sachverständigengutachten" im Verwaltungs- und Verwaltungsgerichtsverfahren, NuR 1987, S. 156 ff.; vgl. außerdem für die Möglichkeit der amtlichen Bekanntmachung technischer Spezifikationen als anerkannte Regeln der Technik gem. § 23 EnEV. BVerwG, UPR 1997, S. 101 ff.

bindlich gemacht werden[141]. Standards können auch wichtige Orientierungshilfen geben und dazu beitragen, Inventionen zum weiträumigen Durchbruch als Innovationen zu verhelfen. Setzen sie sich durch, stehen sie aber der Nutzung neuer – evtl. stärker leistungsfördernder – Standards entgegen, soweit sie nicht durch andere ersetzt werden. Auch hier zeigt sich die Ambivalenz der Umformung von Wissen in rechtlich eingehegte oder – wie etwa bei Patenten – gar handelbare „Güter".

5. Vorkehrungen zur Bearbeitung und Nachbesserung

Abschließend – wenn auch nur andeutend – sei erwähnt, dass die Rechtsordnung Vorkehrungen kennt, um Offenheit für die Zukunft – also auch Offenheit für neues Wissen, für Lernen und für Umsteuerung – gezielt zu ermöglichen. Konzeptionelle Voraussetzung der nachhaltigen Nutzung dieser Möglichkeit ist, dass die Rechtswissenschaft und -praxis verstärkt eine Wirkungs- und Folgenorientierung einnimmt[142], also das Programm einer Rechtswissenschaft als Steuerungswissenschaft aufgreift, die Folgen einer Entscheidung nicht nur zu prognostizieren sucht, sondern auch anschließend im weiteren Verlauf begleitend beobachtet und auswertet und bei Zielverfehlung – etwa durch Abweichung der Wirkungsabläufe von den zugrunde gelegten Prämissen[143] oder bei Verfehlung des Ziels der Optimierung – Revisionen ermöglicht (Korrekturevaluation). Beobachtung und Lernen können aber auch darauf zielen, bestimmte Ergebnisse noch „besser", etwa unter geringerem Ressourceneinsatz oder unter stärkerer Vermeidung negativer Begleitfolgen, zu erreichen (Verbesserungsevaluation). Hierfür kann das traditionelle Kontrollinstrumentarium eingesetzt werden, das in jüngerer Zeit um neue Instrumente erweitert worden ist, etwa im Zuge des Qualitätsmanagements durch Auditierung u. ä.[144]. Wichtig ist allerdings, das Kontrollprogramm selbst mit dem Problem des Nichtwissens und des Innovationsbedarfs zu kompatibilisieren. Traditionelle Rechtmäßigkeits- und Zweckmäßigkeitskontrolle greift dafür zu kurz. Die Kontrollkulturen sind vielmehr so zu entwickeln, dass auch Sensibilität für die Relativität und Kontextabhängigkeit von Wissen und für die Unhintergehbarkeit von

---

141 Dazu vgl. *Eifert,* Regulierungsstrategien (FN 39) § 19 Rn 62 ff.; *Michael Kloepfer,* Instrumente des Technikrechts, in: Martin Schulte (Hrsg.), Handbuch des Technikrechts, 2003, S. 146. Zur Standardsetzung s. ferner *Ruffert,* Rechtsquellen (FN 39), § 17 Rn 85 ff.

142 Zu ihr s. statt vieler *Andreas Voßkuhle,* Neue Verwaltungsrechtswissenschaft, GVwR I (FN 25), § 1 Rn 17 ff. m.w.Hinw.

143 Zur Untauglichkeit eines bloßen Soll-Ist-Vergleichs vgl. etwa *Wolfgang Hoffmann-Riem,* Verwaltungskontrolle – Perspektiven, in: Eberhard Schmidt-Aßmann / Wolfgang Hoffmann-Riem (Hrsg.), Verwaltungskontrolle, 2001, S. 325, 329 f.

144 Vgl. statt vieler *Stephanie Schiedermair,* Selbstkontrollen der Verwaltung, in: GVwR III (FN 25), § 48 Rn 78 ff.

Nichtwissen entsteht, und Offenheit für Neues (auch für die Wahrnehmung von Fehlern) sowie die Bereitschaft zum Lernen und gegebenenfalls zur Revision entwickelt wird. Die Rechtsordnung muss Flexibilität aber auch zulassen, so durch Anerkennung von Einschätzungs- und Prognosespielräumen, durch Fehlertoleranz und durch Sicherung von Revisibilität (etwa durch Relativierung von Bestandsschutz, durch Widerspruchsvorbehalte, Befristungen u. a.).

Vorausgesetzt für eine solche Flexibilität ist ein Normprogramm, das dies zulässt. Relativ offene Programmierungen, etwa durch Finalprogramme, Konzeptvorgaben oder Planungsermächtigungen, schaffen insofern mehr Spielräume als Konditionalprogramme, es sei denn, dass deren Begriffe selbst hinreichend offen sind. Vorausgesetzt ist ferner, dass die Handlungsträger berechtigt sind, ihre spezifischen Entscheidungsstrukturen – etwa das in der Organisation oder bei ihrem Personal verfügbaren Know-how – entsprechend zu nutzen. So müssen Wissenspotenziale erschlossen werden – gegebenenfalls im kooperativen Zusammenwirken mit anderen, etwa Privaten –, Nichtwissen muss offen ausgewiesen und Strategien des Umgangs mit ihm entwickelt werden und es muss insbesondere durch Vorgaben an die Organisation und den Personaleinsatz sowie an das Verfahren ein rechtlich legitimierter Einsatz auch von impliziten Wissen ermöglicht werden. Soweit die zur Kontrolle des Handelns befugten Instanzen, insbesondere die Gerichte, auf ein nicht die gesamte Handlungsorientierung der Verwaltung umfassendes Kontrollprogramm festgelegt sind (etwa nur auf die Rechtmäßigkeitskontrolle) und soweit sie im Übrigen nicht auf vergleichbare Möglichkeiten, insbesondere Strukturen der Wissensgenerierung und des Umgangs mit implizitem Wissen zurückgreifen können wie die Verwaltung, ist dies ein Indiz dafür, dass die Gerichte Kontrollzurückhaltung gegenüber Maßnahmen der Verwaltung üben müssen: In dem für den Umgang mit Wissensdefiziten und implizitem Wissen vorgesehenen Optionenraum des Rechts haben sie die Entscheidung der Verwaltung grundsätzlich zu respektieren, d. h. ihre Kontrolle auch auf das eigene spezifische Kontrollprogramm zu beschränken. Da dieses auf die Einhaltung rechtlicher Grenzen bezogen ist, gehört zur Überprüfung allerdings auch die Klärung, ob entscheidungsrelevantes Tatsachenmaterial berücksichtigt wurde, ob Anforderungen an die Verfahrensrichtigkeit beachtet wurden u. ä.[145].

Die Innovationsorientierung des Rechts beginnt allerdings schon auf der Normenebene. Wenn der Gesetzgeber Innovationen ermöglichen oder ihre Anwendung im konkreten Fall fördern will, muss er auch über entsprechende Handlungsspielräume verfügen, also etwa auch bestimmte Risiken des Irrtums in Kauf nehmen dürfen. Der Ermöglichung von Innovationsoffen-

145 Zum Vorstehenden allgemein *Hoffmann-Riem,* Eigenständigkeit (FN 25), § 10 Rn 89 ff., 100 f. Grundsätzlich anders aber z. B. *Friedrich Schoch,* Gerichtliche Verwaltungskontrollen, in: GVwR III (FN 25), § 50 Rn 252 ff.

heit durch das Gesetz dient es, wenn dem Gesetzgeber Einschätzungs- und Prognosespielräume zugestanden werden. Diese sind auch von der Verfassungsrechtsprechung in gewissen Grenzen akzeptiert worden[146]. Zur Begründung der Einschätzungsprärogative wird u. U. auf die „Eigenart" des in Rede stehenden Sachbereichs und die (Un-)Möglichkeit, sich ein hinreichend sicheres Urteil zu bilden, verwiesen[147], also auf Umstände, die auch auf die Problematik des Nichtwissens, auf die Schwierigkeiten der Wissensgenerierung oder des Umgangs mit impliziten Wissen bezogen sein können. Durch den Erlass von Gesetzen übernimmt der Gesetzgeber – neben seiner rechtlichen – auch politische Verantwortung für die Einschätzung der Problemlagen und der angemessenen Lösungsmöglichkeiten. Diese kann ihm von anderen Instanzen, wie dem Bundesverfassungsgericht, nicht abgenommen werden. Der Gesetzgeber muss allerdings das „verfügbare Wissen" nutzen[148], aber gegebenenfalls auch entscheiden dürfen, welcher Aufwand angemessen ist, um dieses Wissen zu rekonstruieren. Das BVerfG fordert auch, dass der Gesetzgeber auf die Möglichkeit eines zukünftig besseren Wissens oder eines Irrtums über Abläufe gegebenenfalls durch Revisions- und Nachbesserungsmöglichkeiten reagieren muss[149]. Diesem Anliegen kann durch ausdrückliche gesetzliche Evaluationsvorbehalte, durch Befristungen der Gesetzesgeltung und durch Überprüfungsaufträge an den Gesetzgeber selbst oder vorbereitend durch Pflichten zur laufenden Evaluation durch die gesetzesausführenden Stellen Rechnung getragen werden[150]. Das Lernen muss jedenfalls auch dem Gesetzgeber ermöglicht werden und er muss bereit sein, Normen zu ändern, etwa wenn sie die beabsichtigte Wirkung verfehlen oder unerwünschte Nebenfolgen auslösen oder wenn sich die Ausgangsbedingungen erheblich verändern.

Darüber hinaus hat das Bundesverfassungsgericht ausdrücklich formulierte Evaluationsvorgaben an den Gesetzgeber vielfach der Verfassung entnommen[151] und in den Kontext der Vorgabe gerückt, dass sein Gesetz auch

---

146 Grundlegend dazu insbesondere BVerfGE 50, 290 (332 ff.) sowie etwa BVerfGE 49, 89 (130 ff., 141 ff.); 77, 84 (106); 88, 203 (262); 90, 145 (173); 109, 279 (336). s. auch oben FN 25, 58.

147 So BVerfGE 50, 290 (332 f.); 109, 279 (336). Aus der Literatur vgl. statt vieler *Ino Augsberg / Steffen Augsberg,* Prognostische Elemente in der Rechtsprechung des Bundesverfassungsgerichts, VerwArch 2007, S. 290, 297 ff. m.w.Hinw.

148 Vgl. BVerfGE 50, 290 (334); 57, 139 (160).

149 Vgl. etwa *Peter Badura,* Die verfassungsrechtliche Pflicht des gesetzgebenden Parlaments zur „Nachbesserung" von Gesetzen, in: Festschrift für Kurt Eichenberger, 1982, S. 481 ff.; *Peter Baumeister,* Das Rechtswidrigwerden von Normen, 1996; *Klaus Meßerschmidt,* Gesetzgebungsermessen, 2000, S. 926, 1005 ff.; *Helmuth Schulze-Fielitz,* Zeitoffene Gesetzgebung, in: Wolfgang Hoffmann-Riem / Eberhard Schmidt-Aßmann (Hrsg.), Innovation und Flexibilität des Verwaltungshandelns, 1994, S. 139, 162 ff.; *Christian Mayer,* Die Nachbesserungspflicht des Gesetzgebers, 1996.

150 Vgl. dazu etwa *Martin Eifert,* Innovationsverantwortung in der Zeit, in: Eifert / Hoffmann-Riem (FN 17), S. 389 ff.

151 So schon BVerfGE 50, 290 (335 f., 377 f.).

im Laufe der Zeit verfassungsgemäß bleiben muss. Der Gesetzgeber wird dadurch auf die Möglichkeit und Notwendigkeit hingewiesen, auf mögliche Irrtümer, auf besseres Wissen oder Veränderungen der Umstände zu reagieren und die fortlaufende Verfassungsmäßigkeit der Normenordnung zu verantworten. Dies verdeutlicht zugleich die Anerkennung der Kontext- und Zeitabhängigkeit einer getroffenen Beurteilung. Die Möglichkeit besseren Erkennens in der Zukunft bewirkt keine Stoppregel für eine Problembewältigung in der Gegenwart auf der Grundlage des dort verfügbaren Wissens. Damit ist Ungewissheit als solche kein Hindernis, innovative Wege einzuschlagen, also innovativ im Regelungsprogramm – etwa bei der Entwicklung neuer Instrumente und Verfahren – und bei der Stimulierung der Innovationsbereitschaft der Gesellschaft zu sein.

Diese Rechtsmacht des Gesetzgebers besteht stets und hängt nicht davon ab, dass er Evaluationsklauseln im Gesetz vorsieht oder durch das Bundesverfassungsgericht zu fortlaufender Beobachtung und gegebenenfalls Revision aufgefordert worden ist[152]. Verfassungsgerichtlich formulierte Beobachtungs- und Nachbesserungspflichten (besser: -obliegenheiten oder -aufgaben) sind allerdings keine eigenständigen – etwa mit Rechtsmittel einklagbaren – Rechtspflichten; ihre Missachtung kann aber ein Indiz dafür sein, dass der Gesetzgeber die im Laufe der Zeit verfügbar werdenden Erkenntnisse nicht nutzt, um das zur Aufklärung des Fortbestands der Verfassungsmäßigkeit einer einmal getroffenen Regelung – etwa ihrer fortbestehenden Verhältnismäßígkeit – Nötige zu überprüfen. Ein solches Defizit kann bei der Beurteilung maßgebend werden, ob die Einschätzung des Gesetzgebers den verfassungsrechtlichen Anforderungen auch im Ablauf der Zeit genügt. Durch die Bereitschaft zur Beachtung seiner Beobachtungs- und gegebenenfalls Nachbesserungsaufgabe wahrt der Gesetzgeber seine Chance, die Verantwortung für innovative Wege ungeachtet des Problems von Nichtwissen auch im Zeitablauf zu tragen: Anfängliche Wissensdefizite hindern nicht Maßnahmen der Problembewältigung, dispensieren aber nicht von der rechtlichen Notwendigkeit, sich um weiteren Wissenserwerb zu bemühen und besseres Wissen gegebenenfalls zur Revision einmal getroffener Entscheidungen zu nutzen.

Die Anerkennung eines Rechts zum Handeln trotz begrenzten Wissens, gekoppelt mit der Pflicht, neues Wissen erwerben zu wollen und gegebenenfalls zur Korrektur einer früheren Entscheidung zu nutzen, ist die Grundlage dafür, dass der Gesetzgeber Neues wagen darf, auch wenn er dessen

---

152 *Huster* weist darauf hin, dass solche Vorgaben des BVerfG auch ein Mittel der Konsensbildung im Senat sein können, s. *Stefan Huster*, Die Beobachtungspflicht des Gesetzgebers, Zeitschrift für Rechtssoziologie 2003, S. 3, 24 f. Eine solche, sicherlich in manchen Fällen zutreffende Beobachtung verweist darauf, dass auch das BVerfG nicht stets über sicheres Wissen verfügt und einen Weg finden muss, um die bei den verschiedenen Mitgliedern gegebenenfalls unterschiedlichen Wissensbestände oder Einschätzungen der Verlässlichkeit von Wissen zu verarbeiten.

Gestalt im Einzelnen nicht kennt. Auf diese Weise werden Innovationsoffenheit und Innovationsverantwortung gepaart. Beide müssen sich in einer angemessenen Balance befinden.

VI. Ausblick: Rechtliche Wissensordnung auch als Innovationsordnung

Die aufgeführten Beispielsbereiche verweisen auf höchst unterschiedliche Zugänge zu dem Problem von Nichtwissen und dem des nur impliziten Wissens. Eine rechtlich geprägte Wissensordnung muss nicht nur geeignete Verfahren der Wissensgenerierung, -speicherung und -verarbeitung bereitstellen und eine darauf abgestimmte Rechtsdogmatik entwickeln (s. oben XII.), sondern auch dafür sorgen, dass rechtliche Institutionen auf die Wissenspotenziale abgestimmt sind, und beachten, dass Instrumente immer wieder neu auf den Prüfstand gehören können. Die Entwicklung von rechtlichen, auf derartige Evaluationen abgestimmten Konzeptionen gehört zu den Zukunftsaufgaben der Rechtswissenschaft und -praxis.

Im Folgenden sei abschließend nur darauf eingegangen, dass eine das Innovationsthema im Recht einbeziehende Wissensordnung eine rechtlich geprägte sein und bleiben muss, d. h. insbesondere die allgemein geltenden Grundsätze rechtlicher Einbindung beachten muss, aber auch auf deren Änderung hinwirken darf, etwa wenn es darum geht, die Innovationsfähigkeit einer Gesellschaft zu bewahren und auszubauen.

Zur rechtlichen Wissensordnung gehört daher die Vorsorge dafür, dass der Wissenserwerb und die Wissensverteilung und -zugänglichkeit verfassungsrechtliche Grenzen beachten, aber auch an (nur) programmatischen Vorgaben der Verfassung orientiert sind, die etwa in objektiv-rechtlichen Grundrechtsverbürgungen oder in Staatszielbestimmungen (wie der Rechts- und Sozialstaatlichkeit oder dem Erhalt der natürlichen Lebensgrundlagen) verankert sind. Dazu gehören beispielsweise die Grundsätze rechtsstaatlicher Fairness und der Zugangschancengleichheit. Zu sichern ist die Zukunftsoffenheit, die auch Innovationsoffenheit sein kann, aber zugleich auf Innovationsverantwortung gerichtet sein muss[153].

Innovationen sind in einer vom Gedanken individueller Freiheit getragenen Gesellschaftsordnung[154] zunächst Angelegenheiten einzelner Akteure,

---

153 Zum Konzept von Innovationsoffenheit und Innovationsverantwortung s. den Nachweis oben FN 106 , S. 15, 18 f.

154 Zur Bedeutung der verfassungsrechtlich geschützten Entfaltungsfreiheit für eine Innovationsorientierung s. *Hoffmann-Riem,* Immaterialgüterrecht (FN 106), S. 20 f. sowie *Martin Eifert,* Innovationsfördernde Regulierung, in: ders. / Hoffmann-Riem, Innovationsfördernde Regulierung (FN 5), S. 11, 12 f. Zu beachten ist allerdings, dass Innovationen viele unterschiedliche soziale Felder betreffen können, so neben dem (meist im Zentrum der Beobachtung liegenden) Markt die Politik, das Recht, die Wissenschaft u. ä., vgl. *Bora,* Innovationsregulierung (FN 5), S. 25.

sei es, dass sie je für sich handeln, mit anderen bilateral oder netzwerkähnlich kooperieren oder ein entsprechendes (etwa wirtschaftliches) Unternehmen gründen, das seinerseits auf verschiedene Weise mit anderen kooperiert und konkurriert. Für Möglichkeitsräume der Entfaltung sind aber auch die institutionellen (rechtlichen, organisatorischen, kulturellen u. ä.) Rahmenbedingungen wichtig, die gesellschaftlich geprägt und mehr oder minder rechtlich geformt und dabei mehr oder minder innovationsgeneigt sein können. Zu den traditionellen Vorgaben der auf gesellschaftlichen Wandel eingestellten modernen Staaten gehört es, auch einen Raum für Innovationen zu eröffnen oder sie gar zu stimulieren (etwa durch F & E-Investitionen). Gelegentlich – so in § 2 Abs. 2 Nr. 3, § 9a Abs. 2 TKG – ist die Innovationsförderung sogar ausdrücklich zur staatlichen Aufgabe bzw. zur Zielsetzung eines Gesetzes erklärt worden.

Auch soweit staatliches Handeln Innovationen in gesellschaftlichen Bereichen (etwa technologische oder soziale Innovation[155]) ermöglichen oder gar stimulieren soll, bedarf es der Generierung entsprechenden Wissens über Innovationsprozesse und deren Beeinflussung, aber auch des Ausbaus des Wissens über die Ermöglichung der Beachtung rechtlicher (oder ethischer u. a.[156]) Vorgaben (Innovationsverantwortung). So wird vom Staat erwartet, die mit Innovationen verbundenen Chancen zu erhalten oder gar zu fördern, aber auch mögliche Risiken abzuwehren. Eine derartige Innovationssteuerung steht dabei bekanntlich vor einer besonderen Paradoxie: Das Neue soll (fördernd oder Gefahren abwehrend oder vorsorgend) geregelt werden, bevor es da ist. Wirkungsorientiertes Handeln der Verwaltung muss mögliche Folgen in den Blick nehmen und sie gegebenenfalls als Rechtfertigung heranziehen, obwohl sie vielfach nicht erkennbar sind. In Situationen dieses Typs ist – wie schon oben ausgeführt – auch zu entscheiden, ob Handeln risikoreicher ist als Nicht-Handeln, insbesondere wie mit den Irrtumskosten rechtlicher Regulierung (oder ihrer Unterlassung) umzugehen ist und welche Restrisiken hinzunehmen sind. Das Wissen um das Nicht-Wissen fordert immer neue Bemühungen um Wissensgenerierung, obwohl ebenfalls erfahrbar ist, dass neues Wissen häufig das Bewusstsein über das Nicht-Wissen eher steigert[157] als das beruhigende Gefühl auszulösen, jetzt mehr, vielleicht sogar hinreichend viel zu wissen.

Dass durch das Bemühen um „mehr / besseres" Wissen die mit zukunftsgerichteten Entscheidungen verbundenen Risiken abnehmen, ist keines-

---

155 Im Zentrum der innovationswissenschaftlichen Literatur stehen meist technologische Innovationen. Zukünftig dürften soziale Innovationen immer wichtiger werden, s. dazu *Hoffmann-Riem* (FN 3), S. 588 ff.

156 Aufschlussreich dazu der Umgang mit Biopatenten, s. dazu *Ingrid Schneider*, Governance des Europäischen Patentsystems 1988 – 2008, Habil. Hamburg 2010 (i. E.).

157 s. oben FN 3. Zu diesem bekannten Phänomen vgl. etwa *Peter Weingart*, Die Stunde der Wahrheit, 2001, S. 20; *Carsten Herrmann-Pillath*, Grundriss der Evolutionsökonomik, 2002, S. 30 f.; *Klaus P. Japp*, Struktureffekte (FN 16), S. 35, 46.

wegs sicher. In dem Bemühen darum aber liegt dennoch eine produktive Funktion von Ungewissheit und Unwissen[158].

Innovationssteuerndes Recht kann überkommene rechtsstaatliche Erwartungen an Vorhersehbarkeit und damit Rechtssicherheit nur begrenzt einlösen und muss diese deshalb dem auf Innovationsermöglichung ausgerichteten Steuerungsziel anpassen. Ziel innovationsermöglichenden Rechts muss es auch sein, auf rechtsstaatlichem Wege Sicherungen zu schaffen, die der Risikoneigung des Innovationsgeschehens Rechnung tragen. Dazu können neben der Vorsorge für Transparenz die schon erwähnten Beobachtungspflichten, die Verweigerung oder doch Relativierung von Bestandsschutz bei erhöhtem Risikopotenzial oder Vorkehrungen zum Lernen gehören (Sicherungen für Reflexion, Störungsverarbeitung, Optionenendenken u. a., insbesondere durch institutionelle Lernfähigkeit) und auch zur möglichen Revision früherer Entscheidungen. Ein Beispiel für ein auf Lernen schon in einem frühen Stadium ausgerichtetes Verfahren ist der im Vergaberecht vorgesehene „wettbewerbliche Dialog" (§ 100 Abs. 5 GWB). Bei seiner Nutzung sollen innovative Projekte zwischen dem öffentlichen Auftraggeber und den Wirtschaftsteilnehmern schon (aber auch erst) im Laufe des Vergabeverfahrens entwickelt werden. Ein Beispiel für institutionell ermöglichtes und in gewisser Hinsicht rechtlich gefordertes Lernen mit Chancen zur Korrektur ist das schon erwähnte Vorhaben REACH (s. oben XIII. 2.).

Innovationen sind häufig an bestimmten technologischen und sozialen Paradigmen orientiert (also an bestimmten Denkmustern, Werthaltungen oder Leitbildern) und pflegen, in bestimmten Entwicklungsphasen / -linien (Trajektorien) – gegebenenfalls mit Pfadbrechungen und Pfadauflösungen – und unter Nutzung von Heuristiken abzulaufen, und zwar keineswegs auf linearen Wegen, sondern eher in dynamischen Verknüpfungen[159]. Nun ist aber spätestens seit *Kuhn*'s Forschungen[160] Allgemeingut, dass immer wieder Paradigmenwechsel und Trajektorienumleitungen möglich sind und Deutungsmuster beim Umgang mit Wissenspartikeln wandelbar sind. Es lässt sich aber auch beobachten, dass empirisch feststellbare Denk- und Deutungsmuster, Alltagsroutinen oder bewährte Entwicklungspfade häufig

---

158 Vgl. dazu *Bora,* Innovationsregulierung (FN 5), S. 23, 41: Zu der produktiven Funktion der von ihm sog. regulatorischen Illusion. s. auch *Hoffmann-Riem,* Wissen als Risiko (FN 100).

159 Vgl. dazu die überblicksartige Darstellung innovationstheoretischer Literatur bei *Stefanie Neveling / Susanne Bumke / Jan-Hendrik Dietrich,* Innovationsforschung, in: Martin Eifert / Wolfgang Hoffmann-Riem (Hrsg.), Innovation und rechtliche Regulierung, 2002, S. 364 ff. Besonders wichtig und ausgebaut ist die ökonomische Innovationsforschung, s. dazu etwa *Petra Bollmann,* Technischer Fortschritt und wirtschaftlicher Wandel, 1990; *Georg Erdmann,* Elemente eine evolutorischen Innovationstheorie, 1993; *Jürgen Hauschildt / Sören Salomo,* Innovationsmanagement, 4. Aufl. 2007.

160 Vgl. den „Klassiker" *Thomas S. Kuhn,* The Structure of Scientific Revolutions, 1962.

zu lange als bewährt gelten[161], so dass gerade solche Muster und Entwicklungspfade zwar wegen ihrer Entlastungswirkung gerne begangen werden, möglicherweise aber ein Hindernis aufstellen, neues Wissen aufzunehmen und zu verarbeiten. Deshalb sollte eine innovationsorientierte Vorgehensweise auch auf eine wissensbezogene Qualitätssicherung ausgerichtet werden, etwa auf Mechanismen des Infragestellens und dadurch der laufenden Überprüfung von Wissensbestandteilen und von grundlegenden Paradigmen und Trajektorien.

Innovationssteuernde Vorkehrungen können sich daher nicht darauf begrenzen, allgemein in der Gesellschaft anerkannte oder in einer Organisation etablierte Denkmuster, Wissensbestände und „bewährte" Entwicklungspfade einfach zu akzeptieren und ihren „Windschatten" für rechtliche Begleitung zu nutzen, sondern sie müssen gegebenenfalls auch Anreize für einen Pfadwechsel oder doch zur Überprüfung und Korrektur tradierter oder gar routinisierter Vorgehensweisen und des auf diese Weise generierten Wissens schaffen. Insbesondere müssen sie auch Regeln im Umgang mit implizitem Wissen enthalten. Die traditionell im Zentrum verwaltungsrechtswissenschaftlichen und -praktischen Bemühens stehenden Überlegungen über die Zuteilung der Entscheidungs- bzw. Kontrollmacht zwischen unterschiedlichen Handlungsträgern – insbesondere Verwaltung und Gerichten – bedarf der Weiterentwicklung mit besonderem Blick auf die Probleme der (Nicht)Wissensgesellschaft. Dies darf nicht nur im Rahmen des nationalen Rechts geschehen, sondern muss die verschiedenen Ebenen des trans- und internationalen Rechts einbeziehen, so die des Rechts der Europäischen Union, aber auch der internationalen Organisationen – wie etwa der WTO – sowie des international genutzten, nicht vorrangig auf hoheitlicher Rechtsetzung beruhenden sog. „Weltrechts"[162]. Möglicherweise wird eine Zuordnung und Kompatibilisierung dieser verschiedenen Ordnungssysteme dadurch erleichtert, dass weniger auf traditionelle rechtliche Instrumente als auf Strukturfragen einer grundsätzlich wissensbasierten Gesellschaftsordnung gesehen und gefragt wird, welche rechtlichen Gestaltungen ihr am ehesten gerecht werden. Dabei dürfte dem Konzept der Prozeduralisierung des Rechts eine gesteigerte Bedeutung zukommen. Ob die deutsche Rechtsordnung bei solchen Neukonzeptionen eine Vorreiterrolle spielen kann, ist durchaus zweifelhaft.

---

161 Vgl. etwa beispielhaft *Holger Hoffmann-Riem,* Die Sanierung des Sempachersees, Eine Fallstudie über ökologische Lernprozesse, 2003.

162 Dazu s. statt vieler aus der neueren Literatur einerseits *Helmut Willke,* Das Recht der Weltgesellschaft, in: Soziologische Jurisprudenz, Festschrift für Gunther Teubner, 2009, S. 887 ff.; *Marcello Neves,* Transversale Rechtsvernetzung und Asymmetrien der Rechtsformen in der Weltgesellschaft, in: Festschrift für Teubner, S. 841 ff. und andererseits – mit erheblichen Relativierungen – *Nils Christian Ipsen,* Private Normenordnungen als Transnationales Recht?, 2009.

Eine national, transnational und international orientierte rechtliche Wissensordnung wird nur als bewegliche und hinreichend offene den Anforderungen der Problembewältigung in heutigen Gesellschaften gerecht. Dem Befund von Nichtwissen und Ungewissheit wird die Rechtsordnung niemals ausweichen können. Ob sie dies als (lähmendes) Risiko oder aber als Chance begreift, steht ihr zur Wahl.

Autorenverzeichnis

Roland Broemel, maître en droit (Bordeaux), Wissenschaftlicher Mitarbeiter, Lehrstuhl Prof. Dr. Hans-Heinrich Trute, Universität Hamburg

Prof. Dr. *Thomas Groß,* Professur für Öffentliches Recht, Rechtsvergleichung und Verwaltungswissenschaft, Universität Gießen

Prof. Dr. *Wolfgang Hoffmann-Riem,* LL. M. (Berkeley), Universität Hamburg, Richter des Bundesverfassungsgerichts i.R.

Prof. Dr. *Christoph Möllers,* LL.M. (Chicago), Lehrstuhl für Öffentliches Recht und Rechtsphilosophie, Humboldt-Universität Berlin

Prof. Dr. *Hans Christian Röhl,* Lehrstuhl für Staats- und Verwaltungsrecht, Europarecht und Rechtsvergleichung, Universität Konstanz

Prof. Dr. Dres. h.c. *Eberhard Schmidt-Aßmann,* Institut für deutsches und europäisches Verwaltungsrecht, Universität Heidelberg

Prof. Dr. *Hans-Heinrich Trute,* Lehrstuhl für Öffentliches Recht, Medien- und Telekommunikationsrecht, Universität Hamburg